中国皮卡汽车产业发展报告

(2019)

ANNUAL REPORT ON DEVELOPMENT OF PICKUP TRUCK INDUSTRY IN CHINA (2019)

中国欧洲经济技术合作协会自主汽车行业分会 自主汽车网 编著

皮卡蓝皮书

BLUE BOOK OF PICKUP TRUCK

北京理工大学出版社
BEIJING INSTITUTE OF TECHNOLOGY PRESS

版权专有　侵权必究

图书在版编目（CIP）数据

中国皮卡汽车产业发展报告.2019/中国欧洲经济技术合作协会自主汽车行业分会，自主汽车网编著.—北京：北京理工大学出版社，2020.12

ISBN 978-7-5682-9313-6

Ⅰ.①中… Ⅱ.①中…②自… Ⅲ.①轻型载重汽车-汽车工业-产业发展-研究报告-中国-2019 Ⅳ.①F426.471

中国版本图书馆 CIP 数据核字（2020）第 244121 号

出版发行 / 北京理工大学出版社有限责任公司	
社　　址 / 北京市海淀区中关村南大街5号	
邮　　编 / 100081	
电　　话 /（010）68914775（总编室）	
（010）82562903（教材售后服务热线）	
（010）68948351（其他图书服务热线）	
网　　址 / http：//www.bitpress.com.cn	
经　　销 / 全国各地新华书店	
印　　刷 / 三河市华骏印务包装有限公司	
开　　本 / 710毫米×1000毫米　1/16	
印　　张 / 18	责任编辑 / 封　雪
字　　数 / 286千字	文案编辑 / 封　雪
版　　次 / 2020年12月第1版　2020年12月第1次印刷	责任校对 / 周瑞红
定　　价 / 86.00元	责任印制 / 李志强

图书出现印装质量问题，请拨打售后服务热线，本社负责调换

《中国皮卡汽车产业发展报告（2019）》
编委会

顾　　问	何光远　徐秉金
	赵庆亮　晋　杰　夏国强　吕树盛
编委会成员	张国利　宋年秀　易　华　王　朔
	袁　伟　刘国荣　曹　鹏　李卫立
	徐高翔　芦　婷　郭　敏　孙进慧

因势利导 蓄力而发
中国皮卡 领驭世界

何光远 题

序

汽车产业作为国家重要支柱产业之一，对国民经济具有重要意义。作为关联度高、拉动系数大、高附加值的产品，汽车不仅是一个国家总体装备技术和制造水平的重要战略物资，同时也关系到钢铁、石油、化工、机械、电子等行业的协调同步发展。纵观全球，世界强国无一不是汽车强国。

我国的汽车工业正式起步于20世纪80年代中期，其间经历了从无到有、从小到大的发展格局，确立了以中、重、轻、轿、微等品种齐全的完整工业体系，跃升为全球汽车第一产销大国。

纵观我国汽车工业发展历程，从确定乘用车"三大三小"发展规划，到"市场换技术"的合资模式，自主品牌经过艰难起步和不断试错，终于走上自主创新的可持续发展之路。其中，商用车作为自主品牌的坚实阵地，在自主创新上持续发力，特别是高端化、乘用化、智能化的皮卡车，因其轻、小、廉及多功能应用优势，通过"新四化"的驱动，成了可商用亦可家用的出行工具。

皮卡车在中国近30年的发展历程中，涌现出如中兴、上汽、江铃、江淮、庆铃、长城等一批掌握核心技术且具有自主知识产权的骨干企业。随着 2016 年全国皮卡解禁试点工作的逐步铺开，皮卡车的销量也呈正向增长趋势。2019 年在国内汽车市场低迷的情势下，皮卡车累计销售 452 210 辆，虽然在汽车总销售量中占比较小，但在政策支持、消费升级、新基建加速的基础上表现亮眼。可见，皮卡车市场具有巨大的发展潜力。

习近平总书记指出，"面向未来，增强自主创新能力，最重要的就是要坚定不移走中国特色自主创新道路"。而自主创新既是中国汽车产业的特色，也是中国汽车产业发展的源动力，抓创新就是抓发展，谋创新就是谋未来。华为等一系列事件充分证明，只有坚持自主创新，才是建设强国的必经之路，而自主创新的过程正是技术创新的过程。

在此，愿皮卡车企业坚定自主创新的决心和信心，不忘初心，以"车魂"精神自我激励，把我国皮卡车做精、做细、做强、做大。

中国第一部"皮卡蓝皮书"已于 2019 年与广大读者见面，得到了社会的广泛关注。第二部"皮卡蓝皮书"即将出版，这本书将继续以清晰的脉络、翔实的数据阐述、分析 2019 年中国汽车产业及皮卡车的发展全貌。本书作者经过大量调研走访，以实事求是的态度客观全面解读了中国皮卡车的政策，以及市场发展现状、趋势，展现了皮卡车在市场低迷时期和国际竞争环境中顽强的生命力。同时，"皮卡蓝皮书"也是一部具有可持续性的科普书及专业工具书，助推皮卡行业的发展和皮卡文化的广泛传播。

目 录

1 产业环境篇

1.1 2019年中国经济运行综述 …………………………………… 2
1.1.1 2019年中国经济运行 ……………………………………… 2
1.1.2 2019年中国产业情况 ……………………………………… 5

1.2 2019年汽车产业发展综述 …………………………………… 7
1.2.1 全球汽车销量变化 ………………………………………… 7
1.2.2 全球汽车企业变化 ………………………………………… 9
1.2.3 国际汽车产业环境 ………………………………………… 10
1.2.4 国内汽车行业环境 ………………………………………… 11

1.3 中国皮卡发展对中国汽车产业发展的意义 ………………… 13
1.3.1 中国皮卡市场综述 ………………………………………… 13
1.3.2 中国皮卡行业趋势性变化 ………………………………… 19
1.3.3 中国皮卡发展对中国汽车产业发展的影响 ……………… 20

2 政策法规篇

2.1 国内外皮卡标准情况概述 …………………………………… 24
2.1.1 国外皮卡定义及标准 ……………………………………… 24
2.1.2 国内皮卡定义及标准 ……………………………………… 25
2.1.3 国内外强制性标准概述 …………………………………… 27

2.2 皮卡行业相关政策法规 ……………………………………… 34
2.2.1 国外皮卡行业政策法规分析 ……………………………… 34
2.2.2 国内皮卡行业政策法规梳理 ……………………………… 35

2.3 皮卡行业重点政策解读及实施 ……………………………… 39
2.3.1 皮卡列入轻型货车管理解读 ……………………………… 39
2.3.2 皮卡解禁政策放宽的原因及意义 ………………………… 40

  2.3.3 首批解禁皮卡试点省份案例分析 …………………… 42
  2.3.4 皮卡政策实施情况概述 ………………………………… 47
 2.4 皮卡政策动态及未来政策展望 ……………………………… 53
  2.4.1 皮卡技术指标标准化进程的研判 …………………… 53
  2.4.2 对未来皮卡解禁政策力度变化趋势的研判 ………… 54
  2.4.3 皮卡行业发展的优惠政策及展望 …………………… 55

3 市场分析篇

 3.1 2019年中国皮卡市场分析 …………………………………… 60
  3.1.1 市场销量分析 …………………………………………… 60
  3.1.2 市场环境分析 …………………………………………… 62
  3.1.3 竞争环境分析 …………………………………………… 63
  3.1.4 动力类型分析 …………………………………………… 70
  3.1.5 区域结构分析 …………………………………………… 74
  3.1.6 价格区间分析 …………………………………………… 77
  3.1.7 货箱尺寸分析 …………………………………………… 78
  3.1.8 客群种类分析 …………………………………………… 82
  3.1.9 上市新品趋势 …………………………………………… 84
 3.2 2019年皮卡进出口分析 ……………………………………… 86
  3.2.1 皮卡出口情况 …………………………………………… 86
  3.2.2 出口车型简介 …………………………………………… 88
  3.2.3 皮卡进口情况 …………………………………………… 90
 3.3 2019年皮卡二手车分析 ……………………………………… 90
  3.3.1 皮卡二手车市场现存的问题分析 …………………… 90
  3.3.2 皮卡二手车保值率分析 ………………………………… 91
  3.3.3 皮卡二手车车龄分析 …………………………………… 92
 3.4 2019年皮卡重点省份分析 …………………………………… 93
  3.4.1 辽宁省2019年皮卡市场分析 ………………………… 93
  3.4.2 云南省2019年皮卡市场分析 ………………………… 102
  3.4.3 广东省2019年皮卡市场分析 ………………………… 112
  3.4.4 四川省2019年皮卡市场分析 ………………………… 122

3.4.5　河北省2019年皮卡市场分析 …………………………… 133
　　3.4.6　贵州省2019年皮卡市场分析 …………………………… 142
　　3.4.7　山东省2019年皮卡市场分析 …………………………… 150
3.5　2019年皮卡品牌竞争格局分析 ………………………………… 159
　　3.5.1　中国皮卡市场格局 ………………………………………… 159
　　3.5.2　中国皮卡市场主力企业 …………………………………… 160
　　3.5.3　中国皮卡市场竞争格局预判 ……………………………… 167
3.6　皮卡市场展望 …………………………………………………… 168
　　3.6.1　国产皮卡行业的优势 ……………………………………… 168
　　3.6.2　皮卡迈向支柱产业 ………………………………………… 170
　　3.6.3　国产皮卡发展措施 ………………………………………… 170
　　3.6.4　2020—2025年我国皮卡的销量趋势预测 ………………… 172
　　3.6.5　2020—2025年中国皮卡市场规模及竞争趋势预测分析 … 172

4　用户篇

4.1　皮卡用户画像 …………………………………………………… 178
　　4.1.1　性别结构 …………………………………………………… 178
　　4.1.2　教育水平 …………………………………………………… 178
　　4.1.3　年龄结构 …………………………………………………… 178
　　4.1.4　行业结构 …………………………………………………… 179
　　4.1.5　收入水平 …………………………………………………… 182
　　4.1.6　城乡结构 …………………………………………………… 183
4.2　皮卡用户认知 …………………………………………………… 184
　　4.2.1　皮卡角色认知 ……………………………………………… 184
　　4.2.2　皮卡政策认知 ……………………………………………… 185
　　4.2.3　皮卡文化认知 ……………………………………………… 190
　　4.2.4　皮卡产品认知 ……………………………………………… 191
4.3　用户购车需求 …………………………………………………… 191
　　4.3.1　购车用途 …………………………………………………… 191
　　4.3.2　购车途径 …………………………………………………… 192
　　4.3.3　购车频次 …………………………………………………… 192

        4.3.4 品牌忠诚度 ………………………………………… 193
        4.3.5 购车类型 …………………………………………… 193
        4.3.6 购车价格 …………………………………………… 197
        4.3.7 购车时间 …………………………………………… 197
        4.3.8 付款方式 …………………………………………… 198
        4.3.9 购车因素 …………………………………………… 198
    4.4 消费趋势分析 ……………………………………………… 199
        4.4.1 乘用化 ……………………………………………… 199
        4.4.2 高端化 ……………………………………………… 203
        4.4.3 汽油化 ……………………………………………… 204
        4.4.4 电动化 ……………………………………………… 205
        4.4.5 轻量化 ……………………………………………… 206

5 营销案例篇

    5.1 中国皮卡行业营销策略建议 ……………………………… 210
        5.1.1 挖掘皮卡文化 ……………………………………… 210
        5.1.2 创新皮卡销售渠道布局 …………………………… 211
        5.1.3 创新皮卡销售场景 ………………………………… 211
        5.1.4 创新皮卡销售模式 ………………………………… 211
        5.1.5 探索和传播皮卡文化 ……………………………… 212
        5.1.6 推广和传播品牌 …………………………………… 212
    5.2 皮卡车企积极探索营销创新 ……………………………… 212
    5.3 郑州日产之皮卡村 ………………………………………… 214
        5.3.1 设立"中国皮卡村" ……………………………… 215
        5.3.2 "意见领袖"传播口碑 …………………………… 215
        5.3.3 行商行动维系客户 ………………………………… 215
    5.4 江铃之皮卡文化 …………………………………………… 217
        5.4.1 中国皮卡先行者 …………………………………… 217
        5.4.2 追求时尚和高端 …………………………………… 218
    5.5 江西五十铃之新赛事营销 ………………………………… 221
    5.6 长城之皮卡专营店 ………………………………………… 223

5.7 江淮之特色服务 ·· 225
    5.7.1 "用户思维"想问题 ································ 225
    5.7.2 "共赢思维"做事情 ································ 227
5.8 上汽大通之C2B ·· 228
5.9 福田之赛事营销与圈层品牌推广 ························ 229
    5.9.1 拓陆者彰显冠军品质 ································ 229
    5.9.2 新赛事构建新皮卡文化 ···························· 230
    5.9.3 体验营销新方式 ······································ 231

附录

2019年上市皮卡新车 ·· 234
国内历年皮卡相关政策法规 ······································ 256
欧盟轻型乘用车排放限值（M1，M2） ······················ 258
欧盟轻型商用车排放限值（N1，N2） ······················· 259
欧盟重型柴油车排放限值 ··· 261
日本汽车排放限值 ··· 262
美国点燃式发动机和城市公交车排放限值 ·················· 264
美国压燃式发动机和城市公交车排放限值 ·················· 266
美国轻型车排放限值 ··· 268
欧、美、日轻型乘用车燃油经济性/温室气体排放限值 ··· 269
欧、美、日轻型商用车燃油经济性/温室气体排放限值 ··· 269
部分安全装置在日本应用的起始年份 ························ 270

参考文献 ·· 271

1 产业环境篇

1.1　2019 年中国经济运行综述

2019 年中国经济稳中有增，但整体增速放缓。从支出法 GDP 的角度来看，消费领域中由于一直以来不断上涨的房价导致的人均实际可支配收入减少，造成消费需求增速有所降低；投资领域受到消费疲软影响，投资热情与规模也有所下降。而从生产法 GDP 的角度来看，第一、第二和第三产业的经济增速都有所回落，共同造成了 2019 年的经济增速逐步放缓。

1.1.1　2019 年中国经济运行

2019 年中国 GDP 增速达到 6.1%，同比增速放缓 0.6%。从需求端来看（即支出法 GDP 角度），作为以内需拉动为主体的经济增长模式，中国消费需求增速的明显降低是整体经济增速放缓的核心原因。

（1）消费

消费需求增速放缓。根据支出法 GDP 定义，消费需求包含个人消费和政府消费。其中，2019 年全年个人消费实际增长率降低 0.7%（图 1-1，实际增长率即从名义增长率中扣除通胀的影响），而政府消费支出的增速也有所回落。由于消费需求增长在中国 GDP 增长中的占比达到 57.8%，因而 2019 年消费需求增速的明显回落直接导致了中国经济增速的放缓。其背后的主要原因是 2019 年中国房地产价格高企，占用个人较大比例的可支配资金，造成整体消费支出表现疲软。在国家尚未出台严格的房地产价格调控政策之前，中国的房地产价格已经连续多年快速增长。从居民角度来看，房价的高企加之居民传统的"购置房产增加安全感"的思想，造成绝大部分居民倾向于将可支配收入大量用于储蓄以购房，从而减少了居民日常其他消费的欲望与支出。

(数据来源：国家统计局)

图 1-1 2018—2019 年全国居民人均现金消费支出季度
累计名义和实际增长率

（2）投资

投资需求增速放缓。从支出法 GDP 来看，投资需求包含固定资产投资和存货投资两大部分。2019 年全年投资需求增速放缓，其中固定资产投资和存货投资的年均增速双双回落（图 1-2、图 1-3）。

(数据来源：国家统计局)

图 1-2 2018—2019 年固定资产投资（不含农户）季度累计名义增长率

图1-3 2018—2019年规模以上工业营业收入和期末产成品存货季度累计名义增长率

制造业投资降速是投资需求增速降低的主因。在中国的固定资产投资当中，基础设施、制造业和房地产为三大核心投资领域。2019年，基础设施与房地产投资增速同比基本不变。但制造业投资增速仅3.1%，同比大幅减少6.4个百分点，是造成投资需求增速放缓的关键因素。而2019年中国的存货投资年增速也降低了5.4个百分点，两者投资增速的下降共同导致了投资增速的放缓。投资需求增长在整体GDP增长中占到31.2%，2019年仅拉动GDP增长了1.9%，同比减少了0.8个百分点，是GDP增速放缓的主要动因之一。

投资需求增速回落背后的原因主要是2019年国内的整体消费需求疲软，供过于求，投资回报率降低，造成投资领域支出增长也随之减少。从投资的外部环境来看，由于消费需求表现较为疲软，从而导致了市场上供过于求的不均衡局面，导致大部分行业内部大打价格战，利润率降低，这在汽车制造业表现得尤为明显。不论是自主车企还是合资车企，2019年由于购车需求减少，不得不大打价格战以抢夺市场份额，造成利润率的降低。企业投资的欲望也随着投资回报率的降低而减少，如对产能规模的投资明显减少，进而造成中国经济在投资领域的增速同比也大幅降低。

（3）出口

净出口增速由负转正，但因总量相对较小，对GDP拉动作用不明显。中国净出口领域分为货物和服务的出口。根据中国海关数据，2019年中国货物贸易顺差同比增长了25.4%，而根据外管局统计，服务的贸易逆差同比也有所减小。因而，2019年中国净出口增速由负转正，大幅提高18.4个百分点，但由于其仅在GDP增长中占到11%，因而净出口对GDP增长的拉动作用不明显。

1.1.2　2019年中国产业情况

从供给端来看（即生产法GDP），中国2019年经济增速的放缓还与产业结构的转变有关，目前中国正处在产业结构转型的阵痛期。随着中国环保要求与劳动力成本的不断提高，第二产业中高污染制造业与劳动力密集型产业都在逐渐地退出，并向东南亚等地区转移。与此同时，包含互联网行业在内的第三产业正在不断兴起和壮大。2019年国内生产总值增长率如表1-1所示。

表1-1　国内生产总值增长率　　　　　　　　　　%

项目	2019年					2018年
	全年	一季度	二季度	三季度	四季度	全年
国内生产总值	6.2	6.4	6.2	6.0	6.0	6.7
第一产业	3.0	2.7	3.3	2.7	3.4	3.5
第二产业	5.7	6.1	5.6	5.2	5.8	5.8
第三产业	6.9	7.0	7.0	7.1	6.6	8.0
第一产业						
农林牧渔业	3.2	2.9	3.4	2.9	3.5	3.6
第二产业						
工业	5.7	6.1	5.6	5.0	5.9	6.1
制造业	5.7	6.5	5.5	4.8	5.9	6.1
建筑业	5.7	6.2	5.1	6.1	5.3	4.8
第三产业						
批发和零售业	5.7	5.8	6.0	5.5	5.4	6.7
交通运输仓储和邮政业	7.1	7.3	7.3	7.5	6.3	8.3

续表

项目	2019 年					2018 年
	全年	一季度	二季度	三季度	四季度	全年
住宿和餐饮业	6.3	6.0	6.4	6.7	6.2	6.7
金融业	7.2	7.1	7.6	6.9	7.0	4.8
房地产业	3.0	2.6	2.5	4.2	2.5	3.5
信息传输、软件和信息技术服务业	18.8	21.2	20.1	18.1	15.6	27.8
租赁和商务服务业	8.6	8.5	7.5	8.6	9.9	10.9
其他服务业	5.9	5.5	5.7	6.4	6.0	7.6

第一、第二与第三产业增速均下降，GDP 主要受第三产业影响。从具体经济数据来看，在 2019 年各个产业的经济贡献率中，第一、第二和第三产业对 GDP 增长的贡献率分别为 3.8%、36.8% 和 59.4%，分别拉动 GDP 增长 0.2、2.2 和 3.6 个百分点。可以看出，随着国家对产业结构升级的深化，曾经肩负着国家经济快速发展任务的第一、第二产业伴随着污染治理标准趋严和劳动力成本升高，其在 GDP 增长中的占比已低于第三产业；而第三产业贡献了将近 60% 的经济增长，对 2019 年 GDP 增长起主要拉动作用。从各个产业的增速来看，2019 年，三类产业增加值的增速比 2018 年均有所回落，第一、第二和第三产业增加值增速比 2018 年分别回落 0.4、0.1 和 1.1 个百分点。第三产业增加值增速回落幅度较大，对 GDP 增速回落产生主要影响。

（1）第三产业增速回落

第三产业占比大以及其增速回落背后的原因是中国为了满足可持续发展的要求，正在逐步降低粗放型和低附加值产业占比，并且发力减少房地产泡沫，转而逐步发展提高技术密集型、资本密集型和环境友好型的第三产业产值占比，因而正处于产业转型的阵痛期。可以看到，2019 年金融行业在第三产业中增速最快，达到 18.7%，对第三产业起主要拉动作用。但与此同时，随着国家对房地产价格调控政策逐步收紧，商品房销售面积增速的下滑，房地产业增加值增速在 2018 年较低的情况下又回落了 0.5 个百分点。

(2) 制造业前三季度增速降低

GDP 增速前三季度放缓的主要动因是第二产业中制造业的增速降低。分季度来看，2019 年前三季度的 GDP 增速逐季降低，第四季度保持稳定。而构成 GDP 的第一、第二和第三产业中，只有第二产业的增速在前三季度是逐季回落的，同时作为第二产业中占比较大的制造业增速也是前三季度逐季降低的，其他的工业与建筑业并未体现出此特点。因而，数据证明了 2019 年 GDP 增速放缓的主要原因是制造业增速前三季度逐季降低。

制造业增速放缓背后的主要原因包括高污染制造业和劳动密集型产业的逐步退出，并向环保成本和劳动力成本更低的国家转移，以及需求端的疲软。近年来随着国内劳动力成本上涨、制造业环保政策趋严，以及市场消费需求下降等，第二产业增速对 GDP 的拉动作用有所下降。

作为中国制造业中最具代表性的汽车制造业，从 2017 年车市遇冷开始，汽车工业产值也出现下滑。2019 年汽车制造业增速持续下滑，其背后的主要原因是行业需求逐渐饱和，伴随经济下行压力造成的购车需求疲软，导致汽车总销量下滑，进而减慢了汽车产业的增长速度。

1.2 2019 年汽车产业发展综述

1.2.1 全球汽车销量变化

自 2018 年全球汽车市场首次出现负增长现象，各个车企纷纷采取措施试图止住市场销量滑坡现象，但 2019 年全球经济增速连续下滑，发达经济体出现技术性衰退，贸易摩擦冲突加剧，全球价值链和国际直接投资增长阻力增大；全世界处于低通胀状态，货币政策趋于宽松；失业率下降但工资增长搁浅。全球汽车市场也遭受到前所未有的冲击，2019 年全球汽车产业仍出现负增长现象（图1-4），较2018年9 367.9万辆的销量缩水422.45万辆，跌破9 000万辆大关，全球汽车市场同比下降4.5个百分点，相比上一年下降0.7%，销量滑坡现象进一步加剧。

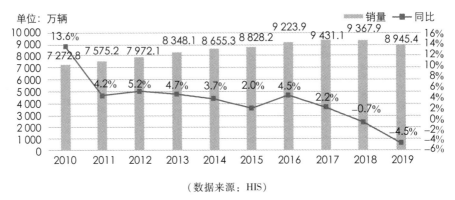

（数据来源：HIS）

图1-4　2010—2019年全球汽车销量及增长

反观皮卡行业，放眼全球，皮卡车型作为经济实用的典范，2019年全球销售625.7万辆（图1-5），相较于2018年小幅下降0.2个百分点，但总销售规模仍然可观，相比于乘用车市场4.8%的降幅，所受到的冲击较小。

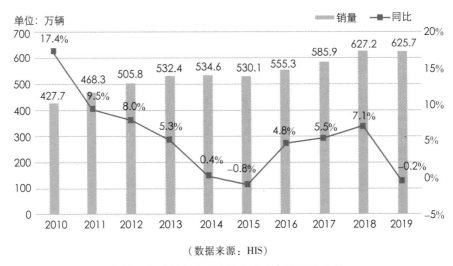

（数据来源：HIS）

图1-5　2010—2019年全球皮卡销量及增长

1.2.2 全球汽车企业变化

2018年全球汽车销量前十企业分别为：丰田、大众、福特、本田、日产、现代、雪佛兰、起亚、奔驰、雷诺，十大企业销量占全球汽车销量的50.4%，相较于其他企业品牌总和多销售74.9万辆；2019年全球汽车销量前十的企业仍为上述十家且排名没有变化，但占据市场总体比例上升至51.3%，相较于其他品牌总和多销售232.58万辆，头部企业抢占更多的市场份额（图1-6）。

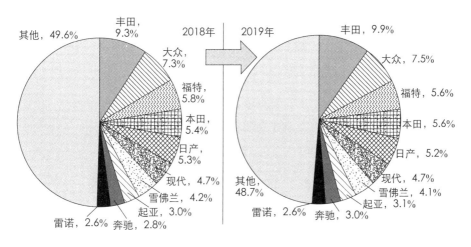

（数据来源：HIS）

图1-6 2018—2019年全球汽车头部企业销售占比变化

一些规模较小的车企在面对市场和经济的冲击时会显得力不从心，无法进行技术创新进而无法对其相关产品进行更新换代，失去更新迭代产品的机会也就相当于失去了市场契机，形成恶性循环，湮没在产品技术更新的大潮中。然而，传统优势大厂具有一定的技术和资本积累，凭借本身的科学技术和资本进行创新转型，以新的技术和产品面对严峻的市场和全球经济环境，形成不断更新技术抢占市场，再次积累资本进行新产品迭代的良性循环。长此以往，全球汽车产业将会呈现"强者愈强，弱者愈弱"的"马太效应"现象。

2018年全球皮卡销量前十企业分别为：福特、丰田、雪佛兰、RAM、日产、GMC、五十铃、三菱、马恒达、菲亚特，十大企业销量占全球皮卡销量的 84.6%，相较于其他企业品牌总和多销售 434.1 万辆；2019 年全球皮卡中国自主品牌长城跻身前十行列，印度品牌马恒达跌出前十，前十企业占比全球皮卡销量的 85.9%，较 2018 年略微增长 1.3 个百分点，前十整体皮卡销量较其他品牌多销售 449.2 万辆，头部企业进一步蚕食全球皮卡市场（图 1-7）。

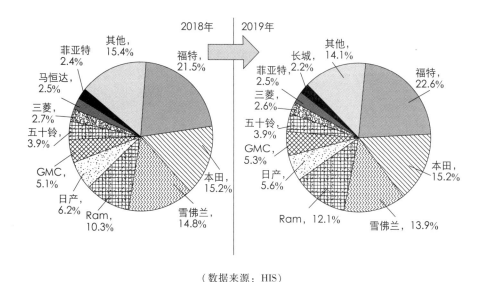

（数据来源：HIS）

图 1-7　2018—2019 年全球皮卡头部企业占比变化

1.2.3　国际汽车产业环境

2020 年随着全球疫情蔓延，欧美汽车工厂纷纷停产，截至目前，全球跨国车企集团公司已经关停或计划关停工厂、零部件厂总数累计将近 200 家，尽管中国防疫工作力度显著，疫情得到控制，但是欧美国家疫情肆虐、经济停摆，2020 年全球汽车行业前景暗淡。

中国作为第四次制造业大迁徙的承接地，已经成为全球最大的汽车生产地和消费市场之一，改革开放以来中国主动面向国际，自 2008 年起连续 11 年成为全球第二大进口国，进口额占全球进口总额的十分之一以上，是大多数国家和地区的重要贸易伙伴。自 2008 年金融危机以后，以美国为代表的部分西方国家，倡导扎根中国的制造业回归本土，但大部分外资企业不愿离开中国市场这个"舒适区"，然而 2019 年全球经济受到灾难性打击，"逆全球化"呼声再次甚嚣尘上。

2019年中国GDP位居世界第二，在拉动中国经济增长的三驾马车中，外贸贡献举足轻重，2019年中国货物进出口总值达到31.54万亿元，在全球化进程中，中国已经与世界经济融为一体。全世界任何一个国家和地区经济的发展都离不开全球化贸易的贡献，"逆全球化"的提出是违背历史发展进程的概念。

虽说"逆全球化"的提出是一个违背历史发展进程的概念，但是在新型冠状病毒肺炎疫情的冲击下，中国表现出强大的行动力，展现了一个正在崛起的国家的实力，使以美国为首的西方国家开始重新审视中国这个强劲对手，加上中美贸易战的负面影响，根究产业迁移理论，目前在中国扎根的人力密集型产业很大概率上会迁徙到人力成本更加低廉的区域比如东南亚地区，但是东南亚并不能完全取代中国。相对中国而言，技术含量低的行业企业可能会迁移至成本相对低廉的东南亚，中国市场留下来的是技术程度相对较高的科技行业，而这一举动会倒逼中国将产业链中的一部分关键零部件环节实现本土化，运用科技创新实现技术突破，以国产化代替进口。

全球皮卡行业"三巨头"福特、丰田、雪佛兰面对全球经济打击，逐渐收缩海外市场。以福特为代表，2019年福特提出了140亿美元的削减计划，之后又增加削减至255亿美元，此外从2016年关闭澳大利亚工厂开始，福特已经关闭所在地为俄罗斯的3家工厂，在欧洲关闭6个工厂裁员将近6 000人，到2020年年底福特拟在欧洲裁员1.2万人，约占其欧洲员工总人数的20%，裁员、关闭或出售工厂等削减预算的举措将成为福特的常态。同样，通用汽车公司在官网发布公告称，公司将在2021年前逐渐结束新澳两国的销售并退出霍顿品牌，与此同时通用在泰国罗勇府的工厂也被长城汽车接手，通用的全球战略也在逐渐收缩，把目标放在中国市场和美国本土市场这两块大蛋糕上。

1.2.4　国内汽车行业环境

自2015年以来国内汽车市场（乘用车和皮卡，下同）总体呈现下滑态势，受到经济下行压力和市场日趋饱和的影响，2019年国内汽车市场共计销售2 093.5万辆，同比下降3.9%（图1-8）。

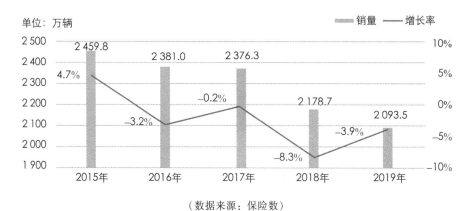

图1-8 2015—2019年国内汽车市场（皮卡+乘用车）销量变化

2018年国内皮卡销售前十品牌分别为长城、江铃、江西五十铃、东风、江淮、日产、中兴、黄海、庆铃、大通，十家企业占据整体皮卡市场的88.9%，长城和江铃两家企业占据市场的半壁江山。到2019年长安跻身皮卡市场第一集团，黄海惨遭淘汰，第一集团占据整体市场的91.6%，长城和江铃的总份额超过50%，形成"强者恒强"的皮卡市场格局（图1-9）。

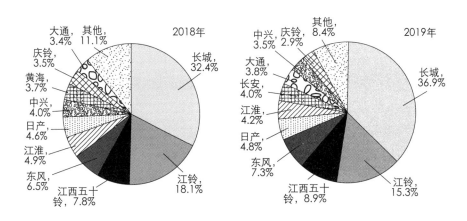

图1-9 2018—2019年国内皮卡企业份额变化

随着国家推行国Ⅵ排放标准，各大车企开始实施国Ⅴ产品去库存促销政策，国家加大基建的投资力度以及新基建的兴起，也拉动了工具车需求，建筑、工程基建等行业市场份额增大，国Ⅴ排放标准的低端工具车销量逆势增长，其中风骏 54D20E 动力车型、经典瑞迈性价比较高，占据低端主力市场优势。而日产高端纳瓦拉皮卡销量下滑严重，同时低端锐骐皮卡产品竞争力弱。

1.3 中国皮卡发展对中国汽车产业发展的意义

政策解禁带动行业产销量增长，皮卡乘用化拉动经济效益提高。随着皮卡车限制政策的进一步放开，皮卡逐步向乘用化、智能化和清洁化方向发展，既提高了皮卡市场需求，也增加了皮卡的产品附加值，有利于进一步推动中国汽车行业产销量的增长。此外，由于解禁后皮卡将对微卡、微面具有替代效应以及切入部分乘用车市场，其较高的盈利空间也将有效拉动汽车产业的整体经济效益提升。

1.3.1 中国皮卡市场综述

三十年来，中国皮卡市场发展缓慢（图 1-10）。1986 年，中国第一辆自主知识产权的皮卡车——中兴皮卡诞生，称为中国皮卡元年。此后三十年，中国皮卡一直不温不火，2005—2019 年，中国皮卡销量从 9.8 万量增长至 45.2 万辆，2010—2019 年的销量 CAGR（复合年均增长率）仅为 1.98%。与国际相比，中国皮卡渗透率仅为 1.6%，不到加拿大、澳大利亚和美国的 1/10，也略低于日本。

政策端松绑，供给端发力。尽管中国皮卡的产销量增长较为缓慢，但随着近几年国家对皮卡进城限制和各类歧视性政策的逐步放开，部分解禁城市的皮卡销量增速显著提升。同时，由于多家皮卡厂商对乘用化、高端化皮卡进行研发生产，以长城炮皮卡为代表的乘用皮卡一经上市便受到热捧，进而带动了皮卡整体销量和价格水平的提升。

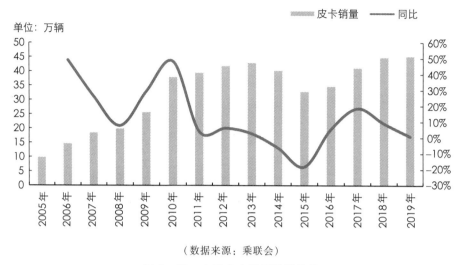

(数据来源：乘联会)

图1-10　中国皮卡销量增长趋势

（1）限制中国皮卡市场发展的因素

一直以来，中国皮卡市场的发展受限于多种因素。

1）政策桎梏。在中国皮卡被归类为货车，不仅被强制要求15年内报废，还必须在车身喷字、车尾张贴反光条，极大影响车辆的实用性和美观性。此外，随着城市化进程的加快，许多城市为打造良好城市形象和保护环境，对各类货车包括皮卡实施限行，严重抑制了皮卡的消费需求。

2）汽车文化。与发达国家相比，汽车走入中国寻常百姓家的时间短，中国汽车消费观念重"面子"轻实用，且消费者对皮卡认知不足，因此在乘用需求方面皮卡不敌同样具备多用途和越野优势的SUV，在商用需求方面又逊于物美价廉的微车。

3）生活方式。与北美不同，中国虽地大物博，但是众多居民聚集于中东部地区，人口密度高，居住方式多为城市公寓，对皮卡的需求相对较低。此外，中国尚为发展中国家，虽然近几年居民生活水平有所提高，但是户外活动和越野等休闲方式尚未普及。

4）缺乏优质供给。据汽车之家数据，目前国内在售的73款皮卡车型中（图1-11），售价6万~12万元的车型共48款，多为以商用为主的工具型皮卡，技术、配置相对低端落后，外型不太美观。而售价15万元以上的车型仅11款，多为进口车型，加上税费后价格高昂，主要是高端玩家消费消遣，市场相对小众。

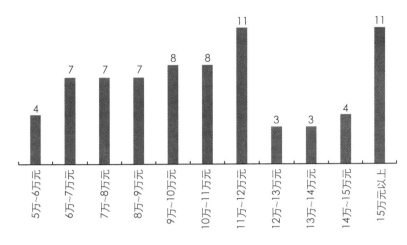

(数据来源：汽车之家)

图 1-11　皮卡在售车型以售价 6 万～12 万元为主

（2）政策端与供给端共同推动皮卡发展

1）政策端。

皮卡利好政策（表 1-2）来袭，皮卡市场空间广阔。全国已有河南、河北、辽宁、云南、湖北、新疆、吉林、重庆、江西、山西、山东济南、山东淄博、山东烟台、江西抚州、浙江宁波、内蒙古二连浩特、黑龙江哈尔滨宣布解除对皮卡进城的限制，全国其他地区也在逐步优化推进皮卡进城的管制。除了解除皮卡进城限制放开路权以外，相关政策红利还包括不再强制要求皮卡车粘贴反光条标志、允许皮卡车办理 ETC、取消皮卡车无证经营的行政处罚、取消高速限速等。这一系列政策举措表明政府层面已经注意到了皮卡这一多用途车型广阔的发展空间，并将从政策层面进行鼓励和引导消费，这对国内皮卡市场有着极为重要的刺激作用。

表 1-2　皮卡解禁政策梳理

时间	政策文件	主要内容
2016 年 2 月	《关于开展放宽皮卡进城限制试点促进皮卡消费的通知》	开展放宽辽宁、河北、河南、云南四省限制皮卡车进城试点工作
2016 年 12 月	《扩大皮卡汽车进城限制试点范围的通知》	将新疆维吾尔自治区和湖北省也列入皮卡进城解禁的试点省份，新疆、湖北已于 2017 年开始逐步执行试点工作

续表

时间	政策文件	主要内容
2018年5月	新版《机动车运行安全技术条件》（GB7258—2017）	皮卡车被定义成了多用途货车，不再被强制要求粘贴反光条标志
2018年12月	《促进道路货运行业健康稳定发展行动计划（2017—2020年）》	2019年1月1日取消4.5吨及以下双证并且相关部门不能以驾驶员"无证经营"和"未取得相应从业资格证件，驾驶道路客货运输车辆"为由实施行政处罚
2019年1月	《进一步优化供给推动消费平稳增长促进形成强大国内市场的实施方案》	在评估河北、辽宁、河南、云南、湖北、新疆6省区放开皮卡进城限制试点政策效果的基础上，稳妥有序扩大皮卡进城限制范围
2019年4月	《推动汽车、家电、消费电子产品更新消费促进循环经济发展实施方案（2019—2020年）（征求意见稿）》	将皮卡进城试点范围从河北等6省区扩大到市场需求旺盛的地区，2020年前，地级及以下城市全部取消皮卡进城限制
2019年5月	《关于大力推动高速公路ETC发展应用工作的通知》	皮卡车型可办理ETC
2019年6月	《推动重点消费品更新升级畅通资源循环利用实施方案（2019—2020年）》	鼓励有条件的地级及以下城市加快取消皮卡进城限制，充分发挥皮卡客货两用功能
2020年1月	《关于加快发展流通促进商业消费若干举措》	吉林省明确提出放宽进城限制范围，取消进城和通行限制
2020年1月	宁波市公安局推出"一取消两放宽"三项便民利民举措	2020年2月1日起，放宽浙B号牌皮卡车、浙B号牌新能源货车在宁波中心城区的通行限制
2020年1月	重庆市公安局交巡警总队推出五项优化货车通行管理的改革服务措施	登记地在主城区的皮卡车，实施备案通行管理，不再核发通行证；登记地在我市但非主城区的皮卡车实行预约通行管理，先申办后通行
2020年4月	《关于促进汽车消费若干措施》	江西省人民政府提出全省范围内取消皮卡进城的限制措施
2020年6月	二连浩特市环保局发布《高污染燃料禁燃区》《柴油货车禁限行区》《高排放非道路移动机械区》	对国Ⅲ以下柴油货车扩大禁限区域，但皮卡并不在此次禁限范围内，二连浩特已大幅放宽皮卡通行限制

续表

时间	政策文件	主要内容
2020年6月	《关于解除多用途货车（皮卡车）城市道路限行措施的通告》	烟台市公安局解除皮卡城市道路限行措施
2020年7月	哈尔滨市公安局出台了《优化城市管理助力经济发展二十三条》	临时取消蓝牌照货车（包含皮卡）晚高峰通行限制，每日9时后可在市区23条全天禁货道路以外的区域通行

皮卡解禁成效显著，但它的货车身份一定程度上阻碍了其乘用化进程。根据六大解禁省份2015—2019年销量数据（图1-12），剔除2018—2019年汽车整体不景气影响，六大省份解禁后皮卡销量都有两位数的增长，皮卡车解禁省份2019年的销量较解禁前增速远高于全国水平。但值得注意的是，六大省份解禁政策带来销量增长的同时也隐藏着增速回落的风险，皮卡销量的稳定增长还需要其他政策的配套实施来促进。除此之外，地方政府在政策方面的积极落实和皮卡厂商对优质供给的加快推出都是皮卡销量长期增长的关键因素。目前国内仍将皮卡划分为轻型货车，其相关管理标准仍按轻型货车执行将会阻碍皮卡乘用化的进程。从长远来看，皮卡的乘用化进程，亟待相关乘用化标准的制定及实施来保障。

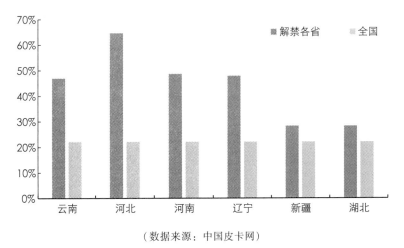

（数据来源：中国皮卡网）

图1-12 解禁各省份2019年皮卡销量较解禁前增长率远高于全国水平

2）供给端。

皮卡供给端发力增长。在政策利好的大背景下，包含长城、长安、福田在内的多家皮卡厂商先后推出具有竞争力的皮卡车型。以长城汽车为例，2019年推出了新型乘用皮卡"炮"，9月上市以来销量表现强势，除2020年2月外月销均在5 000辆以上；同时还将风骏皮卡进行换代，添加了多项具有乘用属性的配置以及智能网联化的功能，并且提高了动力总成的性能，有效激发了消费人群对皮卡的购买欲望。

(3) 中国皮卡市场产品结构分析

国家对环保要求的逐渐提高，用户对燃油效率的日趋关注，都需要皮卡企业加快技术升级。据悉，目前欧Ⅳ标准的发动机、电喷系统、环保空调、电子技术、先进的安全控制系统等，在皮卡产品上已开始运用。近几年，皮卡研发技术日渐与国际接轨，中国皮卡技术的研发与国外技术的差距正在逐渐拉小，若不是受到歧视性政策的制约，皮卡在中国的发展可能要远远超出现在的规模。

近年以来，高档豪华皮卡的销量在快速上升，功能上有向中高级轿车和多功能车转变的趋势。近年来，随着中国人生活方式的日益欧美化，皮卡车型受到了许多国人的追捧。尤其是一些国内的富裕阶层，已经不满足于跑车和SUV带来的身份感，而追求特立独行拉风的大皮卡。

皮卡高、中、低端产品市场需求分析：由于低端皮卡利润低，很多厂家开始把产品重点放在中高端产品上，皮卡向高端发展的趋势明显。皮卡按价格需求情况：从分价格区间主要品牌市场占有率分析，价格11万元以上的高端产品被郑州日产和庆铃两家企业垄断，其中郑州日产属于合资品牌，庆铃主要是引进五十铃的技术生产，这两家企业的高端皮卡主要被政府机关采购，自主品牌由于技术和品牌溢价，还无法进入该领域。

其中价格10万~11万元的产品郑州日产仍然占据80%左右的份额，自主品牌只有长城的少量高端产品价格超过10万元，但销量很少。价格在9万~10万元区间的皮卡份额主要被庆铃和江铃所占据，这一区间段的产品很有特点，属于高端和中端的承接产品，自主品牌福田的市场占有率也很高，如拓路者皮卡。价格8万~9万元的产品以江铃为主，郑州日产和长城位居第二、三位，江铃同样是引进五十铃的技术生产，但与庆铃相比在技术上仍有一些差距，这与五十铃的市场战略布局有关。价格8万元以下则是自主品牌的天下，长城的市场份额最高，产品线有逐渐向相对高端走的趋势。其次是福田、中兴、金杯和黄海等自主品牌型皮卡，如金杯皮卡旗下金典007、金杯雷龙、西部大力神是这一价位中性价比的代表之作。从自主品牌的表现来看，长城的价格5万~6万元的产品份额在逐年快速减少中，很快将退出这一市场。中兴皮卡在价格5万~6万元的低端产品市场上占有率最高，其主要销售到三、四级市场和驾驶员培训学校的教练车市场。

我国的皮卡产品日趋成熟，技术含量和品质越来越高，这一点在一些特种行业的主流客户中认可度很高。20世纪传统的工具类皮卡，已不能满足客户日益发展的时尚、舒适及智能化等需求，市场的充分竞争需要全新的皮卡。"乘客载货两相宜"的皮卡除了特殊行业的集团采购外，主要用户群体是小私营业主，这一部分群体的规模越来越大。

高端产品的比例也越来越大。在海外市场，我们的产品从低端产品转向高端产品，从出口第三世界国家转向出口发达国家的高端市场。现高端皮卡的需求增长迅猛，对舒适性、功能、操控性等各个方面的要求也更高了，这意味着皮卡产品正面临着质的提升，而以往喜欢越野这块小份额的用户群体也将越来越多。

受车型结构、价位、用途及车管政策、文化差异等所限，皮卡车及它的异化车，在十年之内不可能成为工薪阶层的消费品或代步工具而大规模进入城市；在五年之内也不可能成为农民的生产资料和生产工具而大规模地进入广大农村地区。未来五年皮卡市场主要卖点可能限定在城乡结合部，而且是由经济相对发达地区的农村消费群体来决定。基于我国人口众多、耕地少、路况差、收入微薄以及政策机制等所限，皮卡车市场难以做大做强。

1.3.2 中国皮卡行业趋势性变化

（1）更多家庭选择购买皮卡车

皮卡进城政策的解禁，使越来越多的家庭会毫不犹豫地选择集乘用、越野、拉货等功能于一体的皮卡车，皮卡销量将迅猛提升，带动整个行业的发展，由此带来无限商机。

（2）皮卡车配置将更高科技化

以长城车企发布的长城炮系列皮卡为例，长城炮乘用皮卡上惊现各种中高端轿车甚至豪车都没有的高科技配置，如L2级别自动驾驶、半自动泊车、智能前端系统和智能网联系统等。

（3）皮卡车型新能源多样化

基于环保原因，全球所有国家一致推出燃油车停止销售和生产的时间表，中国也不例外，对车企、消费者甚至新能源产业链相关企业都推出了强有力的新能源扶持和补贴政策，除了混电和纯电动车，各车企都耗巨资投入到更多种类能源车的研发中。所以，未来的皮卡市场，将出现各类能源皮卡车。

（4）皮卡车型偏乘用化和多样化

由于皮卡进城解禁，加上各车企皮卡高端化，会有更多家庭首选皮卡。如果有进一步的政策开放，如汽车标准体系中皮卡载客能超过五人，最大设计总质量可以大于 3 500 kg、最大设计外廓尺寸（长×宽×高）可以超过 6 000 mm×2 200 mm×2 000 mm，那么皮卡市场将会涌现出各种各样车身+皮卡的车型，如满足三代人乘坐的 7~8 座三厢皮卡、豪华越野皮卡、商务型皮卡等。

（5）改装市场种类增多

改装市场按消费场景分为四类：一是车厂实现的个性定制和销售时可选配部分配置、方案，为车企的前装和准前装改装；二是消费者买车后自行根据需求选择改装店进行改装，为后装市场；三是专用车改装，这类改装一般是车厂联合有改装资质的专用车厂根据各种用车环境改装成专用车辆进行销售；四是皮卡改造成房车再进行销售。

1.3.3 中国皮卡发展对中国汽车产业发展的影响

随着中国经济进入深度转型期，汽车工业也面临着结构调整和产业升级的巨大压力。自 2018 年起中国汽车行业进入寒冬，2019 年产销降幅超出预期，而近两年皮卡市场却呈现出产销基本平稳、销量逆势增长、出口好于预期、消费升级等良好态势，皮卡已然成为拉动中国汽车产业发展的一个新增长点。

大力发展皮卡市场对于提振汽车消费、推动我国汽车消费市场健康平稳发展有着实际意义。首先，我国皮卡行业长期受政策桎梏，大量消费需求被压抑，在皮卡解禁政策大力支持下，乘用高端电动逐渐成为皮卡市场的主旋律，皮卡累积需求和新增替换需求亟待释放，用户购车意愿高涨，皮卡消费升级趋势显著，皮卡市场量价齐升将有效提振汽车消费。其次，从河北、辽宁、河南、云南、湖北、新疆六省"皮卡解禁试点"来看，皮卡解禁不仅促进了六省皮卡消费，而且并未对交通、环境、道路安全等方面产生负面影响，皮卡亦轿亦卡的特性反而还推动了当地消费结构的升级。同时，皮卡的大力发展也促进了相关企业的技术创新与车型开发，更有利于促进城市相关部门创新运输管理和现代物流模式，优化城市交通资源配置，激发市场活力，对推动新型城市化建设、提高人民生活质量也有着积极意义。此外，对于报废机动车"五大总成"再制造、改装行业的转型升级、大力发展我国汽车文化来说，皮卡车也有着比一般乘用车更大的发展空间与市场深挖潜力，推动我国汽车消费市场健康平稳发展。

2 政策法规篇

2.1 国内外皮卡标准情况概述

2.1.1 国外皮卡定义及标准

国外车辆分类方法主要以汽车工业比较发达的欧洲、美国和日本为典型代表，其余国家大都在此基础上，根据自己的国情作相应的变动，但标准总体构架大致相同。

美国的车辆分类方法取决于管理和服务的需要。如根据美国联邦公路管理局基于道路救援的车辆分类方法，根据整备质量和有效载荷将汽车划分为 8 个级别，其中 Class1～Class2 级为轻型汽车，Class1 包括总重不超过 2.7 t 的四轮乘用车、轻型皮卡、多用途车，Class2 包括总重在 2.7～4.5 t 的四轮标准尺寸皮卡和厢式车。其相关技术标准均按照《美国联邦机动车安全标准》（FMVSS）执行。

在欧洲车辆分类指令对车辆的分类中，皮卡被定义为 N1 类，即设计并制造用于载运货物最大质量不超过 3.5 t 的轻型商用车。欧洲相关技术法规在参照联合国欧洲经济委员会 ECE 标准基础上，执行 2007/46/EC 指令规定的标准。

日本流行的皮卡并非我们传统意义上的皮卡，而是一种极具当地特色的 K-Car 卡车。由于日本道路运输车辆法分类主要依据的是车辆的长、宽、高度尺寸，因此 K-Car 的长宽高上限分别为 3.4 m、1.48 m 和 2 m，排量上限为 600 ml。由于日本的汽车工业以出口为主，所以我们常见的日系皮卡执行的标准法规多为美国的 FMVSS 或欧洲的 ECE 标准。

2.1.2 国内皮卡定义及标准

我国汽车产业技术标准体系大多沿用了联合国 ECE 法规体系，部分产品技术标准借鉴日本。

（1）国内皮卡定义

根据《汽车和挂车类型的术语和定义》（GB/T 3730.1—2001）第 2.1.1 条款，"乘用车"定义为在设计和技术特性上主要用于载运乘客及随身行李和/或临时物品的汽车。第 2.1.2.3.2 条款，"多用途货车"定义为在设计和结构上主要用于载运货物，但在驾驶员座椅后带有固定或折叠式座椅，可运载 3 个以上的乘客的货车。基于国家标准对乘用车和多用途货车的定义、国际通行做法，以及皮卡车的主要技术特征，目前我国将皮卡车定义为多用途货车。

我国皮卡从结构上可分为标准双排座皮卡、轴距及货厢加长的双排座大皮卡、一排半座皮卡、中双排皮卡、以载货为主的大单排座和小单排座皮卡、厢式皮卡（即多功能越野车、经济型 SUV）等。从动力类型上可分为柴油皮卡、汽油皮卡以及电动皮卡。其特点是既有轿车般的舒适性，又不失动力强劲，而且比轿车的载货和适应不良路面的能力还强。因此，皮卡既可作为专用车、多用车、公务车、商务车，也可作为家用车，用于载货、旅游、出租等，同时具备商用车和乘用车需求。

注册登记方面：皮卡不同于乘用车，注册前需要上线检测。2014 年 12 月 22 日，国家质量监督检验检疫总局发布机动车安全技术检验项目和方法（GB 21861—2014），要求皮卡 10 年以内每年检验 1 次，超过 10 年的每 6 个月检验 1 次，15 年或 50 万公里报废。

（2）技术准入及规范

根据工信部产业技术司要求，中机车辆技术服务中心于 2011 年下发了《关于规范皮卡车产品有关事项的通知》（中机函〔2011〕75 号），对皮卡车产品相关技术及准入要求进行了规范。主要内容如下：

1）根据工信部下属的中机车辆技术服务中心编制的《汽车和挂车型号编制规则》，车辆类别代号用一位阿拉伯数字表示，为车型代号的第一位数字，如长城汽车风骏 5 车辆代号为 CC1031PA4S，车辆类别代号为1。目前国内的皮卡车型的车辆类别代号均为"1",根据《汽车和挂车型号编制规则》中5.2车辆类别代号,代号为"1"的属于普通货车类别,长城风骏7CC1032PA01A、长城乘用炮CC1030QS00B、江西五十铃JXW1033CSG皮卡车产品作为N类载货汽车,以"1"字开头的车型申报,产品名称应为"多用途货车"。

2)多用途货车产品主要技术特征:①设计和结构上主要用于运送货物;②具有长头车身和驾驶室结构(1/2以上的发动机长度位于车辆前风窗玻璃最前点以前,或转向盘的中心位于车辆总长的前1/4部分之后);③具有敞开式货车车厢;④载客人数≤5人(含驾驶员);⑤最大总质量≤3 500 kg。

3)整车类汽车生产企业如原有多用途货车产品公告和生产资质,并通过相应的生产条件准入考核后,可申报其他N类载货汽车产品;反之,如原有其他N类载货汽车产品公告和生产资质,并通过相应的生产条件准入考核后,可申报多用途货车产品公告。

4)改装类汽车生产企业如原有多用途货车产品公告,可继续申报多用途货车产品,但不能申报多用途货车以外的"1"字头的N类载货汽车产品;产品应在外购的三类底盘基础上进行改装作业后完成,并应具有底盘和整车产品2个合格证。原没有多用途货车公告的改装类汽车生产企业,不得申报该类产品。

(3)油耗及污染物标准

2018年实施的《轻型商用车辆燃料消耗量限值》中规定,皮卡油耗限值最低为5.5L/100 km、柴油车型最低为5.0 L/100 km,同时以整备质量代替最大设计总质量与排量作为燃料消耗量评价参数。

为贯彻《中华人民共和国环境保护法》《中华人民共和国大气污染防治法》,防治压燃式及气体燃料点燃式发动机汽车排气对环境的污染,保护生态环境,保障人体健康,环境保护部、国家质检总局于2016年12月23日发布《轻型汽车污染物排放限值及测量方法(中国第六阶段)》,并于2020年7月1日起实施,过渡期为6个月。皮卡作为N1类载货汽车,属于此标准适用车型,因此目前新生产的皮卡车型已基本换用国Ⅵ标准。

2.1.3 国内外强制性标准概述

中国汽车标准主要分为强制性国家标准GB、推荐性国家标准GB/T、汽车行业标准QC/T（表2-1），强制性国家标准主要分为主动安全、被动安全、一般安全、节能与环保，较重要的有排放限值、能耗、碰撞安全3个方面。

表2-1 国内汽车强制性标准明细

分类	主要项目
主动安全	照明与光信号装置、操控制动转向轮胎
被动安全	约束系统、碰撞、防火
一般安全	视野、指示器、结构与防盗
节能与环保	排放、噪声、燃料经济性、电磁兼容、回收再利用再制造

（1）排放限值法规

与国外先进国家相比，我国汽车尾气排放法规起步较晚、水平较低，根据我国的实际情况，从20世纪80年代初期开始采取了先易后难分阶段实施的具体方案，其具体实施共分6个阶段，详见表2-2。

表2-2 排放限值法规

排放阶段	实施时间
第一阶段：GB 18352.1—2001《轻型汽车污染物排放限值及测量方法（Ⅰ）》	2001-4-16
第二阶段：GB 18352.2—2001《轻型汽车污染物排放限值及测量方法（Ⅱ）》	2004-7-1
第三阶段：GB 18352.3—2005《轻型汽车污染物排放限值及测量方法（Ⅲ、Ⅳ阶段）》	2007-7-1
第四阶段：GB 18352.3—2005《轻型汽车污染物排放限值及测量方法（Ⅲ、Ⅳ阶段）》	2012-7-1
第五阶段：GB 18352.5—2013《轻型汽车污染物排放限值及测量方法（Ⅴ阶段）》	2017-1-1 汽油 2018-1-1 柴油
第六阶段：GB 18352.5—2016《轻型汽车污染物排放限值及测量方法（Ⅴ阶段）》	2021-1-1

国Ⅵ排放标准 a 阶段将于 2021 年 1 月 1 日开始实施,重点地区已于 2019 年 7 月 1 日实施;b 阶段将于 2023 年 7 月 1 日开始实施。国Ⅵa 相当于国Ⅴ与国Ⅵb 的过渡阶段,而国Ⅵb 是真正的国Ⅵ排放标准(表 2 - 3)。国Ⅵa 阶段相比国Ⅴ标准限值仅 CO 下降,其他均无变化;国Ⅵb 的排放标准比国Ⅵa 严了几乎一倍,国Ⅵb 阶段相比国Ⅴ标准限值,除了 PN 之外,各指标均有下降。新标准的实施主要是为了改进催化转化器中的催化剂,改进燃油系统密封性等。

表 2 - 3 国Ⅵ标准较国Ⅴ标准排放标准限值变化

(单位:$g \cdot km^{-1}$,PN 的单位:个 $\cdot km^{-1}$)

标准	CO	THC	NMHC	NO_x	N_2O	PM	PN
国Ⅴ标准	1.000 0	0.100 0	0.068 0	0.060 0	无此项	0.004 5	6×10^11
国Ⅵ标准(Ⅵa)	0.7000	0.100 0	0.068 0	0.060 0	0.020 0	0.004 5	6×10^11
国Ⅵ标准(Ⅵb)	0.500 0	0.050 0	0.035 0	0.020 0	0.003 0	0.003 0	6×10^11
Ⅵa vs. 国Ⅴ	↓30.00%	无变化	无变化	无变化	新增	无变化	无变化
Ⅵb vs. 国Ⅴ	↓50.00%	↓50.00%	↓48.53%	↓41.67%	新增	↓33.33%	无变化

对于汽车企业而言,国Ⅵb 排放标准成为史上最严格的排放法规要求,主要表现在以下方面。

①测试循环不同。对车辆冷起动、加减速度以及高速负荷状态下的排放进行全面考核,覆盖了更大的发动机工作范围,对车辆的排放控制性能进行更严格的要求。测试程序要求不同:用更加严格的测试要求,避免实验室测试数据与实际使用不一致,但是在实际使用中却有不尽人意的现象发生。

②限值要求加严。相比国Ⅴ排放,国Ⅵ标准的限值更加严格;另外国Ⅴ阶段汽柴油车采用不用的限值,而国Ⅵ标准根据燃料中立原则,对汽柴油车采用相同的限值要求。

③新增加实际道路行驶排放测试。首次将排放测试转移至实际道路,要求汽车既要在实验室测试达标,还要在市区、郊区和高速公路上以正常行驶状态利用便携式排放测试设备进行尾气测试,能够有效避免排放作弊行为。

加严蒸发排放控制要求。国Ⅴ标准下,估测汽油车单车年平均汽油挥发 8.8 kg 左右,国Ⅵ标准对汽油蒸发排放控制提出了严格要求,同时还要求车辆安装ORVR油气在线回收装置,增加对加油过程的油气控制。

④增加排放质保期的要求。在3年或6万公里内,如果车辆的排放装置出现故障,导致排放超标,由汽车生产企业承担相应的维修和零部件更换费用,保障车主权益。

⑤提高了低温试验要求:国Ⅵ标准较国Ⅴ的一氧化碳和碳氢化合物限值更加严格,同时还增加了对氮氧化合物的控制要求,有效控制冬天车辆冷起动时的排放。引入了严格的美国车载诊断系统OBD控制要求,全面提升对车辆排放状态的实时监控能力,能够及时发现车辆排放故障。

⑥国Ⅵ与欧Ⅵ标准对比。中国实施排放标准的进程比其他发达国家要滞后,而国Ⅵ标准是基于全球技术法规基础并引入了欧洲标准和美国标准的先进内容,形成的一个全新的技术标准。国Ⅵb比国Ⅴ严苛了50%以上,也是国内排放标准第一次超越欧盟标准(表2-4)。

表2-4 国Ⅵb与欧Ⅵ排放限值对比

项目	CO/ (mg·km^{-1})	THC/ (mg·km^{-1})	NO$_x$/ (mg·km^{-1})	PM/ (mg·km^{-1})	PN/ (个·km^{-1})
国Ⅵb	500	50	35	3.0	6.0×10^11
欧Ⅵ	500	100	60	5.0/4.5	/

在汽车排放污染物中,我们可以看到国Ⅵb除了一氧化碳(CO)标准与欧Ⅵ持平以外,碳氢化合物(THC)、氮氧化合物(NO$_x$)和固体颗粒物(PM)排放标准均高于欧Ⅵ标准。

除了排放限值外,国Ⅵ相比欧Ⅵ标准在试验方法上也不同,主要体现在欧Ⅵ汽油车使用老式的NEDC测试方式(测试排放结果会比实际排放结果低),欧Ⅵ柴油车使用新式的WLTP(测试结果更为精准)。而国Ⅵ柴汽油车均同欧Ⅵ的柴油车使用同样严格的测试方法。

(2)燃油经济性法规

在全球汽车油耗法规不断加严的背景下,轻型商用车油耗的加严也势在必行。最新版《轻型商用车辆燃料消耗量限值》于2018年1月1日起开始实施,只针对新认证车型,在产车型2020年1月1日开始实施。新标准的发布与实施将有助于实现我国2020年轻型商用车新车燃料消耗量水平比2012年至少下降20%的目标(表2-5)。

表 2-5 轻型商用车第三阶段单车油耗限值

整车整备质量 (CM)/kg	汽油/[L·(100 km)$^{-1}$]	柴油/[L·(100 km)$^{-1}$]	整车整备质量 (CM)/kg	汽油/[L·(100 km)$^{-1}$]	柴油/[L·(100 km)$^{-1}$]
CM≤750	5.5	5.0	1 540＜CM≤1 660	8.3	7.3
750＜CM≤865	5.8	5.2	1 660＜CM≤1 770	8.7	7.6
865＜CM≤980	6.1	5.5	1 770＜CM≤1 880	9.1	7.9
980＜CM≤1 090	6.4	5.8	1 880＜CM≤2 000	9.6	8.3
1 090＜CM≤1 205	6.7	6.1	2 000＜CM≤2 110	10.1	8.7
1 205＜CM≤1 320	7.1	6.4	2 110＜CM≤2 280	10.6	9.1
1 320＜CM≤1 430	7.5	6.7	2 280＜CM≤2 510	11.1	9.5
1 430＜CM≤1 540	7.9	7.0	2 510＜CM	11.7	10.0

新修订的标准分别对以汽油、柴油为燃料的不同类型的轻型商用车按整车整备质量设定了64个燃料消耗量限值。其中，N1类（轻型货车）汽油车型燃料消耗量限值最低为5.5 L/100 km，柴油车型燃料消耗量限值最低为5.0 L/100 km。具体如下：

我国的油耗测试方法主要参照欧盟法规的方法，由4个城市循环和1个高速循环组成，整个过程历时20分钟，市区的最高车速是50 km/h，高速路上最高速度达120 km/h（图2-1）。

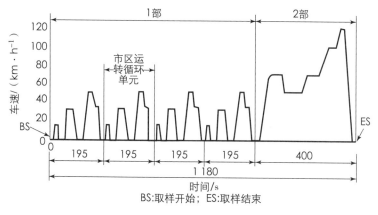

图 2-1 油耗取样时间

据能源与交通创新中心介绍，中国、欧盟及日本的油耗标准都是基于车重，油耗标准随着车重增加而降低。而美国标准是基于脚印面积

（四车轮之间的面积），油耗标准随着车身变大而降低。欧盟于 2015 年后开始向以脚印面积为基础的标准过渡，后续中国也有可能改变标准。

美国油耗法规的评价方法是 CAFE 综合地评价燃油经济性，包括 55% 的城市道路循环（FTP75）和 45% 的高速公路行驶巡航（HFET）。每个制造企业每年销量的各车型，以其所占总销量的百分比作为加权系数，乘以该车型车辆的燃油经济性，再将各车型的加权燃油经济性总和加起来，得到该企业的总平均燃油经济性，此值应满足当年相应的 CAFE 限值要求（表 2-6）。

表 2-6 CAFE 限值明细表

年份	油耗标准 CAFE/(g·mi^{-1})①	年份	油耗标准 CAFE/(g·mi^{-1})
2012 年	346	2019 年	277
2013 年	337	2020 年	268
2014 年	326	2021 年	249
2015 年	312	2022 年	237
2016 年	298	2023 年	225
2017 年	295	2024 年	214
2018 年	285	2025 年	203

欧盟油耗法规的评价方法是消减二氧化碳排放，目前皮卡油耗指标 CO_2 限值为 147 g/km。

（3）碰撞安全法规

国内汽车皮卡安全法规主要对标欧洲的 ECE 法规进行制定，欧盟 ECE 法规具有严谨全面的特征，同时又根据我国实际现状以及道路和车辆的实际情况进行制定（表 2-7）。

表 2-7 中国与欧盟、美国等国家的碰撞安全法规项目清单

国家	主要碰撞安全项目（强制性）
中国	GB 11551—2014 汽车正面碰撞的乘员保护 GB 20071—2006 汽车侧面碰撞的乘员保护 GB 11557—2011 防止汽车转向机构对驾驶员伤害的规定

① 1mi（英里）= 1.609 m。

续表

国家	主要碰撞安全项目（强制性）
欧盟成员国	ECE R94 关于车辆正面碰撞乘员保护认证的统一规定 ECE R95 关于车辆侧面碰撞乘员保护认证的统一规定 ECE R127.02 关于行人安全性能方面批准机动车辆的统一规定 2019/2144/EU 欧盟汽车安全框架性技术法规 ECE R12 关于防止在汽车碰撞时转向机构对驾驶员的伤害认证的统一规定 ECE R29.03 商用车驾驶室乘员保护 预计后期实施项目： ECE R135.01 侧面柱碰撞 ECE R34 车辆火险预防措施认证的统一规定
美国	FMVSS 203 驾驶员免受转向控制系统伤害的碰撞保护 FMVSS 204 转向控制装置的向后位移 FMVSS 208 乘员碰撞保护 FMVSS 214 侧面碰撞乘员保护 FMVSS 216 轿车车顶抗压强度 FMVSS 219 风窗玻璃区的干扰 FMVSS 226 降低抛出危险性 FMVSS 301 燃料系统的完整性 FMVSS 305 电动汽车电解液溢出及电机事故防护 预计后期实施项目：行人保护
澳大利亚	ADR 72/00 侧面碰撞的乘员保护 ADR 85/00 侧面柱碰 ADR 10/02 转向柱

目前中国皮卡主要碰撞安全法规包括《汽车正面碰撞的乘员保护》《汽车侧面碰撞的乘员保护》《防止汽车转向机构对驾驶员伤害的规定》。预计2024年《汽车对行人的碰撞保护》《商用车驾驶室乘员保护》也将纳入碰撞安全法规要求。目前最新版《C-NCAP中国新车评价规程》只针对乘用车有法规要求，并未提到皮卡。

《汽车正面碰撞的乘员保护》主要是参考欧洲法规制定的，其中速度为 56 km/h 下的 40% 偏置碰撞没有进行采纳，而是采用美国的（56±2）km/h 的 100% 重叠正面碰撞。碰撞车辆行驶路线与壁障夹角为 0°，Hybird Ⅲ 50 百分位男性假人放置在前排驾驶位及其外侧位置，Hybird Ⅲ 5 百分位女性假人放置在驾驶员座位之后的后排座位的左侧位置，P 系列儿童假人放置在后排座位最右侧，车辆行驶速度为 50 km/h，规定的碰撞伤害指标如下：

头部性能指标 HPC 应不大于 1 000，并且头部合成加速度大于 $80g$ 的时间，累计应不超过 3 ms，但不包括头部反弹；胸部压缩指标 Thcc 应不大于 75 mm；大腿性能指标 FPC 不大于 10 kN。

《汽车正面碰撞的乘员保护》同样对汽车的结构、整备质量、乘员舱的空间尺寸、汽车制作工艺及材料等各方面进行了严格的规定，同时也规定了安全带的安装使用规则和安全气囊在身材矮小乘员及妇女儿童身上的使用规则。

欧盟的 ECE R94《关于车辆正面碰撞乘员保护认证的统一规定》相对于中国的《汽车正面碰撞的乘员保护》更加科学与谨慎，主要体现在以下几方面。碰撞方式：我国碰撞试验是完全性的刚性壁面碰撞，欧盟是各种材料堆层碰撞，由上到下各部分碰撞壁面的硬度不同，更好地模拟了实际过程中汽车与汽车的碰撞，此外欧盟的正面碰撞还包括环柱碰撞和斜面碰撞。而这些在我国正面碰撞安全法规中未提到。碰撞伤害指标：我国规定的腿部指标为大腿压缩力指数 FPC 不大于 10 kN，而在欧盟法规标准里规定的是小腿压力指标不超过 8 kN，且膝关节滑移不超过 15 mm。儿童乘坐安全：我国法规对于儿童乘坐安全，只提到安全气囊在儿童身上的使用规则，其他并未进行说明，在欧盟法规中，非常详细地规定了对于儿童安全座椅的安装方式及相关注意图标不可缺少。车辆合格认证要求：我国车辆对于车辆正面安全碰撞只要求有国家出示的安全保证书即可，欧盟法规中不仅要对车辆进行定期抽检，而且一旦发现相关的安全隐患，必须出示相关的证明。

《汽车侧面碰撞的乘员保护》参考欧盟标准制定，主要区别在于欧盟安全法规相比中国更全面一些，考虑到非对称的车型应该额外增加侧面安全碰撞。《汽车侧面碰撞的乘员保护》主要的性能指标具体如下：头部性能指标 HPC 应小于或等于 1 000；当没有发生头部接触时，则不必测量或者计算 HPC 值，只记录"无头部接触"。胸部性能指标：肋骨变形指标 RDC 应小于或等于 42 mm；黏性指标 VC 应小于或等于 1.0 m/s。骨盆性能指标：耻骨结合点力峰值 PSPF 应小于或等于 6 kN。腹部性能指标：腹部力峰值 APF 应小于或等于 2.5 kN 的内力（相当于 4.5 kN 的外力）。FMVSS 214《侧面碰撞乘员保护》与 ECE R95《关于车辆侧面碰撞乘员保护认证的统一规定》对比如表 2 - 8 所示。

表 2-8 侧面碰撞成员保护欧盟标准与美国标准对比

项目	美国标准 FMVSS 214	欧盟标准 ECE R95
碰撞方式	移动变形壁障运动方向与静止的试验车辆横向成 270°角，碰撞表面与试验车辆纵向中心面垂直	移动变形壁障运动方向及碰撞表面均垂直于试验车辆纵向中心面
碰撞速度	53.9 km/h	(50±1) km/h
移动变形壁障	1 356 kg	(950±20) kg
假人类型和位置	在撞击侧的前后排座椅上各安放一个 SID 侧面碰撞假人，均系安全带	在驾驶员侧的撞击侧前排驾驶员座椅上安放一 Euro SID 侧面碰撞假人，系安全带，推荐使用 ES-11 型假人
伤害指标	胸部伤害指标 TTI 小于等于 85g（四个侧门的乘用车，任何多功能乘用车、卡车和客车）或是小于等于 90g（两个侧门的乘用轿车）骨盆峰值横向加速度小于等于 130g	与上述 GB 20071—2006《汽车侧面碰撞的乘员保护》指标相同
试验车重	空载质量 + 136 kg	空载质量 + 100 kg

2.2 皮卡行业相关政策法规

2.2.1 国外皮卡行业政策法规分析

美国是目前世界上皮卡保有量最大的国家，同时也是全球最大的皮卡市场。纵览皮卡在美国的发展历程，其市场的繁荣有赖于贸易保护和政策利好。

1)"CAFE 咖啡法案"。1973 年，美国政府出台企业平均燃油经济性法案,对乘用车实行更严格的排放限制,却对厢式货车、皮卡等车型网开一面,导致厢式货车逐渐取代旅行车,风靡五六十年代的肌肉车就此绝迹,而不受排放和法规限制的皮卡车型开始逐渐成为替代之选——美国肌肉车之魂的一部分便寄托在皮卡车型上。油耗税对皮卡车型的豁免促进了皮卡的日后繁荣,也为皮卡车型奠定了利润基础,从而保证了底特律三大汽车制造商的利益。

2)奢侈品税。1991年,美国国会通过了对价格超过3万美元的新车征收10%的"奢侈品税"的规定,但此规定也并未将皮卡列入其中。

3)悍马法案。美国著名的Section 179 Deduction税收减免政策规定,总质量在2.7 t以上且有一半用于商用的卡车,可以享受近35%的年度税收减免。受益于各项利好政策,美国皮卡市场飞速发展。

作为亚洲市场皮卡渗透率最高的国家,泰国皮卡的发展是典型的政策推动型。皮卡在泰国的使用不受任何政策法规限制,同时泰国政府鼓励民众购买皮卡,并在消费税上给予支持,皮卡的消费税明显低于其他车型,一定程度上抑制居民对其他品类汽车的购买意愿。同时为保持泰国在皮卡生产上的竞争力,泰国政府对皮卡的重要部件——柴油发动机一直实行价格补贴,大大降低了泰国皮卡的销售价格。

2.2.2 国内皮卡行业政策法规梳理

(1)从皮卡问世之初到2016年之前的政策法规梳理

1986年被称为我国皮卡元年,国内第一款皮卡车——中兴皮卡由河北保定市汽车制造厂(现河北中兴汽车制造有限公司的前身)生产推出,上市后一度反响热烈。但很快随着政策的原因,皮卡的发展在中国遇到了障碍。

1994年,为了加快推动我国汽车工业发展,改善当时产品质量落后、投资分散、开发能力薄弱等问题,国家发布《汽车工业产业政策》,在61项条款中对政策目标和产品发展重点、产品认证、产业组织政策、产品技术政策、投融资政策、进出口管理政策、国产化政策、消费与价格政策、相关工业和社会保障政策、产业政策、规划与项目管理等做出了详细的规定。由于历史的局限性,皮卡车这种兼具商乘两用属性的多用途车辆被划入了货车管理行列。

1998年，国家标准 GB 7258—1997《机动车运行安全技术条件》在全国范围内正式实施后，在加强机动车运行安全管理、提高机动车运行安全水平、保障道路交通安全等方面都起到了十分积极的作用。但被列入货车管理的皮卡，也受到了多重限制。

在2004版《机动车运行安全技术条件》中，明确指出总质量不低于1 200 kg 的货车应在车身后部设置反光标志，且应能反映出整车后部宽度；在2012版《机动车运行安全技术条件》中，又将范围扩大为所有货车。车身外贴的反光标志大大影响了皮卡车的美观性，进而抑制了其乘用属性。在《中华人民共和国道路交通安全法》中虽然并没有严禁皮卡汽车进城，但是却授予了各地交管部门对皮卡的管理权利。随着城市化进程的推进和环保政策的趋严，事实上很多地市都推出了货车禁行的管理办法，明确禁止货车进入城市，划归货车分类的皮卡车再一次受到冲击。

除此之外，在日常使用和报废标准方面，皮卡也一直按照货车标准执行。根据2004版、2012版《中华人民共和国道路运输条例》，皮卡车主需要按规定取得普通货运车辆道路运输证和驾驶员从业资格证后方能驾驶皮卡车辆。另外，在高速路上，皮卡需要遵守"货车在高速上应行驶最外侧车道，最高车速不超过每小时100公里"的要求，由于货车计重收费，皮卡也无法直接使用ETC通道。在车辆年检及报废方面，我国机动车相关报废标准始于1997发布的《汽车报废标准》，在2013《机动车强制报废标准规定》实施后，乘用轿车已无使用年限限制，但皮卡车强制报废年限仍为15年，且10年以内每年年检一次，超过10年则需每年年检两次。

（2）2016年后逐步放开对皮卡限制的政策法规梳理

皮卡虽有货车之名，却无货车之实。作为多用途货车，其在使用成本、运输能力等方面比不过"专职货车"，在乘用方面又受到各种政策限制，致使皮卡在这一阶段的发展举步维艰。随着中国汽车市场的发展，皮卡车的商乘两用属性越发突显，加之皮卡文化在中国的萌生，皮卡解禁的呼声也越来越高。

2016年《关于开展放宽皮卡车进城限制试点促进皮卡车消费的通知》吹起了皮卡解禁的第一阵春风。通知中指出，按照中央城市工作会议和国务院专题会议精神，贯彻"创新、协调、绿色、开放、共享"发展理念，要坚持利当前和惠长远相结合，破除不利于扩大消费的各种障碍，发展新型消费模式，推动消费结构升级，带动城乡皮卡车消费。随后，河北、辽宁、河南、云南四省作为试点，率先开启了皮卡解禁工作。

2016年12月，工信部等再次发布《关于扩大皮卡汽车进城限制试点范围的通知》，将新疆维吾尔自治区和湖北省也列入皮卡进城解禁的试点省份，新疆、湖北于2017年开始逐步执行试点工作。

2017年，新版《机动车运行安全技术条件》（GB 7258—2017）发布，新标准中取消对多用途货车、旅居挂车车身反光标识和车辆尾部标志板的要求，并于2018年1月1日正式实施。

2018年，有多个重点市区发布了取消限行皮卡的文件，其中河北、辽宁、河南、云南、新疆和湖北等大多数城市完全开放了皮卡通行。对于货车车辆在城市中的限行、禁行等问题，中华人民共和国公安部发布了《关于进一步规范和优化城市配送车辆通行管理的通知》。该通知建议：除城市核心区、政治敏感区部分道路外，禁止24小时限制货车通行。

7月1日起，全国各省相继推行货车"三检合一"。该项政策实施后，实现了皮卡"一次上线、一次检测、一次收费、结果互认"。皮卡车主也可以大幅降低每年年检、年审时的时间成本、费用成本以及误工成本等。

9月1日，我国全面推行小型汽车、货车和中型客车跨省异地检验，进而促进实现全国范围"通检"。皮卡车在车辆属性上归属于轻型货车，这也就意味着在2018年9月1日之后，皮卡用户可以实现跨省异地车检，不再需要回到原车辆注册所在地的车管所，或者是办理异地车检委托书。

此外，2018年《促进道路货运行业健康稳定发展行动计划（2017—2020年）》中明确规定：自2019年1月1日起，取消4.5 t及以下普通货运车辆道路运输证和驾驶员从业资格证，并且相关部门不能对驾驶员以"无证经营"和"未取得相应从业资格证件驾驶道路客货运输车辆"为由实施行政处罚。

2019年《进一步优化供给推动消费平稳增长促进形成强大国内市场的实施方案》中，提出在评估河北、辽宁、河南、云南、湖北、新疆6省区放开皮卡进城限制试点政策效果的基础上，稳妥有序扩大放大皮卡进城限制试点范围。同时鼓励有条件的地方可依托市场交易平台，对报废国Ⅲ及以下排放标准汽车同时购买新车的车主，给予适当补助。对淘汰更新老旧柴油货车、推广使用新能源汽车等大气污染治理措施成效显著的地方，中央财政在安排相关资金时予以适当倾斜支持。紧接着的《推动汽车、家电、消费电子产品更新消费促进循环经济发展实施方案（2019—2020 年）》就提出：将皮卡进城试点范围从河北等 6 省区扩大到市场需求旺盛的地区，在 2020 年前，地级及以下城市全部取消皮卡进城限制，充分发挥皮卡客货两用功能。与此同时 2019 年 5 月的《关于大力推动高速公路 ETC 发展应用工作的通知》，明确了皮卡车型可办理使用 ETC。

新方案中"落实新能源货车差别化通行管理政策，提供通行便利，扩大通行范围"为多年来首次提出的建议。两个月后已经有省市开始研发区别对待新能源货车的具体方案。目前，我国的新能源皮卡发展迅速，各大主流皮卡厂商均有资质生产质量更高的电动皮卡。当城市正式为新能源货车打开大门之后，新能源皮卡无疑将会成为城市物流配送的最佳车选，成为运输行业的香饽饽。

新国家标准文件中还规定所有货车（多用途货车除外）和专项作业车（消防车除外）均应在驾驶室（区）两侧喷涂总质量；栏板货车和自卸车还应该在驾驶室两侧喷涂栏板高度。并且作为"多用途货车"的皮卡车型，新国家标准文件取消了皮卡车必须"应在侧面设置车身反光标识"的规定。

此后皮卡解禁范围不断扩大，截至 2019 年 7 月 1 日，全国已有河南、河北、辽宁、云南、湖北、新疆、吉林、重庆、江西、山东济南、江西抚州、浙江宁波、山西、山东淄博、山东烟台、二连浩特、黑龙江哈尔滨宣布解除对皮卡进城的限制，全国其他地区也在逐步优化推进皮卡进城的管制及补贴优惠政策。

据国务院《打赢蓝天保卫战三年行动计划》中的要求，2019 年 7 月 1 日起，重点区域、珠三角、成渝地区提前实施机动车国Ⅵ排放标准。这意味着以 2019 年 7 月 1 日为时间节点，该时间节点后将会有十余个省市执行国Ⅵ排放标准。

2.3 皮卡行业重点政策解读及实施

2.3.1 皮卡列入轻型货车管理解读

从1978年改革开放到如今，已经过去了42个年头，从1978年产量只占全世界的0.4%到连续9年汽车制造和消费蝉联世界第一，42年间我国汽车工业以及整个汽车市场获得了突飞猛进的发展。这背后离不开的是我国对汽车工业发展的合理规划以及积极调整的行业政策。从1986年我国第一辆皮卡诞生至今已有30多年，与整个中国汽车市场获得跨越式变化所不同的是，皮卡这一具有广阔应用空间和市场前景的车型，在我国却发展得举步维艰。在这背后，同样深深烙印着政策的影子，这就是皮卡虽被定义为多用途货车，但在政策层面却一直以普通货车的标准去管理。

我国的汽车工业起步于以卡车为主体的商用车，乘用车几乎依赖于进口，当时企业的生产也严重依赖于政府的调配。自改革开放到20世纪90年代，我国经济体制逐渐由计划经济向市场经济过渡，汽车工业也由之前的计划生产转向市场配置，经济体制转轨的同时暴露出了我国前40年汽车工业发展的多种问题。为了扭转当时"缺重少轻，轿车进口的局面"，同时为把汽车工业尽快建设成为我国国民经济的支柱产业，改善当时汽车投资分散、企业生产规模过小、产品结构单一、企业研发能力薄弱以及产品质量体系不健全等问题，有关部门于1994年2月制定提出《汽车工业产业政策》。1994年制定的《汽车工业产业政策》是新中国成立以来第一部关于汽车工业领域的政策，直接影响了未来30年中国汽车领域的发展。

皮卡最初是在美国诞生，当时是作为生产资料的角色进入美国家庭，随着经济社会的发展以及汽车技术的进步，20世纪五六十年代皮卡已经渐渐转变为具有商乘两用属性的车辆。我国在1994年制定《汽车工业产业政策》时将皮卡纳入了多用途货车的行列，并一直沿用至今。但正是这一划分直接改变了皮卡在我国的发展进程。由于90年代我国的皮卡主要用于货物运输，加之当时家庭用乘用车数量极少，因此当时并未单独对皮卡进行相关政策及标准的制定，相关管理办法基本参照轻型货车执行。

随着我国经济水平的快速腾飞，居民消费水平日益提高，家用车作为曾经的奢侈品开始逐渐进入寻常百姓家。为了提高人们的物质生活水平，在政策层面，国家也越来越重视乘用车的发展，相继出台了减免购置税、汽车下乡补贴、节假日高速免收过路费等多项政策鼓励乘用车的发展，截至2019年，我国乘用车产销已分别完成2 136万辆和2 144.4万辆。而反观皮卡，虽然具有商乘两用属性，但由于被划归于货车行列管理，不但没有乘上乘用车发展的东风，反而在政策层面处处受限，乘用属性被最大限度抑制。虽然汽车下乡等政策也惠及了轻型载货汽车，但在农村商用领域，皮卡的载货性能又远不及一般的轻型货车或农用车。由于货车无法进城，皮卡的很大一部分市场份额又被微面所取代。

总而言之，由于时代背景，1994年制定的《汽车工业产业政策》为皮卡定下的货车身份成了日后制约皮卡发展的核心因素。

2.3.2 皮卡解禁政策放宽的原因及意义

2016年工业和信息化部一纸特急通知《关于开展放宽皮卡车进城限制试点促进皮卡车消费的通知》，吹响了皮卡复苏的第一声号角，随后各种利好政策如雨后春笋般涌现。之所以选择在当下时点解禁皮卡，背后有着多种因素在共同推动。

首先从宏观经济层面来看，2015年是我国经济步入新常态的第一年，各类经济指标下滑明显，实际GDP增速6.9%，25年来首次跌破7%大关。拉动经济增长的三驾马车，均呈现疲软态势，投资和贸易出口增速下滑明显，居民消费也较2014年下滑1.4%。在供给端，由于产业结构调整加之供给侧结构性改革，落后产能的淘汰和新兴产业的尚未成熟使得工业增长呈现萧条态势，经济改革的阵痛正在一点点发酵。到了

2016年，经济下行的趋势仍在继续，各类经济指标不断探底。面对国际局势的激烈变化、美国货币政策的常态化、欧洲经济复苏的不及预期等因素以及国内经济结构调整带来的动荡，我国亟须改变当时出口外向型的经济模式，迫切需要把经济增长由出口拉动转向由内需推动。因此，在当时的背景下如何有效扩大国内消费，提振内需，成为一项重要工作。

其次从皮卡供给层面来看，随着在我国30多年的发展，皮卡早已不再是当年冒着黑烟，柴油机轰轰作响的样子。随着技术的进步和一大批以创新为驱动的国内皮卡生产企业成长壮大，品牌建设成果显著，我国的皮卡供给端正在不断向好发展。目前来看，由技术创新引领的产品迭代正在加速，各皮卡车企生产的产品在配置及产品质量上不断突破，产品的美观性、安全性、动力性、科技性、舒适性、经济性均在持续提升，优质皮卡车型正在大量涌现。乘用型、商用型、越野型皮卡产品种类日益丰富，部分产品的各项性能指标已达到甚至超越一些乘用车的水准。随着节能减排政策的日益趋紧，各大皮卡车企均持续紧跟政策步伐，加速推进节能技术的研发与应用，汽油皮卡占比不断提升，目前各大车企已相继推出符合国Ⅵ排放标准的新款车型。与此同时，伴随着汽车行业电动化、智能化、网联化的大趋势，各大厂商正在积极布局新能源皮卡车型的研发与量产，未来皮卡车在高端化、智能化、专用化、定制化方向的发展将拥有强劲动能，皮卡解禁措施以及一系列利好政策，也是从供给侧来推动皮卡行业结构性调整、增加有效供给的重要举措。

最后从皮卡需求层面来看，皮卡本身就既具有轿车般的舒适性，又不失动力强劲，而且比轿车的载货和适应不良路面的能力还强。皮卡既可作为专用车、多用车、公务车、商务车，也可作为家用车，用于载货、旅游、出租等，同时具备商用车和乘用车需求。由于我国幅员辽阔，各地区风俗地貌差异巨大，皮卡正朝着多个细分场景拓展，如满足农村、项目工程区域拉货需求的加长皮卡，比肩SUV、越野车等的城市型皮卡和越野型皮卡等均在蓬勃发展。随着我国经济社会的快速发展叠加用车需求的不断细化和皮卡文化在中国的发酵，皮卡的市场需求正在逐步转变，皮卡商乘两用的属性可以越来越多地满足不同场景的需求，因此需要政策的支持来加速推进皮卡市场的发展。

皮卡解禁政策的推出是皮卡发展的历史新机遇，有效破解了制约皮卡市场拓展的重要政策枷锁。无论是从国内还是国外来看，皮卡这一车型均有广阔的市场空间。当制约皮卡发展的政策桎梏解开后，我国皮卡市场将迎来跨越式发展，进而有效拉动近年来一度疲软的汽车消费市场。同时优质供给的增加将在城乡融合发展、城乡运输管理和现代物流建设、持续满足各场景使用需求等方面发挥重大作用。

2.3.3 首批解禁皮卡试点省份案例分析

2016年2月工业和信息化部等部门发布《关于开展放宽皮卡车进城限制试点促进皮卡车消费的通知》后，云南、河北、河南、辽宁四省作为试点省份，率先开启了皮卡解禁工作。

（1）云南省

云南省工业和信息化委、云南省发展改革委和云南省公安厅三部门一马当先，在工业和信息化部发文一个月后，于3月24日联合发布《关于在全省开展放宽皮卡进城限制试点促进皮卡消费的通知》，成为首批试点省份中第一个做出皮卡解禁相关部署的省份。在其下达的文件中提到，云南省并未单独对皮卡进行进城限制，而是将其纳入货车管理标准，因各地限制范围不同，目前云南省涉及限制皮卡进城的城市主要有昆明市主城区、玉溪市红塔区、文山州文山市、保山市隆阳区、曲靖市麒麟区、丽江市古城区、开远市、个旧市，其他州市政府所在地城市及所有县级城市均未对皮卡入城进行限制。云南省认为，开放皮卡解禁不会造成明显的交通拥堵，能部分替代微面、轻卡微卡等车型，同时可以促进城乡交流，遏制非法改装、人货混装的趋势。

在充分认识开放皮卡进城限制的积极意义后以及考虑整体省情民情的基础上，云南省决定根据各地市条件分别开展解除限行举措。

1）昆明市主城区因城市规模、工程建设等因素，机动车保有量大、交通状况较为复杂，可根据自身情况，开展放宽限制管理试点工作，对现有的限制或限时政策进行调整，逐步放宽皮卡通行区域和通行时间，取消或简化皮卡进城手续。

2）玉溪市红塔区、文山州文山市、保山市隆阳区、曲靖市麒麟区、丽江市古城区、红河州开远市和个旧市等目前对皮卡进城设限的城市，原则上纳入放开管理试点工作，取消或缩小皮卡限行区域，延长皮卡在城区的通行时间，仅在少量特殊区域和少数特殊时期对皮卡实施限行管理。

3）其他州市政府所在地城市和全省县级政府所在地城市，对皮卡进城全部放开，对涉及皮卡限行的相关规定进行清理完善，营造促进皮卡车消费和使用的良好习惯。截止到目前，除了省会昆明仍在二环内限行皮卡外，其余 15 个城市均已放开对皮卡的限制。

云南由于地理位置原因，地形复杂山脉交错，出行相对较为困难，地形地貌对车辆动力、通过性要求较高，因此一直以来云南都是我国皮卡最畅销的省份。从云南省政府率先拿出完整的解禁方案就可以看出，云南省对于皮卡未来增长趋势持积极态度。从皮卡销量数据来看（图 2-2），云南省皮卡解禁当年销量较 2015 年增长了 27.3%，2019 年的销量较解禁前增长了近 47%，皮卡在云南的解禁成效还是相当明显的。

（数据来源：中国皮卡网）

图 2-2　2015—2019 年云南省皮卡销量

（2）河北省

河北省相关部门在 2016 年 4 月 14 日印发了《河北省开展放宽皮卡车进城限制试点促进皮卡消费工作方案》的通知。在河北省的通知中，除了提到积极落实供给侧结构性改革、扩大消费规模、推动消费结构升级外，还特地提到推动本省汽车工业发展，主要是因为开启中国皮卡"元年"的中兴皮卡就诞生于河北，同时，当前知名皮卡厂商长城也坐落于河北，皮卡市场发展对于河北省来说具有重要意义。因此，对于工业和信息化部放开皮卡禁令的通知，河北省也在第一时间做出响应。

在解禁措施方面,河北省在环保政策和交通需求的前提下,采用因地制宜、积极稳妥逐步放开的政策措施。

1)自 2016 年 5 月 1 日起,承德、张家口、廊坊、保定、沧州、衡水、邢台、邯郸和定州、辛集市,取消对皮卡进城通行的所有限制。

2)自 2016 年 10 月 1 日起,石家庄、唐山、秦皇岛市在借鉴其他城市基础上,综合考虑举办大型活动交通组织、均衡交通复杂区域路段流量以及城市机动车发展需要,可实行最少道路和最短时段限行,但要保证普遍放开市区主要道路皮卡通行限制,及时调整优化措施,直至基本取消限制。目前来看,河北省石家庄市已于 2019 年 1 月 1 日宣布蓝牌皮卡完全解除限行,秦皇岛市和唐山市分别于 2019 年 9 月 1 日和 2019 年 12 月 19 日全面放开皮卡进城限制。在车型认定方面,除了参照国家三部委给的技术标准外,河北省的皮卡认定标准还多加了一项皮卡最大设计外廓尺寸(长×宽×高)不得超过 6 000 mm × 2 200 mm × 2 000 mm。

河北作为皮卡生产大省,解禁后皮卡销量(图 2 - 3)同样增长可观。2019 年皮卡销量较 2015 年解禁前,增长率高达 64.68%,增长势头在首批解禁省份中首屈一指。

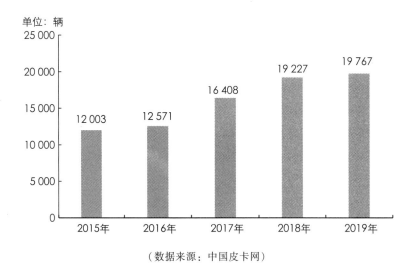

(数据来源:中国皮卡网)

图 2 - 3　2015—2019 年河北省皮卡销量

(3)河南省

河南省作为人口大省,先天有着巨大的消费市场,同时也是国内重要皮卡厂商郑州日产的大本营,因此河南省在皮卡限行方面并未像其他省份那样严格，有 12 个城市之前就并未限行。但由于重工业发达，河南在环保政策的执行以及柴油车的限制上比其他城市更加严格。

根据河南省 2016 年 4 月 11 日下发的《河南省开展放宽皮卡车进城限制试点促进皮卡车消费实施方案》可以看出，其政策的指导思想与河北省颇为类似，都加上了优化交通资源配置，实现汽车产业和城市交通运输协调发展的愿景。

1）洛阳、安阳、鹤壁、新乡、濮阳、许昌、漯河、三门峡、南阳、商丘、周口、驻马店 12 市，对达到国家排放标准以及符合国家认定的皮卡技术特征的车型，仍按原皮卡车进城不限行的规定执行；开封、平顶山、焦作、信阳、济源 5 市自 2016 年 6 月 1 日起，对达到国家排放标准以及符合国家认定的皮卡技术特征的车型全面取消进城限制。

2）郑州市自 2016 年 6 月 1 日起，对达到国家排放标准以及符合国家认定的皮卡技术特征的车型，放宽进城限制。周一至周五（早 7 时至 9 时，晚 17 时至 19 时）禁止在交通流量饱和的主干道通行，其余时间全面取消进城限制。

从河南省的解禁措施可以看出，河南省几乎全省解除皮卡进城限制，相较于河北省 2019 年才将最后几个城市解禁，其对于皮卡的解禁力度非常之大。但值得注意的是，2018 年 11 月 12 日召开的郑州市区道路交通管理措施新闻发布会上称，自 11 月 21 日起，郑州市京港澳高速以西、南绕城高速以北、西绕城高速－郑云高速以东、北四环以南区域内，全天 24 小时禁止国Ⅲ排放标准的柴油车（客、货）驶入，总质量 4.5 t 以下且国Ⅳ及以上排放标准的厢式货车每天 6 时至 22 时禁止驶入，其余各类载货汽车（纯电动轻型、微型货车除外）、挂车、牵引车、专项作业车、低速货车、三轮汽车、拖拉机全天 24 小时禁止驶入。这一规定的出台再次将解禁两年的皮卡关进笼子。这一规定在某种程度上影响了河南省皮卡的销量（图 2-4）。2018 年河南省皮卡的销量较 2017 年增长了 42.54%，而 2019 年的销量则同比下降了 5.77%，由此可见限行政策对皮卡市场发展依然至关重要。

（4）辽宁省

在云南省公布解禁措施后，辽宁省在 2016 年 4 月 6 日下发了《关于印发放宽皮卡车进城限制促进皮卡车消费试点方案的通知》。从辽宁省的试点区域来看，其依据不同城市道路、车流量、城乡居民出行需求等

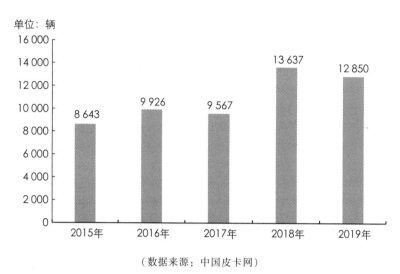

（数据来源：中国皮卡网）

图2-4 2015—2019年河南省皮卡销量

情况，分层次地推进放宽皮卡进城限制的试点工作。

1）取消进城限制的城市。丹东、锦州、铁岭、盘锦、葫芦岛5市全区域全天取消限行。

2）放宽进城限制的城市。沈阳市青年大街全路段全天限行，早晚高峰轻型货车限制行驶路段限行，其他路段一律不限行。大连市人民路、中山路全天限行，早晚高峰轻型货车限制行驶路段限行，其他路段一律不限行。鞍山、抚顺、本溪、营口、阜新、辽阳、朝阳7市周一至周五早晚高峰轻型货车限制行驶路段限行，其他路段一律不限行。

从辽宁省第一阶段的解禁措施可以看出，其对皮卡解禁采取的是较为保守稳步推进的方针。2018年7月，辽宁省又一次印发《关于进一步放宽皮卡车进城限制的通知》，这次的通知继续扩大了全面解禁范围以及放宽了部分城市解禁力度，将鞍山、抚顺、本溪、丹东、锦州、营口、阜新、辽阳、铁岭、朝阳、盘锦、葫芦岛12个城市全面取消限行。除沈阳市青年大街全路段全天限行和二环路早、晚高峰时段限行外其余全天不限行。大连市除人民路和中山路全天限行以及中心城区早、晚高峰时段限行外其余全天不限行。

从辽宁省皮卡解禁后的成效来看，其皮卡的销量也在稳步增长（图2-5），2019年销量较2015年解禁前增长了47.9%，解禁成效也十分可观。

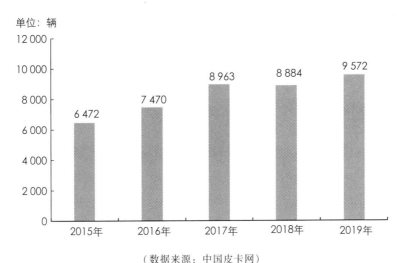

(数据来源：中国皮卡网)

图 2-5　2015—2019 年辽宁省皮卡销量

2.3.4　皮卡政策实施情况概述

（1）管理政策

① "双证"取消落地实施。

根据交通运输部办公厅发文规定：自 2019 年 1 月 1 日起，各地交通运输管理部门不再为总质量 4.5 t 及以下普通货运车辆配发道路运输证（图 2-6），对于总质量 4.5 t 及以下普通货运车辆从事普通货物运输活

图 2-6　道路运输经营许可证

动的，各地交通运输管理部门不得对该类车辆、驾驶员以"无证经营"和"未取得相应从业资格证件，驾驶道路客货运输车辆"为由实施行政处罚。

②国Ⅵ排放标准提前实施、国Ⅲ排放标准淘汰加速。

2019年7月1日，包括北上广深、河北、河南、山西、陕西等在内的十余个省市提前实施国Ⅵ排放标准，政策实施后，国Ⅴ排放标准机动车在当地停止上牌。

与此同时，国Ⅲ排放标准柴油车的生存空间被进一步压缩，已有部分城市停止了以国Ⅲ排放标准营运柴油货车的检测业务，同时，近20个地区对国Ⅲ及以下排放标准的柴油车提前报废推出了补贴政策，大部分城市轻型柴油货车享受的报废补贴在0.5万~1.5万元，只有上海/深圳等一线城市的最高补助金额达到3万元以上。

③新能源皮卡不限行。

2019年5月，国务院办公厅向交通运输部等部门发布《关于加快道路货运行业转型升级促进高质量发展意见的通知》，提出"纯电动轻型货车原则不限行"，在短途运输、城市物流方面受到欢迎的新能源皮卡受到惠及。

随后，三部委印发了《推动重点消费品更新升级畅通资源循环利用实施方案（2019—2020年）》，提出各地不得对新能源汽车实行限行、限购，已实行的应当取消。鼓励地方对无车家庭购置首辆家用新能源汽车给予支持，鼓励有条件的地方在停车费等方面给予新能源汽车优惠，探索设立零排放区试点。

④新能源补贴退坡。

2019年3月26日，财政部、工业和信息化部、科技部和发展改革委联合发布了《关于进一步完善新能源汽车推广应用财政补贴政策的通知》，与2018年相比，新能源汽车补贴退坡力度进一步加大，除此之外，地补也将正式取消。

按照新能源货车补贴标准（表2-9），纯电动货车、插电式混合动力（含增程）货车可分别享受350元/kWh、500元/kWh的中央财政补贴，一般情况下，纯电动皮卡的电池能量在60 kWh左右，按此标准折合补贴约为2.1万元。不过，此次补贴设置了上限，皮卡隶属的N1类纯电动载货汽车（最大设计总质量不超过3 500 kg）可享受的单车补贴不能超过2万元，N1类插电式混合动力（含增程式）货车则无此限制。

表 2-9 新能源货车补贴标准

车辆类型	中央财政补贴标准 /[元·(kWh)$^{-1}$]	中央财政单车补贴上限/万元		
		N1 类	N2 类	N3 类
纯电动货车	350	2	5.5	
插电式混合动力货车	500	—	—	3.5

根据 GB/T 15089—2001，N1 类指最大设计总质量不超过 3 500 kg 的载货汽车；N2 类指最大设计总质量超过 3 500 kg，但不超过 12 000 kg 的载货汽车；N3 类指最大设计总质量超过 12 000 kg 的载货汽车。

⑤汽车年检新规。

2019 年 5 月 1 日起，汽车年检新标准实施。新的检测标准增加了外观检验、OBD 检查、燃油蒸发检测等，并且明确了环保监督抽测内容和方法，将车辆检测项目更加细化全面，汽车年检难度升级。其中，2011 年 7 月 1 日以后生产的汽油皮卡、2018 年 1 月 1 日以后生产的柴油皮卡需要增加 OBD 检验；柴油车尾气检测增加了氮氧化合物检测，国Ⅲ及以下排放标准的车辆尾气检测很可能会不合格。

⑥汽车报废新规。

国务院公布的《报废机动车回收管理办法》在 2019 年 6 月正式实施，新版管理办法消除了报废机动车零部件再制造的法律障碍，规定拆解的报废机动车发动机、方向机、变速器、前后桥、车架"五大总成"具备再制造条件的，可以按照国家规定出售给具备再制造能力的企业予以循环利用。

⑦取消高速省界收费站普及 ETC。

2019 年 5 月 21 日，国务院办公厅印发《深化收费公路制度改革取消高速公路省界收费站实施方案》，将修订《收费公路车辆通行费车型分类》标准，调整货车通行费计费方式，从 2020 年 1 月 1 日起统一按车（轴）型收费，确保不增加货车通行费总体负担，同步实施封闭式高速公路收费站入口不停车称重检测。

2019 年年底前，实现新旧系统切换，基本取消全国高速公路省界收费站，各省份高速公路入口车辆使用 ETC 比例达到 90% 以上，同时实现手机移动支付在人工收费车道全覆盖。此外，从 2020 年 7 月 1 日起，新申请批准的车型应在选装配置中增加 ETC 车载装置。

⑧促进农村汽车更新换代。

2019 年 6 月，三部委印发的《推动重点消费品更新升级畅通资源循环利用实施方案（2019—2020 年）》中指出，要积极推动农村车辆消费升级，对农村居民报废三轮汽车并购买 3.5 t 及以下货车或者 1.6 L 及以下排量乘用车，有条件的地方可协商供货企业给予适当支持，积极发挥商会、协会作用组织开展"汽车下乡"促销活动，促进农村汽车消费。

（2）税费政策

2018 年个税的起征点不但提高至 5 000 元，而且税率的级距也变大了，教育、子女、养老、房贷、租房等专项附加扣除政策也都已经落地。对于很多上有老下有小的社会中坚家庭来说，减税力度非常大。家庭可支配收入变多之后反过来又能促进消费，为社会消费贡献活动。2018 年，皮卡行业销量增长 11.8%。

2019 年年初，十部委联合印发《进一步优化供给推动消费平稳增长促进形成强大国内市场的实施方案（2019 年）》，明确要多措并举促进汽车消费。稳步推进放宽皮卡进城限制范围、汽车下乡和车辆报废补贴。

2019 年的政府工作任务指出，继续实施更大规模的减税降费。普惠性减税与结构性减税并举，重点降低制造业和小微企业税收负担。深化增值税改革，将制造业等行业现行 16% 的税率降至 13%，将交通运输业、建筑业等行业现行 10% 的税率降至 9%。下调城镇职工基本养老保险单位缴费比例，各地可降至 16%。2019 年，务必使企业特别是小微企业社保缴费负担有实质性下降，确保减税降费落实到位，全年减轻企业税收和社保缴费负担近 2 万亿元。每台皮卡增值税成本下降 3 个百分点。

（3）金融政策

2020 年由于春节假期和新冠疫情等因素，2 月汽车销量受到了不小的影响。一些车企推出各种优惠政策以吸引消费者。以下是推出优惠政策的主流皮卡：

①长城风骏系列。

长城风骏系列的两款皮卡如今换上了符合国Ⅵ排放标准的动力装置，再加上其推出的购车优惠（表 2-10），占据了 2020 年 1—2 月皮卡车型销量的前两名。

表 2-10　长城风骏系列优惠详情

车型		风骏 7/风骏 5
三重好礼	现金礼	3 000 元抵 6 000 元
	金融礼	一年 0 息
	置换礼	3 000 元/台补贴

②福田拓陆者系列。

福田针对拓陆者驭途、拓陆者胜途、福田征服者 3 和拓陆者 E 系列等分别推出了不同的暖春多重礼（表 2-11）。

表 2-11　福田拓陆者系列优惠详情

车型	金融礼	置换礼
拓陆者驭途	3 年 0 利息	至高 5 000 元/台补贴
拓陆者胜途	18 期 0 利息	至高 4 000 元/台补贴
福田征服者 3		
拓陆者 E 系列	3 年 0 利息	至高 5 000 元/台补贴

福田拓陆者除了金融礼和置换礼外还秉承"客户至上、服务先行"的理念，打造"零时差服务"的全新服务战略，为客户提供"四季无忧　四速必达"的优质快速全方位服务。为了全面提升客户服务满意度，"四速必达"提供 1 小时快速保养、2 小时极速救援、3 小时闪速维修和 4 小时飞速供件的服务。

③上汽大通。

上汽大通 T60 推出了惊喜十重礼，其中分别为重金融礼、重置换礼、重年检无忧、重交车礼、重试驾礼、重呼朋唤友礼、重流量礼、重防护礼、重安全礼和重安心礼。

目前上汽大通凭借其优惠政策（表 2-12）和自身车辆的优势在澳大利亚、新西兰和智利等市场中销量排名第一。

表 2-12　上汽大通优惠详情

车型	优惠政策
上汽大通 T60	首付最低 20%，免息日供仅 43 元，旧车置换补贴至高 5 000 元

④郑州日产。

郑州日产针对国Ⅴ排放标准的锐骐和锐骐6推出了优惠政策（表2-13）。

表2-13 郑州日产国Ⅴ车型优惠详情

车型	排放标准	优惠政策
锐骐	国Ⅴ	3 000元抵6 000元
锐骐6		

该优惠政策使得国Ⅴ车型的性价比更高。并且国Ⅵ柴油版锐骐也将上市，郑州日产实现了高、中、低三个皮卡细分市场汽/柴油国Ⅵ全覆盖。

⑤江西五十铃。

江西五十铃针对三款国Ⅴ车型以及两款国Ⅵ车型均推出优惠政策（表2-14），覆盖车型包括国Ⅴ、国Ⅵ的铃拓和瑞迈S，以及经典瑞迈国Ⅴ车型。

表2-14 江西五十铃皮卡优惠详情

车型	排放标准	优惠政策
铃拓	国Ⅴ（MT车型）	1 000元抵10 000元
	国Ⅴ（AT车型）	4 000元抵10 000元
	国Ⅵ	2年免息，3 000元抵10 000元
瑞迈S	国Ⅴ	3 000元抵10 000元
	国Ⅵ	5 000元抵10 000元
经典瑞迈	国Ⅴ	2年免息，5 000元抵10 000元

江西五十铃铃拓是2019年中国最畅销柴油合资皮卡，而瑞迈S则凭借出色的产品力成为江西五十铃的主打车型。

⑥江淮帅铃T8。

作为新时代高端皮卡车型，江淮帅铃T8积极复产复工，并推出了相关的优惠政策（表2-15）。用户在购车时享受原有优惠的同时，还可享受两年0息金融购车政策，同时还有机会赢取五重豪华大礼。

表 2-15　江淮帅铃 T8 优惠详情

车型	优惠政策
帅铃 T8	24 期 0 利息，参加线上活动可得 2 000 元、5 000 元代金券

江淮帅铃 T8 符合国内皮卡行业高端化、乘用化的趋势，具有很高的品牌辨识度。

2.4　皮卡政策动态及未来政策展望

2.4.1　皮卡技术指标标准化进程的研判

虽然皮卡车在我国的发展已有 30 多年的历程，同时属性上被划分为"多用途货车"，但国内却没有一部真正意义上属于多用途货车定义和标准的规定，导致皮卡目前虽叫"多用途货车"，但多条法案及管理规定在实际执行的过程中存在差异和冲突，甚至根本就是和"轻型货车"实行同一标准。显然当下的定义和标准已大大限制了皮卡商乘两用属性的充分释放。为了促进皮卡发展需要给皮卡做一个明确的定义和标准规定，全国汽车标准化技术委员会整车分技术委员会成立了皮卡车标准研究工作组，牵头制定《多用途货车通用技术条件》，立项结果在 2020 年 3 月 31 日已由国家标准化管理委员会正式下达。这标志着皮卡车标准制定迈出了重要一步，未来皮卡将有望在技术层面脱离"轻型货车"，以"多用途货车"的标准单独存在。

通过《多用途货车通用技术条件》国家标准的制定，能够进一步规范皮卡车定义、技术参数和要求，为主管部门优化皮卡车管理提供技术依据，同时对国家相关政策的落地实施也会起到积极的促进作用，对推动国内皮卡市场健康快速发展具有重要意义。

2.4.2 对未来皮卡解禁政策力度变化趋势的研判

1)解禁试点的范围会继续扩大。2019年4月《推动汽车、家电、消费电子产品更新消费促进循环经济发展实施方案(2019—2020年)(征求意见稿)》提出将皮卡进城试点范围从河北等6省区扩大到市场需求旺盛的地区,2020年前,地级及以下城市全部取消皮卡进城限制。虽然目前来看解禁城市数量还未达到方案预期,但皮卡解禁是未来确定的大趋势,相信随着时间的推移会有越来越多的地市开放皮卡解禁措施。但不排除部分省会城市或人口较多的城市会由于车流压力或其他因素再次对皮卡限行。

2)伴随着皮卡"路权"回归的同时"车权"也要回归。皮卡限制进城是制约皮卡拓展应用场景的核心因素,但其他"歧视性"的政策也是制约皮卡发展的原因。因此,伴随着皮卡解禁政策的逐步拓展,恢复皮卡的"车权"也同样重要。

2017年,新版《机动车运行安全技术条件》发布,在新标准中取消对多用途货车、旅居挂车车身反光标识和车辆尾部标志板的要求,2018年《促进道路货运行业健康稳定发展行动计划(2017—2020年)》中明确规定:自2019年1月1日起,取消4.5 t及以下普通货运车辆道路运输证和驾驶员从业资格证,并且相关部门不能对驾驶员以"无证经营"和"未取得相应从业资格证件驾驶道路客货运输车辆"为由实施行政处罚。这两项限制政策的取消,与皮卡解除进城限制相辅相成,极大促进了皮卡的发展。

但目前来看依然存在许多政策需要改动。如在购买皮卡缴纳购置税车船税以及交强险的时候,依然将皮卡划为载货类汽车,按照吨位收取,购车下来的税费和保险均要高于乘用车。除此之外,在乘用车已经取消强制报废的现在,皮卡仍要按规定10年之后车辆要年检两次,使用年限15年或者行驶里程达到60万公里就要强制报废,这在极大程度上打消了乘用型皮卡消费者的购车欲望。因此从长远来看,要想继续推进皮卡市场的增长,有必要将皮卡车纳入乘用车管理体系。

2.4.3 皮卡行业发展的优惠政策及展望

（1）优惠政策

由于受2008年全球性经济危机的影响，我国汽车行业遭受重创，因此2009年国务院通过《汽车和钢铁产业调整和振兴规划》，其对促进汽车消费推动汽车行业发展给出了一揽子优惠政策。

①减征乘用车购置税。自2009年1月20日至12月31日，对1.6 L及以下小排量乘用车减按5%征收车辆购置税。

②由中央拨付50亿元资金，对农民购买1.3 L及以下排量的微型客车，以及将三轮汽车或低速货车报废换购轻型载货车的，给予一次性财政补贴。

③加快老旧汽车报废更新。调整老旧汽车报废更新财政补贴政策，加大补贴支持力度，提高补贴标准，加快淘汰老旧汽车。2009年老旧汽车报废更新补贴资金总额由2008年的6亿元增加到10亿元，这些政策有效促进了整个汽车市场的恢复和发展。

在当前全球受疫情影响、经济形势恶劣的情况下，国家也应加大对汽车行业的扶持，积极贯彻落实2019年《进一步优化供给推动消费平稳增长促进形成强大国内市场的实施方案》中对汽车行业的支持政策，同时对皮卡与其他乘用车一视同仁，加速推进购车补贴、购置税减免、汽车下乡、加速老旧汽车报废补贴等政策的落地。除此之外，也应继续鼓励企业加大皮卡研发产业化投入，推动皮卡产品多元化发展。同时加大对皮卡车企的政策优惠，如在税收政策方面给予皮卡车企一定的让渡，以及税收返还、减免税或直接补贴等措施，支持引导企业加大皮卡车型的研发投入，促进皮卡行业健康持续发展。

（2）未来展望

①摆脱小众市场困境，出台独立标准，区别于货车与乘用车。目前"高速限速、报废年限、年检时间等"各方面仍是将皮卡作为载货汽车一样管理，"扩大限行范围、取消喷字贴条"等政策出台，虽有将皮卡跳出货车范围管理的趋势，但仍未出台具体的针对皮卡的标准。

未来针对皮卡有望出台独立标准，取消与载货汽车同等的管理办法，但由于皮卡的独特属性，也将有不同于普通乘用车的管理方式。例如，针对乘用化的家用皮卡车型可采用 6 年免检，7~15 年内每年一检，15 年后半年一检的方式；取消皮卡 15 年或 60 万公里强制报废规定。针对皮卡车型货运属性，在高速收费方式等方面依旧采用货车标准。皮卡独立标准的出台，有望解决皮卡同货车同步管理的尴尬局面，有利于提升皮卡形象，提高皮卡地位，带动皮卡销量增长。

②出台完善皮卡改装政策。由于皮卡限行政策的逐步解除，乘用化、个性化的皮卡产品需求迅猛增长，皮卡造型区别于 SUV、轿车等传统车型，更加个性化，且非承载式的车身更有利于进行越野活动。出于更高的个性外观及越野能力提升的要求，相比乘用车皮卡改装受到更多车主的青睐。

目前我国仍未出台针对皮卡产品的改装标准，仍采用同乘用车一样的管理方式，可改装点少，且流程烦琐，皮卡车主对此抱怨较大。未来有望针对皮卡车型编制改装政策标准，将皮卡改装标准化、合法化，带动改装皮卡销量的增长。

③政策与国际接轨，促进皮卡销量增长。当前皮卡市场与发达国家相比渗透率仍处于较低的阶段。例如，在欧美市场，皮卡的渗透率一般在 10%~20%，而在我国这一数字不足 2%，中国西北部、西南部均有着与美国、澳洲类似的自然地理环境，如果中国借鉴皮卡发达国家的政策经验，在消费升级的趋势下，皮卡则将拥有巨大的潜力，未来也将成为车市销量增长的亮点。

皮卡在美国市场地位出众与受到了很多国家政策的扶持有很大关系。例如，20 世纪 70 年代初美国针对乘用车出台了严格的排放法规，但对皮卡则管理宽松，如规定皮卡车型的总质量超过 6 000 磅（约 2.72 t），不需要使用催化转化器；国家对汽车制造商"整体平均油耗"的约束将皮卡车型排除在外；1991 年美国颁布征收汽车奢侈税的政策，政策规定所有价格超 3 万美元的新车需加收 10% 的奢侈税，而这条政策也未涵盖皮卡车型。这些政策都让消费者更加青睐皮卡车型，为皮卡在美国市场的巅峰地位铺平了道路。

皮卡销售大国泰国针对皮卡的鼓励政策相比乘用车也有较大的政策倾斜。例如，泰国市场皮卡消费税显著低于乘用车，150~200 g/km 二氧化碳排放量的乘用车消费税为 30%~40%，而皮卡仅为 2.5%~13%。

皮卡凭借多功能性被越来越多的中国人所接受，如果未来国家政策与国际接轨，出台促进皮卡行业发展的鼓励政策，必将推动中国整体汽车销量进入新的增长期。

④大力推进皮卡下乡政策。皮卡作为多功能载货汽车的一种，用途广泛，既可作为生活用车通勤使用，又可拉货作为工具用车使用；既能在铺装路面行驶，又可适用多路况全地形的野外体验，更适合农村、郊区的驾驶环境与使用用途。

未来国家有望针对皮卡出台下乡政策，从而释放长期以来被压制的皮卡在农村地区的刚性需求，极大提振中国汽车市场的发展，在消费领域助推国家经济增长。

3　市场分析篇

3.1　2019年中国皮卡市场分析

2019年汽车市场相对低迷，但皮卡作为乘商结合汽车产品，是消费的新增长点，持续保持较好态势。2019年皮卡销量达到45.2万台，总比负增长3%。考虑到车市的整体低迷因素，皮卡销量还有继续增长的机会，也为2020年皮卡市场奠定了较好的增长基础。

2019年7月以后，随着各厂家国Ⅵ新品皮卡逐步大量推出，以长城、长安为代表的国Ⅵ皮卡持续走强，皮卡市场呈现新品纷呈的回暖态势。

3.1.1　市场销量分析

随着国Ⅵ排放标准在多省市区域的落地实施，我国皮卡企业加快了推出国Ⅵ产品的节奏；2019年第二季度，经销商开始全面清理库存，为迎接国Ⅵ新品做足准备。

从皮卡年度销量走势图上看（图3-1），皮卡年度销量呈增长趋势，但是由于国内多家皮卡企业在推出国Ⅵ产品时准备不足，造成了国Ⅵ实施档口，2019年皮卡市场相对2018年出现微降。

从皮卡月度销量走势图上看（图3-2），2019年皮卡车的开局走势是相对不错的，3月创出高点，尤其是在2018年一季度开局高增长的背景下。2019年1—4月的皮卡市场走势相对较强，5—7月深度调整，8—12月逐步回暖。由于春节较早的因素，1月份皮卡销量3.48万辆，出现了同比4%的负增长；2月份皮卡销量达到2.85万辆，同比增长21%，呈现节后超强开局；3月份皮卡销量达到4.79万辆，同比增长3%；4月份皮卡销量达到4.47万辆，同比增长15%，走势强于历年的表现；5月皮卡走弱，下滑8%；6—7月皮卡销售受到国Ⅵ政策的影响，加之部分

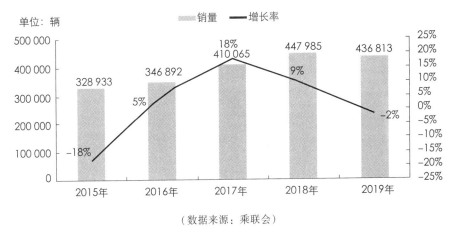

(数据来源：乘联会)

图 3-1 近 5 年皮卡销量增长情况

地区需求不强，销量降幅较大。8—11月皮卡市场逐步回暖，11月销量回升到4.3万辆以上；12月销量异常，环比增长偏弱。

(数据来源：乘联会)

图 3-2 皮卡 2018 年和 2019 年各月销量走势

从2019年市场份额比重图（图3-3）可以看出，虽然各品牌皮卡销量与市场份额占比仍处于此消彼长之中，但是第一梯队与第二梯队市场份额有拉大迹象，后者相对稳定，第三梯队市场份额较第二梯队有所拉近。尤其是近年来杀入皮卡领域的新锐品牌皮卡对整体皮卡传统市场格局产生了冲击及改变。其中，长城汽车一枝独秀，2019年销量占据皮卡总销量的36.9%。占据皮卡市场份额5%以上的企业有江西五十铃、东风和江铃，都是历史上相对强势的传统企业，三家企业全年销量占总量的30%左右。

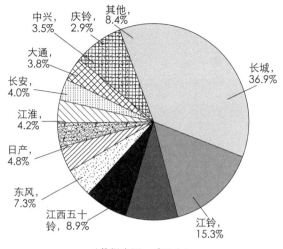

(数据来源：乘联会)

图 3-3　2019 年市场份额比重图

3.1.2　市场环境分析

2019 年整体政策层面对皮卡是相对比较友好的，各种限制政策相继有所放开，各地也在纷纷放开皮卡进城，这些政策都有利于皮卡市场的培育和发展。

（1）皮卡市场取消营运证的利好

皮卡市场的外部政策环境随着轻卡的改善而大幅提升，很好地促进了消费需求的提升。2018 年 12 月 24 日，交通运输部下文宣布，2019 年 1 月 1 日起取消 4.5 t 及以下的普通货运车辆营运证和驾驶员从业资格证。通知中明确规定：2019 年 1 月 1 日取消 4.5 t 及以下双证，并且相关部门不能对驾驶员以"无证经营"和"未取得相应从业资格证件，驾驶道路客货运输车辆"为由实施行政处罚。具体规定如下：

①取消总质量 4.5 t 及以下普通货运车辆《道路运输证》；

②取消总质量 4.5 t 及以下普通货运车辆驾驶人员《从业资格证》。

从 2019 年 1 月 1 日，在全国范围内取消 4.5 t 及以下轻卡用户的营运证和从业资格证，也就是说，蓝牌轻卡用户从此以后只需要带着驾照就可以上路了。

对于用户而言，购买蓝牌皮卡轻卡不用再选择挂靠，能免去不少的费用。取消营运证，营运车可以改为非营运，保金明显少于营运车辆，所以取消营运证后，购买非营运保险的成本大幅降低。

（2）皮卡反光条取消

在发改委等十部委发布的《进一步优化供给推动消费平稳增长促进形成强大国内市场的实施方案》中明确提出，在评估河北、辽宁、河南、云南、湖北、新疆6省区放开皮卡进城限制试点政策效果的基础上，稳妥有序扩大放开皮卡进城限制范围。一系列政策方案的推出，让皮卡进城成为可能，同时也带动了皮卡销量的快速提升。

在GB 7258—2017实施之前，国内的皮卡车要按照货车进行管理，实行贴反光条、车身喷字等规定。在新发布的GB 7258—2017中，皮卡车被定义成了多用途货车，不再被强制要求粘贴反光条标志，和货运车辆区分开来。这一改革对皮卡车来说是利好的。

（3）北京进京证严管

2019年11月1日起，外地牌照车进北京六环和通州须办理"进京证"。2019年进京证每车每年最多可办12次，每次使用期限最长7天。有效期届满前，应驶出上述范围。非京牌车违规上路和停放都有罚则。

3.1.3 竞争环境分析

各皮卡厂2019年相较2018年的市场增速如图3-4所示，2019年皮卡市场中主力厂家表现较好，长城皮卡保持平稳的绝对优势地位，郑州日产、江西五十铃近期走强，上汽大通、长安汽车等新势力快速崛起。

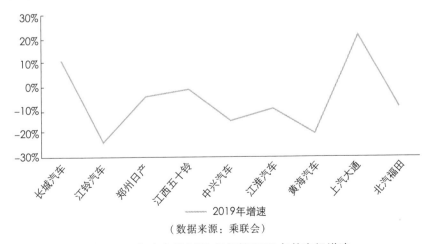

（数据来源：乘联会）

图3-4 各皮卡厂2019年相较2018年的市场增速

(1) 各皮卡厂家年度份额走势（表 3 – 1）

表 3 – 1　各皮卡厂家年度份额走势

厂家	2016 年	2017 年	2018 年	2019 年 1 季度	2019 年 2 季度	2019 年 3 季度	2019 年 4 季度
长城汽车	29.5%	30.9%	34.3%	33.0%	27.2%	37.4%	39.5%
江铃汽车	20.3%	17.5%	13.3%	12.7%	13.8%	11.2%	14.8%
郑州日产	10.2%	10.8%	10.5%	11.2%	11.4%	11.3%	8.4%
江西五十铃	6.8%	8.1%	8.1%	6.7%	8.5%	7.0%	9.8%
中兴汽车	9.1%	6.1%	5.2%	4.6%	6.3%	5.7%	4.3%
江淮汽车	6.2%	6.0%	5.5%	6.9%	5.7%	5.4%	4.1%
黄海汽车	6.3%	6.2%	5.0%	6.0%	5.6%	5.1%	3.4%
上汽大通	2.8%	5.1%	6.3%	5.5%	6.8%	7.1%	5.9%
北汽福田	5.1%	4.1%	3.5%	4.5%	4.4%	3.5%	1.1%
长安汽车	2.6%	2.8%	3.7%	3.2%	3.2%	1.9%	2.9%

2019 年皮卡市场竞争逐步分化，部分二线企业的批发稍好，零售很差。

长城汽车的皮卡销量一枝独秀，近几年长城皮卡销量份额持续提升，2019 年上半年保持皮卡总量的 30% 的销量，下半年部分月份份额突破 40%，持续增长。

皮卡市场份额 10% 以上的厂家还有江铃和郑州日产，这两家都是历史上相对强势的传统厂家，两家企业全年销量占据总量的 25% 左右，是传统的强势企业。

大市场的第三梯队是销量份额在 4% ~ 6% 的诸多厂家，其中上汽大通、长安皮卡、江西五十铃增长明显，江淮皮卡表现相对稳定，部分老牌车企有所下滑。

(2) 皮卡厂家月度走势（图 3 – 5）

12 月大部分企业的环比销量回升。长城皮卡表现优秀，长城炮形成较强的优势。江铃和郑州日产的销量也是环比上月有所改善。但其他绝大部分厂家的 12 月销量稍差，这也使长城和江铃皮卡提早针对国Ⅵ标准进行调整，在 9 月后发力，其他调整慢的皮卡厂家走势不强。

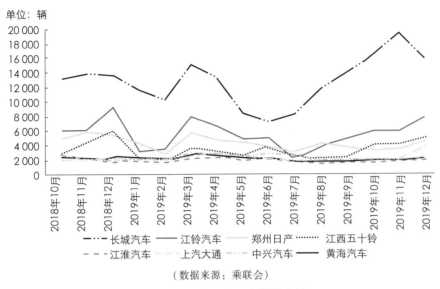

（数据来源：乘联会）

图3-5 皮卡厂家月度销量走势

（3）皮卡主力车型月度走势（图3-6）

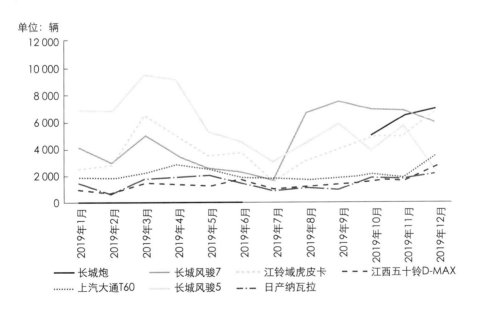

（数据来源：乘联会）

图3-6 皮卡主力车型月度销量走势

根据乘联会的皮卡市场跟踪，皮卡走势中的长城皮卡占据绝对主导地位，长城炮新品销量拉升明显，风骏7的表现也较突出，前期是风骏

5皮卡表现较好,但其12月销量下降明显。12月江铃域虎皮卡表现突出,年末市场走势逐步走强。

(4) 皮卡品牌销量走势

2019年长城皮卡市场销量及增长率(表3-2)显示,风骏7两驱柴油皮卡市场销量增长率达到了643%,风骏7四驱柴油皮卡市场销量增长率达到了539%。其他车型品系风骏5和风骏6市场销量增长率都呈现出大幅下跌的发展态势,风骏5和风骏6的客群转移到了风骏7,其中出口量增幅令业界惊叹。

表3-2 2019年长城皮卡市场销量(辆)及增长率

生产厂商	品牌型号	12月销量			1—12月销量		
		销量	同期	同比	销量	同期	同比
长城汽车	风骏5两驱柴油	1 219	5 133	-76%	38 249	59 931	-36%
	风骏5两驱汽油	694	2 302	-70%	18 829	22 290	-16%
	风骏5四驱柴油	259	1 037	-75%	5 923	14 637	-60%
	风骏5四驱汽油	304	547	-44%	5 187	7 759	-33%
	风骏6两驱柴油	0	39	-100%	295	7 274	-96%
	风骏6两驱汽油	0	170	-100%	981	3 579	-73%
	风骏6四驱柴油	0	59	-100%	571	9 201	-94%
	风骏6四驱汽油	0	148	-100%	762	6 003	-87%
	风骏7两驱柴油	2 936	1 947	51%	27 327	3 677	643%
	风骏7两驱汽油	889	/	/	5 706	/	/
	风骏7四驱柴油	1 845	2 053	-10%	23 321	3 649	539%
	风骏7四驱汽油	332	/	/	3 380	/	/
	长城炮两驱柴油	801	/	/	2 620	/	/
	长城炮两驱汽油	1 107	/	/	3 201	/	/
	长城炮四驱柴油	2 262	/	/	5 521	/	/
	长城炮四驱汽油	2 850	/	/	6 957	/	/
	其中出口	1 795	1 473	22%	17 631	13 490	31%
	长城汽车合计	15 498	13 435	15.4%	148 830	138 000	7.8%

2019年江铃皮卡市场销量及增长率（表3-3）显示，宝典皮卡市场销量继续呈负增长率，而老款域虎皮卡市场销量微正增长，产销量已经接近宝典皮卡的7倍。此外，在2019广州车展上，江西汽车发布了全新的高端皮卡域虎9。

表3-3　2019年江铃皮卡市场销量（辆）及增长率

生产厂商	品牌型号	12月销量			1—12月销量		
		销量	同期	同比	销量	同期	同比
江铃汽车	宝典	447	1 120	-60.1%	7 556	21 897	-65.5%
	域虎	6 833	7 457	-8.4%	49 874	49 515	0.7%
	出口	194	520	-62.7%	1 936	1 363	42.0%
	江铃汽车合计	7 474	9 097	-17.8%	59 366	72 775	-18.4%

2019年郑州日产皮卡市场销量及增长率（表3-4）显示，合资品牌纳瓦拉皮卡市场销量增长率达到15.9%，自主锐骐6皮卡虽增长迅猛，而东风品牌的锐骐皮卡系列却呈大幅下跌趋势，但仍为主打主销车型产品。纳瓦拉皮卡和锐骐皮卡的出口增长率呈大幅下跌趋势。

表3-4　2019年郑州日产皮卡市场销量（辆）及增长率

生产厂商	品牌型号	12月销量			1—12月销量		
		销量	同期	同比	销量	同期	同比
郑州日产	纳瓦拉	2 147	2 395	-10.4%	17 973	15 512	15.9%
	东风锐骐	325	1 730	-81.2%	10 544	25 222	-58.2%
	锐骐6	1 836	1 430	28.4%	17 548	2 312	659.0%
	其中出口	15	171	-91.2%	1 898	5 961	-68.2%
	郑州日产合计	4 308	5 555	-22.4%	46 065	43 046	7.0%

2019年中兴皮卡市场销量及增长率（表3-5）显示，2019年中兴皮卡的产销量呈现全面下跌的趋势，只有领主汽油四驱销量同比增长43.3%，其他车型都呈大幅下跌趋势，出口也下跌16.8%。与提前切换国Ⅵ标准而准备不足有关，造成销量的下跌。

表 3-5 2019 年中兴皮卡市场销量(辆)及增长率

生产厂商	品牌型号	12月销量			1—12月销量		
		销量	同期	同比	销量	同期	同比
河北中兴	威虎柴油两驱	340	412	-17.5%	4 842	6 898	-29.8%
	威虎柴油四驱	171	174	-1.7%	2 104	3 138	-33.0%
	威虎汽油两驱	182	132	37.9%	2 147	3 202	-32.9%
	威虎汽油四驱	89	60	48.3%	1 024	1 687	-39.3%
	领主柴油两驱	347	420	-17.4%	4 082	5 373	-24.0%
	领主柴油四驱	153	214	-28.5%	2 129	3 462	-38.5%
	领主汽油两驱	142	159	-10.7%	1 914	2 944	-35.0%
	领主汽油四驱	73	76	-3.9%	894	624	43.3%
	出口	552	67	723.9%	2 953	3 548	-16.8%
	中兴汽车合计	2 049	1714	19.5%	22 089	30 876	-28.5%

2019 年黄海皮卡市场销量及增长率(表 3-6)显示,N1 汽/柴油皮卡系列市场销量全线下滑,N2 汽/柴油皮卡系列市场销量也呈现全面下滑趋势,N3 汽/柴油皮卡系列市场销量也呈现全面下滑趋势。由于产品更新速度不够,销量大跌 20.14%,市场占有率下滑明显。

表 3-6 2019 年黄海皮卡市场销量(辆)及增长率

生产厂商	品牌型	12月销量			1—12月销量		
		销量	同期	同比	销量	同期	同比
黄海汽车	N1 系列柴油	160	348	-54.02%	2 639	3 214	-17.89%
	N1 系列汽油	42	52	-19.23%	1 067	1 208	-11.67%
	N2 系列柴油	476	916	-48.03%	7 019	9 422	-25.50%
	N2 系列汽油	94	159	-40.88%	3 442	3 851	-10.62%
	N3 系列柴油	384	629	-38.95%	4 181	6 597	-36.62%
	N3 系列汽油	171	336	-49.11%	2 150	3 361	-36.03%
	N7 系列柴油	138	/	/	1 096	/	/
	N7 系列汽油	56	/	/	491	/	/
	黄海汽车合计	1 521	2 440	-37.66%	22 085	27 653	-20.14%

2019年江淮皮卡市场销量及增长率（表3-7）显示，销量较小的汽油双排四驱皮卡市场销量同比大幅增长，柴油双排四驱皮卡市场销量呈62.2%的同比增长，汽油双排两驱皮卡和柴油双排两驱皮卡都呈现出市场销量增长率持续下跌的发展态势。

表3-7 2019年江淮皮卡市场销量（辆）及增长率

生产厂商	品牌型号	12月销量			1—12月销量		
		销量	同期	同比	销量	同期	同比
江淮汽车	汽油双排二驱	253	260	-2.7%	2 944	3 710	-20.6%
	汽油双排四驱	128	123	4.1%	1 327	618	114.7%
	柴油双排二驱	775	1 041	-25.6%	10 381	17 992	-42.3%
	柴油双排四驱	623	471	32.3%	9 719	5 993	62.2%
	江淮汽车合计	1 779	1 895	-6.1%	24 371	28 313	-13.9%

2019年江西五十铃皮卡市场销量及增长率（表3-8）显示，合资品牌D-MAX皮卡市场销量同比增长36.8%，领先全行业平均增速，自主品牌瑞迈皮卡则呈20.8%的同比下跌。

表3-8 2019年江西五十铃皮卡市场销量（辆）及增长率

生产厂商	品牌型号	12月销量			1—12月销量		
		销量	同期	同比	销量	同期	同比
江西五十铃	D-MAX	2 727	2 127	28.2%	17 234	12 602	36.8%
	瑞迈	2 068	3 749	-44.8%	18 820	23 774	-20.8%
	江西五十铃合计	4 795	5 876	-18.4%	36 054	36 376	-0.9%

2019年北汽福田皮卡市场销量及增长率（表3-9）显示，北汽福田拓陆者市场销量继续呈下跌之势，同比下跌14.5%。

表3-9 2019年北汽福田皮卡市场销量（辆）及增长率

生产厂商	品牌型号	12月销量			1—12月销量		
		销量	同期	同比	销量	同期	同比
北汽福田	拓陆者	167	1 352	-87.6%	15 649	18 307	-14.5%
	其中出口	0	283	-100.0%	3 838	5 401	-28.9%
	北汽福田合计	167	1 352	-87.6%	15 649	18 307	-14.5%

2019 年上汽大通皮卡市场销量及增长率（表 3 – 10）显示，上汽大通皮卡出口量大幅增长，销量已经达到了 1 万辆以上。

表 3 – 10 2019 年上汽大通皮卡市场销量（辆）及增长率

生产厂商	品牌型号	12 月销量			1—12 月销量		
		销量	同期	同比	销量	同期	同比
上汽大通	T60 柴油双排	3 256	/	/	/	/	/
	T60 柴油单排	4	/	/	/	/	/
	T60 汽油双排	292	/	/	/	/	/
	其中出口	2 619	655	300%	12 364	8 639	43%
	上汽大通合计	3 552	2 248	58.0%	26 495	22 541	17.5%

2019 年长安汽车皮卡市场销量及增长率（表 3 – 11）显示，长安皮卡销量同比增长 22.6%。

表 3 – 11 2019 年长安汽车皮卡市场销量（辆）及增长率

生产厂商	品牌型号	12 月销量			1—12 月销量		
		销量	同期	同比	销量	同期	同比
长安汽车	皮卡（P101、P102）	1 088	1 944	-44.0%	15 575	12 707	22.6%
	长安汽车合计	1 088	1 944	-44.0%	15 575	12 707	22.6%

3.1.4 动力类型分析

2019 年柴油皮卡总计销量达 260 559 辆，汽油皮卡总计销量占据 112 931 辆，整年柴汽油皮卡市场份额比例约为 2.3∶1。由此看来，柴油车型目前在国内皮卡市场中依然占据高地（表 3 – 12）。我国传统皮卡用户依然是热衷于柴油皮卡车型，柴油皮卡在动力爆发、用车成本等方面依然有着明显优势，尤其在我国西南部广受欢迎。同时，高端汽油皮卡市场份额也有进一步扩大，带动更多一二线城市的皮卡消费。目前，高端豪华皮卡层出不穷，作为首款搭载五连杆悬架的长城炮在驾驶、乘坐等体验方面更是不输 SUV，一车多用的皮卡车未来甚至有望抢占 SUV 的份额。

表 3-12 2016—2019 年皮卡燃油类型占比

时间		柴油	汽油	纯电动	总计
2016 年		72%	0.08%	27%	100%
2017 年		73%	0.18%	27%	100%
2018 年		71%	0.25%	29%	100%
2019 年		68%	0.23%	32%	100%
2019 年	1 月	68%	0.01%	32%	100%
	2 月	74%	0.01%	26%	100%
	3 月	68%	0.00%	32%	100%
	4 月	65%	0.5%	35%	100%
	5 月	71%	0.03%	29%	100%
	6 月	68%	0.31%	32%	100%
	7 月	69%	0.07%	31%	100%
	8 月	74%	0.10	26%	100%
	9 月	73%	0.18%	26%	100%
	10 月	69%	0.14%	31%	100%
	11 月	67%	0.12%	32%	100%
	12 月	59%	0.98%	40%	100%

回顾 2018 年的皮卡市场，柴汽油车型市场份额占比约为 2.7∶1。2019 年，从数据上来看，我国汽油皮卡市占率是有明显增幅的，总增量为 15 961 辆。仅北京市场的汽油皮卡增量便已突破 21 600 辆。因此，可以说在除去北京之外的传统的皮卡市场中，柴油版车型的市场份额是提升的。汽油皮卡和电动皮卡走势相对较强。2019 年电动皮卡占比突破 32%，也是很好的表现。由于向私人市场的突破，相对轻卡，皮卡的汽油机占比还是很好的。

从 2019 年全国 31 省市柴汽油皮卡销量分布（表 3-13）中分析，柴油皮卡车型明显"一家独大"的地区有广西、云南、贵州、湖南、重庆、江西、海南等，以上地区的市场中，柴汽油皮卡比例超过 10∶1，广西、云南两地的柴油皮卡的销量最为突出，柴汽油比例更是达 20∶1 以上。在海南，有 90% 的皮卡销量来自柴油车，当地对柴油皮卡的欢迎度可见一斑。

表 3-13 2019 年全国 31 省市柴汽油皮卡销量（辆）分布

地区	全年销量	柴油皮卡	汽油皮卡	柴汽比	柴油占比	柴油占比变化
北京	32 963	54	32 909	—	—	—
四川	24 422	20 522	3 900	5.3	84%	4.4%
云南	24 043	23 082	961	24	96%	-0.5%
河北	19 701	12 518	7 183	1.7	63.5%	-4.1%
广东	19 125	14 025	5 100	2.8	73.3%	-1.3%
山东	19 013	14 611	4 402	3.3	76.8%	-0.7%
广西	16 840	16 222	618	26.2	96.3%	0.3%
湖南	15 971	15 041	930	16.2	94.2%	6.7%
湖北	15 204	13 636	1 568	8.7	89.7%	2.0%
新疆	14 441	9 198	5 243	1.8	63.7%	7.6%
内蒙古	14 046	8 567	5 479	1.6	61.0%	8.4%
贵州	12 974	12 335	639	19.3	95.1%	2.1%
河南	12 821	9 475	3 346	2.8	73.9%	2.7%
福建	12 234	10 022	2 212	4.5	81.9%	1.4%
江西	12 092	11 253	839	13.4	93.1%	-0.4%
浙江	10 588	7 769	2 819	2.8	73.4%	-2.1%
辽宁	9 571	8 377	1 194	7.0	87.5%	5.6%
黑龙江	9 170	6 174	2 996	2.1	67.3%	-3.9%
陕西	9 022	3 969	5 053	0.8	44.0%	0.2%
安徽	8 439	6 956	1 483	4.7	82.4%	2.5%
甘肃	8 436	5 329	3 107	1.7	63.2%	3.2%
重庆	8 354	7 822	532	14.7	93.6%	0.1%
西藏	7 901	684	7 217	0.1	8.7%	-0.9%
海南	7 568	6 990	578	12.1	92.4%	-0.9%
山西	7 138	5 014	2 124	2.4	70.2%	-4.2%
江苏	6 539	4 287	2 252	1.9	65.6%	-0.4%
宁夏	5 569	1 391	4 178	0.3	25.0%	6.1%
吉林	4 168	3 234	934	3.5	77.6%	7.2%
青海	2 863	676	2 187	0.3	23.6%	4.7%
天津	1 431	766	665	1.2	53.5%	0.5%
上海	843	560	283	2.0	66.4%	-3.2%
总计	373 490	260 559	112 931	2.3	69.8%	-3.0%

在 31 省市中，仅北京、陕西、宁夏、青海、西藏 5 个地区中的汽油皮卡销量大于柴油皮卡的销量。由于政策的原因，北京市 2019 年皮卡销量迎来巅峰，同时带动了高端皮卡消费，长城、郑州日产、上汽大通、长安等皮卡企业均从中获利。在河北省，皮卡市场增量多是来自于汽油皮卡，有两种原因可以解释这种情况，一方面是河北本土企业长城皮卡新品的投放，另一方面则是皮卡乘用化，迈向家用化的趋势。在广西、贵州，柴油四驱版皮卡占比达一半左右，这是受地势、环境因素的影响。由于多山且道路湿滑的情况较多，四驱皮卡可以完美胜任这些复杂路况，助力用户高效运输。

此外，柴油皮卡市场占比明显增大的地区有湖南、贵州、广西、四川、湖北等地。值得注意的是，黑龙江的柴油皮卡占比更是高达 67% 左右，且吉林、辽宁、内蒙古、新疆等高寒、高海拔地区，柴油皮卡市场份额得到进一步扩大。此前，受高压、寒冷等因素的影响，我国柴油皮卡在高寒地区不适应，这些地区以售卖汽油车型为主。近年来，国内柴油车技术迎来了突飞猛进的发展，已经足以适应高寒地区，加之这些地区的汽车暖库建造更加完善、柴油车用车成本低，更多的用户愿意选购柴油车型。

与此同时，在山西、浙江、河北等地，汽油皮卡的占比则有明显提升。

2019 年新能源皮卡市场（表 3 - 14）保持一定的需求，部分主力企业的皮卡产品表现很好，尤其是江淮汽车的电动皮卡仅次于日产皮卡的增量。作为行业需求的特殊产品，皮卡被普遍使用在电力、石油、城市绿化、道路救援、城市管理、后勤保障、消防救灾等非常多的领域，尤其是不差钱的特殊行业对皮卡需求相对较强，对电动皮卡也有一定需求。

表 3 - 14   2016—2019 年新能源皮卡销售（辆）增量

生产厂商	2016 年	2017 年	2018 年	2019 年							2019 汇总
				4 月	6 月	7 月	8 月	9 月	10 月	11 月	12 月	
郑州日产	262	649	621	193	5	6	3	33	12	8	252	512
江淮汽车			112		91	8	17	5	7	24	96	248
中兴汽车		25	99		8	1				2	12	23

续表

生产厂商	2016年	2017年	2018年	2019年								2019汇总
				4月	6月	7月	8月	9月	10月	11月	12月	
北汽福田			105				1		1	11		13
江铃汽车						4	3	6	3	3	20	39
东风股份			3			1		6	14			21
总计	262	674	940	193	104	20	24	50	36	38	391	856

3.1.5 区域结构分析

(1) 皮卡的区域市场份额变化

皮卡的区域市场份额变化（表3-15）显示，东部直辖市的市场份额增长较为突出。皮卡的西南和华南市场在2019年总体走势不强，形成区域增长的持续偏弱格局。12月，国Ⅵ新品推动效果仍在延续，北方市场开始恢复。

表3-15 皮卡的区域市场份额变化

时间		西南	西北	中部-长江	东部-华南	东部-华北	东北	中部-黄河	东部-华东	京津沪
2016		24%	18%	16%	14%	8%	6%	5%	6%	2%
2017		26%	18%	16%	13%	9%	6%	5%	5%	2%
2018		25%	17%	15%	12%	10%	6%	6%	5%	4%
2019		23%	17%	14%	10%	10%	6%	5%	5%	9%
2019年	1月	24%	18%	14%	11%	9%	5%	5%	4%	9%
	2月	27%	16%	15%	9%	11%	5%	6%	6%	7%
	3月	21%	17%	13%	10%	10%	5%	5%	5%	14%
	4月	20%	16%	12%	9%	11%	5%	5%	5%	16%
	5月	22%	16%	13%	11%	11%	6%	6%	5%	10%
	6月	20%	13%	13%	12%	14%	5%	7%	7%	7%
	7月	23%	16%	14%	12%	10%	6%	7%	6%	6%
	8月	25%	19%	15%	11%	9%	8%	4%	4%	6%

续表

时间		西南	西北	中部-长江	东部-华南	东部-华北	东北	中部-黄河	东部-华东	京津沪
2019年	9月	24%	16%	15%	12%	10%	8%	4%	4%	6%
	10月	25%	19%	14%	9%	9%	7%	5%	4%	7%
	11月	24%	18%	14%	9%	10%	7%	5%	5%	7%
	12月	21%	17%	13%	10%	11%	8%	5%	5%	10%

(2) 皮卡的城市市场份额变化

皮卡的城市市场份额变化（表3-16）显示，皮卡的进城效果一般。从增长空间来看，皮卡的主力市场仍在县乡，且总体表现较好。

表3-16 皮卡的城市市场份额变化

时间		特大城市	大型城市	中型城市	小型城市	县乡
2017年		3.5%	11.2%	20.9%	21.5%	42.8%
2018年		3.5%	12.2%	19.3%	22.3%	42.7%
2019年		2.9%	11.5%	19.9%	23.5%	42.3%
2019年	1月	2.5%	10.6%	16.5%	23.6%	46.9%
	2月	2.0%	12.0%	17.7%	23.5%	44.8%
	3月	2.8%	11.8%	20.7%	23.5%	41.3%
	4月	3.1%	11.8%	19.4%	24.6%	41.1%
	5月	3.3%	11.5%	20.5%	24.3%	40.3%
	6月	3.3%	13.3%	20.5%	24.4%	38.6%
	7月	3.2%	12.4%	20.3%	22.9%	41.2%
	8月	2.6%	10.0%	22.2%	22.2%	43.0%
	9月	3.0%	10.5%	20.9%	22.2%	43.4%
	10月	2.5%	10.0%	20.2%	23.1%	44.2%
	11月	2.8%	11.7%	19.7%	23.3%	42.4%
	12月	3.1%	12.1%	20.7%	23.4%	40.7%

(3) 皮卡区域市场表现

从皮卡区域市场份额（表3-17）来看，区域市场的皮卡零售走势分化，部分企业国Ⅵ车型逐步强势到位，而主力厂家的分布差异明显。

长城在各细分市场均表现较好,江铃汽车和郑州日产的皮卡主要是在华东优势明显。

表 3-17 皮卡区域市场份额

时间及区域	长城汽车	江铃汽车	郑州日产	江西五十铃	江淮汽车	中兴汽车	上汽大通	长安汽车	北汽福田
2019年12月	42.1%	12.7%	14.3%	8.3%	3.5%	3.0%	2.8%	2.5%	2.8%
西南	36.3%	15.2%	9.7%	12.5%	5.8%	3.6%	1.7%	2.0%	3.2%
西北	49.9%	6.1%	12.7%	7.4%	3.3%	5.3%	2.1%	0.8%	2.8%
中部-长江	32.3%	25.8%	8.7%	11.3%	5.5%	2.5%	1.9%	2.7%	2.3%
东部-华北	61.0%	9.7%	11.1%	6.8%	1.9%	2.6%	1.4%	2.7%	1.2%
东部直辖市	28.3%	2.3%	34.8%	0.7%	1.8%	1.7%	5.7%	8.4%	6.2%
东部-华南	44.8%	10.8%	18.5%	7.0%	3.6%	2.1%	4.8%	1.1%	2.6%
东北	45.1%	11.0%	9.7%	9.8%	1.0%	2.1%	3.2%	0.7%	2.2%
东部-华东	29.2%	26.2%	18.9%	6.9%	1.8%	1.3%	7.0%	3.0%	1.5%
中部-黄河	57.6%	9.9%	14.9%	5.1%	1.0%	1.8%	1.8%	3.0%	0.7%

(4) 主力城市皮卡市场表现

主力城市皮卡市场销量(表 3-18)显示,2019 年 12 月皮卡市场的主要区域仍是北京,北京市场一枝独秀,需求远高于重庆等西南区域。北京从 2011 年开始对小客车实施总量调控,截至目前,北京地区摇号比例已达 2 000∶1。北京摇号政策主要针对小型客车,皮卡不在摇号政策针对范围之内,所以市场发展潜力仍很巨大,尤其是北京消费水平较高,高端非限购皮卡车型的需求仍是巨大的。北京市场的长城皮卡表现很强,上汽大通、长安等品牌表现也很好,形成长城、日产、大通、长安的皮卡争夺战。

表 3-18 主力城市 2019 年 12 月皮卡市场销量(辆)

城市	长城汽车	江铃汽车	郑州日产	江西五十铃	江淮汽车	中兴汽车	上汽大通	长安汽车	北汽福田
北京市	1 063	1 365	46	17	57	3	191	237	326
重庆市	412	56	84	77	19	77	6	21	25
拉萨市	170	57	60	11	55	12	25	35	6

续表

城市	长城汽车	江铃汽车	郑州日产	江西五十铃	江淮汽车	中兴汽车	上汽大通	长安汽车	北汽福田
成都市	283	84	46	41	67	15	11	8	16
大庆市	84	167	21	25		290		25	3
东营市	251	164	19	19				10	2
保定市	378	3	21	14	1		2	1	7
福州市	116	191	30	7	21		6	14	2
济南市	153	195	27	38	3		6	5	7
赣州市	199	12	170	28	3	6		7	3
南宁市	196	71	35	47	16	11	8	4	5
海口市	217	40	37	31	3		20	40	
乌鲁木齐	68	263	31	23	2	10	1	13	1
武汉市	48	197	21	18	19	3	3	15	8
百色市	144	21	85	55	13	3	4	7	
哈尔滨市	184	45	55	28		2	11	7	3
杭州市	76	66	98	33		2	7	3	15
凉山市	77	56	52	55	15	22	3	8	9
贵阳市	147	31	41	18	11	30	5	19	3
昆明市	131	23	30	46	13	25	8	16	
郑州市	120	108	9	17			9	5	6
银川市	190	15	8	18		8	20	7	1
长沙市	75	82	58	22	17	2	3	20	2
普洱市	56	44	43	44	22	15	22	22	6

3.1.6 价格区间分析

皮卡分价格带趋势（图3-7）显示，随着中国经济的不断发展，居民收入不断提高，消费者对皮卡消费需求也不断走高。国产皮卡价格带覆盖6万~20万元价格区间。随着消费者对皮卡要求的不断提高，皮卡厂家最近几年也陆续推出了中高端皮卡，比如长城炮、江铃域虎7、大通T60、五十铃D-MAX、日产纳瓦拉等。从价格区间来看，9万元以上中高端皮卡走强。2019年1—12月，皮卡市场主销区间主要集中在8万~10万元，占比达73%；10万元以上区间市场份额稳步提升，达到17.5%；8万元以下市场份额萎缩至9.2%。国Ⅵ标准实施后，皮卡整体售价进一步向高价位集中，新品多投放在中高端市场。

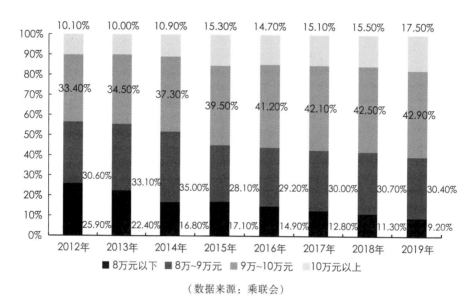

（数据来源：乘联会）

图3-7 中国皮卡分价格带趋势

随着皮卡进城政策、车管政策和国家土地管理政策的逐渐放开，叠加经济发展和消费者收入水平的不断提高，未来皮卡消费趋势将朝着商乘两用和硬派越野发展，皮卡消费价格还将逐渐走高。8万元以下皮卡市场还将逐渐萎靡到6%的市场份额；8万~10万元的工具类皮卡消费还将稳定保持在40%的市场份额；10万~15万元的商乘两用皮卡将快速增长到40%左右的市场份额；15万元以上的硬派越野也将快速增长，保持14%左右的市场份额。

3.1.7 货箱尺寸分析

皮卡作为一种多用途车型，非常强调车辆的实用性，货箱作为皮卡区别于其他部分车型的最大特点，是皮卡的代表性标志，皮卡的一切功能用途大多也是基于货箱展开。而运输载物能力则是体现皮卡车好坏的一个直观标准，因此货箱尺寸所展现的承载能力对皮卡而言尤为重要，因此消费者在购买皮卡时，货箱大小成了左右消费者购买的重要因素。

纵观国产皮卡，货箱尺寸种类繁多，并且我国并没有一个标准的货箱尺寸衡量标准，往往都是厂商自己定义货箱尺寸的分类。国产皮卡的货箱长度集中在 1 380～1 975 mm，骐铃 T100 和神骐 F30 的某些车型货箱长度在 2 000 mm 以上，市面上可以买到的皮卡分为长箱、标箱和短箱三类，其中以长箱车型最受消费者喜爱。

根据统计销量数据及对货箱长度界定标准的差异，2019 年 1—12 月国产皮卡长短货箱销量分布（表 3-19）显示，当将长短货箱的界定标准定为 1 650 mm 时，国内市场长短货箱皮卡的综合占比符合国内消费的购买行为，即长货箱车型更受消费者喜爱，市场占有率达到了 63.37%。云南、四川、山东、广东、河北等皮卡销量位居前列的省份中，均是长货箱车型更受消费者的喜爱，市场占有率在 58%～74%，其他大部分地区同样是货箱长度大于 1 650 mm 的车型销量更佳，长货箱可以充分满足消费者的运输装载需求。皮卡销量较大的地区中只有北京是个例外，由于政策导向因素，北京市场皮卡在 2019 年迎来了大爆发，然而不论是出于商用目的还是单纯的出行购车需求，北京市场更喜欢短箱车型，这是价格、用途、驾驶环境等多种因素共同影响的结果。

表 3-19 中国长短货箱销量（辆）分布

省市	短箱（小于 1 650 mm）	长箱（大于 1 650 mm）	总计	短箱占比	长箱占比
安徽	2 137	6 302	8 439	25.32%	74.68%
北京	27 577	5 386	32 963	83.66%	16.34%
福建	3 742	8 492	12 234	30.59%	69.41%
甘肃	2 181	6 255	8 436	25.85%	74.15%
广东	7 663	11 462	19 125	40.07%	59.93%
广西	4 562	12 278	16 840	27.09%	72.91%
贵州	4 080	8 894	12 974	31.45%	68.55%

续表

省市	短箱（小于 1 650 mm）	长箱（大于 1 650 mm）	总计	短箱占比	长箱占比
海南	2 765	4 803	7 568	36.53%	63.47%
河北	6 005	13 696	19 701	30.48%	69.52%
河南	3 876	8 945	12 821	30.23%	69.77%
黑龙江	3 165	6 005	9 170	34.52%	65.48%
湖北	5 698	9 506	15 204	37.48%	62.52%
湖南	4 006	11 965	15 971	25.08%	74.92%
吉林	877	3 291	4 168	21.03%	78.97%
江苏	1 800	4 739	6 539	27.52%	72.48%
江西	4 512	7 580	12 092	37.31%	62.69%
辽宁	2 027	7 544	9 571	21.18%	78.82%
内蒙古	3 620	10 426	14 046	25.77%	74.23%
宁夏	928	4 641	5 569	16.66%	83.34%
青海	1 733	1 130	2 863	60.52%	39.48%
山东	4 839	14 174	19 013	25.45%	74.55%
山西	2 608	4 530	7 138	36.53%	63.47%
陕西	3 541	5 481	9 022	39.25%	60.75%
上海	417	426	843	49.48%	50.52%
四川	6 030	18 392	24 422	24.69%	75.31%
天津	553	878	1431	38.66%	61.34%
西藏	6 073	1 828	7 901	76.87%	23.13%
新疆	4 891	9 550	14 441	33.87%	66.13%
云南	9 968	14 075	24 043	41.46%	58.54%
浙江	3 562	7 026	10 588	33.64%	66.36%
重庆	1 364	6 990	8 354	16.33%	83.67%
总计	136 800	236 690	373 490	36.63%	63.37%

当将皮卡货箱长短的界定标准定为 1 700 mm 时（表 3-20），统计数据显示，长短货箱的市场占有率完全对调了过来，短箱车型的市场占

有率高达69.48%，几乎所有地区的消费者都喜欢短箱车型，只有浙江地区的长货箱车型市场占有率达到了50%。这和我们以往形成的市场认知完全不同，一时间短货箱似乎才是中国消费者购买皮卡时的首要选择，然而消费者的真实需求却是更喜欢能满足装载运输需求的长货箱车型。造成这一矛盾现象的一个主要原因就是长城皮卡在两种不同标准下严重影响了销量的真实性，长城风骏5、风骏7的货箱长度为1 380 mm 和1 680 mm 两种，风骏6的货箱尺寸为1 545 mm，而最近上市的长城炮乘用皮卡货箱长度为1 520 mm，长城炮商用皮卡货箱长度为1 520 mm 和1 760 mm 两种。

表3-20 中国长短货箱销量（辆）分布

省市	短箱（小于1 700 mm）	长箱（大于1 700 mm）	总计	短箱占比	长箱占比
安徽	5 004	3 457	8 461	59.30%	40.97%
北京	30 405	2 558	32 963	92.24%	7.76%
福建	8 484	3 750	12 234	69.35%	30.65%
甘肃	6 869	1 567	8 436	81.43%	18.57%
广东	13 393	5 732	19 125	70.03%	29.97%
广西	11 652	5 188	16 840	69.19%	30.81%
贵州	6 748	6 226	12 974	52.01%	47.99%
海南	5 369	2 199	7 568	70.94%	29.06%
河北	15 264	4 437	19 701	77.48%	22.52%
河南	9 870	2 951	12 821	76.98%	23.02%
黑龙江	6 694	2 476	9 170	73.00%	27.00%
湖北	9 598	5 606	15 204	63.13%	36.87%
湖南	9 490	6 481	15 971	59.42%	40.58%
吉林	3 156	1 012	4 168	75.73%	24.27%
江苏	3 670	2 869	6 539	56.13%	43.87%
江西	7 324	4 768	12 092	60.57%	39.43%
辽宁	5 971	3 600	9 571	62.39%	37.61%
内蒙古	11 592	2 454	14 046	82.53%	17.47%

续表

省市	短箱（小于 1 700 mm）	长箱（大于 1 700 mm）	总计	短箱占比	长箱占比
宁夏	4931	638	5 569	88.55%	11.45%
青海	2 398	465	2 863	83.76%	16.24%
山东	13 315	5 698	19 013	70.03%	29.97%
山西	5 845	1 293	7 138	81.88%	18.12%
陕西	7 248	1 774	9 022	80.34%	19.66%
上海	460	383	843	54.55%	45.45%
四川	14 409	10 013	24 422	59.00%	41.00%
天津	1 058	373	1 431	73.95%	26.05%
西藏	6 711	1 190	7 901	84.94%	15.06%
新疆	8 257	6 184	14 441	57.18%	42.82%
云南	14 294	9 749	24 043	59.45%	40.55%
浙江	5 288	5 300	10 588	49.94%	50.06%
重庆	4 744	3 610	8 354	56.79%	43.21%
总计	259 511	114 001	373 512	69.48%	30.52%

当按照 1 650 mm 划分长短货箱标准时，长城风骏 5 和风骏 7 的销量都将被分为长短货箱车型两类，而当以 1 700 mm 为标准时，风骏 7 和风骏 5 在 2019 年 1—12 月共计 12 万余辆的销量将都被划分为短箱车型销量，1—12 月国内皮卡实销是 37.3 万辆，将近 1/3 销量的变动足以造成巨大的影响。可以说长城皮卡一家的销量几乎左右了国内皮卡市场长短货箱销量的市场占有率和地区分布占比，当以长城风骏系列的尺寸为统计依据时，国内长短货箱皮卡销量才会与事实需求相符合，否则就会出现有违市场规律的现象。不过随着国产皮卡逐渐向更大、更长的方向发展，最终也许会和国际皮卡市场的标准接轨，因此判定长短货箱的具体数值标准会是不断变化发展的，但长城皮卡的尺寸数值仍是重要的参考依据。

3.1.8 客群种类分析

2019 年我国皮卡主要销售到工程建筑、批发零售、农副水产、生产制造、装修装潢、车辆维修、交通运输、采矿业、林场农业和住宿餐饮这十大行业（图3-8）。

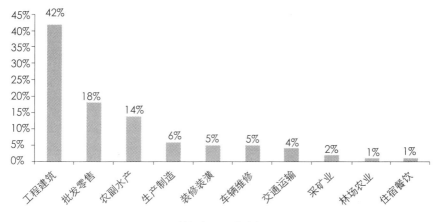

（数据来源：乘联会）

图3-8 各行业皮卡销量占比

工程建筑行业的客户是皮卡的第一大客户群体，占全年销售的42%。这一类客户由于使用场景有一大半在非铺装路面的建筑工地等地方，所以更看重皮卡的性价比、底盘质量、油耗和通过性等相关属性。第二大客户群体为批发零售行业人员，占全年销售的18%。这类客户主要为中小企业主，使用场景主要为城市近郊的铺装路面，所以这类客户更关注皮卡的性价比、质量、操控性能和油耗等属性。第三大客户群体为农副水产行业人员，占全年销售的14%。这类客户主要为沿海城市的小商小贩，使用场景在海鲜等批发市场，所以这类客户更关注皮卡的性价比、质量、耐腐蚀性、操控性能和油耗等属性。前三大客户群体已占皮卡销量的74%，剩下的生产制造、装修装潢、车辆维修和交通运输行业客户群体分别占6%、5%、5%和4%，相对比较平均。这四类客户群体，主要由行业大客户组成，客户群体集中在制造业、建筑业等行业及电业、工商等政府机关，客户对品牌形象、加速能力、安全性、舒适性、噪声等因素最为关注。这类消费者主要关注重点不再是价格，而是产品性能与平台。这类客户的采购方式集中于集团采购，主要是由公共事业单位、大型企业进行统一招标。最后，占比最小的林场农业和住宿餐饮业，分别占1%和1%。

3.1.9 上市新品趋势

在产品方面，长城炮皮卡采用精致工艺的内饰和舒适性包裹的仿皮座椅，匹配 8AT 变速器、多连杆、碟刹、ACC 自适应巡航、电子驻车、ESC、语音控制、车联网等乘用化、智能化配置，对其他竞品产生巨大冲击，将不断挤压现有竞品皮卡的市场份额，迫使各大厂家提供更豪华的配置，并逐步向乘用化、智能化升级，提升产品竞争力。

（1）动力提升

伴随着排放升级，各主流竞品纷纷提升皮卡动力性（表 3-21），其中长城柴油发动机分别由国 V 阶段的高功率版 105 kW/315 N·m、低功率版 75 kW/225 N·m 提升到国 VI 阶段的 115 kW/345 N·m；郑州日产锐骐柴油发动机由 103 kW/305 N·m 提升到 118 kW/310 N·m；江西五十铃柴油发动机由 95 kW/320 N·m 上升到 120 kW/360 N·m。皮卡行业伴随着排放升级，动力显著提升。说明客户对皮卡的驾乘感和动力性要求高于传统工具车要求，皮卡购买用户的要求已经从单纯的工具车属性向商乘两用和越野性能扩展。

表 3-21 国 VI 排放标准皮卡售价与动力参数列表

品牌	车型	发动机	排量/L	动力数据	售价/万元	上市时间
长城	风骏 7	GW4D20M	2.0	115 kW	9.28~13.88	2019 年 6 月
	长城炮	GW4D20M	2.0	120 kW	10.48~12.78	2019 年 9 月
大通	T60	上汽 π	2.0	120 kW	11.98~20.48	2019 年 6 月
江西五十铃	瑞迈 S	VM2.5T	2.5	110 kW	10.48~13.58	2019 年 9 月
	铃拓	VM2.5T	2.5	110 kW	11.18~14.38	2019 年 10 月
	D-MAX	RZ4E	1.9	120 kW	—	2019 年 11 月
日产	锐骐 6	M9T	2.3	118 kW	10.48~14.08	2019 年 12 月
福田	驭途 9	欧康 FD2.0T	2.0	120 kW	9.38~14.58	2019 年 12 月
长安	凯程 F70	VM2.5T	2.5	110 kW	10.28~13.98	2019 年 10 月

（2）智能网联

皮卡智能网联倾向也越来越明显，上汽大通 T60 全新搭载 YunOS 互联网智能系统，拥有在线互联、远程遥控、语音识别等多项功能；长城推出新一代互联网皮卡风骏7，提供实时路况、在线导航、增量更新功能，语音助理功能，以及云、本地识别、语音控制汽车生活服务、查询天气、查询违章记录、在线听新闻等功能。此外，江铃、江淮等主流皮卡厂家纷纷涉足皮卡车联网，智能网联成为皮卡配置的风向标。

（3）主动安全

近年来下线上市的中高端皮卡基本上采用 ABS 和 EBD，前盘后毂制动和双回路四通道油路系统模式，配置大尺寸制动盘、双缸制动主泵，分别提供制动能量，以及独立前、后轮分缸式 X 形交叉双管路液压刹车系统，并配备发动机防盗、泊车辅助、胎压监测、行车电脑、GPS 导航等高端智能装置。有些品牌皮卡车在制动系统上，采用了博世第九代最新版本 ABS + EBD 和德尔福 ABS + EBD。

（4）自动挡

自动挡皮卡是近年来我国皮卡市场上出现的新生事物，在不到三年的时间内，变速器挡位也从 5AT 发展到 6AT 甚至 7AT。从已经上市和 2019 年年底前推出的皮卡产品来看，国产自动挡皮卡已有近 10 款之多。未来自动挡皮卡能否成为主流产品还有待市场验证，毕竟我国的皮卡与欧美国家在使用过程中存在差异性。从当前的自动挡皮卡来看，产品类型还较为单一，高昂的售价也阻挡了许多用户的购买欲望。目前，中国市场需求仍以商用货运为主体，"高、大、上、豪"可能只是皮卡这个小众市场中的更小众产品，其用户群或许仅限于企事业单位、少数皮卡发烧友。近年来，我国中高端皮卡的商用车属性已经开始向乘用化偏移，但低端经济型皮卡的发展路径却与其相左，这是由皮卡在中国有着特殊的歧视性车管政策、国人对皮卡文化认知度以及皮卡车型在市场上的需求运用所决定的。

（5）新能源

国外新款新能源（清洁能源）皮卡较多，主要涵盖氢燃料皮卡、混合动力皮卡、插电式皮卡等，绝大多数是与整车配套研发生产的全新新能源皮卡。我国相关新能源皮卡基本上是在原型车上改装而成，是以技术含量低、上马快的纯电动皮卡为主，品系较为单一。虽然也出现了 CNG 双燃料皮卡、插电混合皮卡等，但基本上还处于展示的样车状态，不具备成熟的平台，离量产化还相差甚远，然而这也在很大程度上促进了皮卡行业探索新能源领域的进程。如江铃域虎 T500EV 电动皮卡，在动力方面，域虎T500EV采用了型号为TZ260XSDA4的永磁同步电机，最大功率为120 kW，最大扭矩可达800 N·m，搭配三元锂软包电池组合，可以提供更长的续航里程——1字头车型可达到320 km，而6字头车型则可以突破335 km，并且在1.5 h内即可完成快充。江淮纯电皮卡帅铃i3-T330，该车使用的是LFP电池，电池能量为60.858 kWh，磷酸铁锂电池与永磁同步电机作为动力，动力特色自成一派，环保性能更加突出。最大功率可达110 kW，峰值扭矩达330 N·m，快充1.5 h即可完成80%，充电快，高效运输，综合续航里程可达265 km。新能源技术与智能化技术进步必将冲击皮卡行业形态，未来的技术、运营与产品模式尚在探索中，但可以预见的是，真正的新能源（清洁能源）皮卡将会随着国家对新能源汽车政策的不断变化发展而与时俱进，五年或十年后替代传统燃油模式是必经之路。

3.2　2019年皮卡进出口分析

3.2.1　皮卡出口情况

海关的皮卡出口量统计数据（图3-9）显示，2019年我国皮卡共出口40 620辆，同比增长17.4%。受销售方面的约束，我国的进口皮卡绝大部分来自港口，且都是大排量、高端大皮卡。目前，我国皮卡出口产品呈现出了"多元性、层次化"的特点，不但在功能上趋于多样化，在设计和操作性能上也逐渐趋于豪华。在排放技术上，已完全与国产乘用车同步发展，发动机尾气排放标准从国Ⅰ至国Ⅵ与时俱进，其无人驾驶技术也正在研发之中。

目前，中国品牌皮卡已出口到全球100多个国家和地区，覆盖了欧洲、中南美、中东、亚洲、非洲及大洋洲等地区。在南美、亚洲、中东

(数据来源：乘联会)

图 3-9　近年皮卡出口量柱状图

和非洲地区，皮卡车主要以低价切入市场，作为个体或私营业主的工具车使用；大洋洲地区，中国品牌皮卡中高端车型出口占比较高，也是以个人客户为主。短期内，海外市场仅作为国内销量的一种补充，南美入市门槛较低、易切入，东南亚灌输限制较高，大洋洲技术要求较高，对国内主机厂有一定的挑战。非洲主要是南非、塞内加尔、尼日利亚、喀麦隆、阿尔及利亚等国；中东主要是伊拉克、沙特、伊朗等国；中南美主要是智利、秘鲁、乌拉圭等国；俄联邦主要是俄罗斯及几个联邦国家；还有欧洲部分国家以及东南亚所有国家；大洋洲以澳大利亚为主。

从企业来看，长城汽车 2019 年出口已经达到了 17 631 辆（表 3-22），几乎占到我国全年出口的一半，其次是上汽大通全年出口达到 12 364 辆。长城和大通已成为我国皮卡出口的第一集团，两家出口已占我国全年出口的 75% 以上。然后是第二集团的北汽福田和中兴汽车，2019 年分别出口皮卡 3 838 辆和 2 953 辆。最后是第三集团，江铃汽车和郑州日产，全年分别出口 1 936 辆和 1 898 辆。

表 3-22　2015—2019 年出口厂家销量（辆）统计

厂家	2015 年	2016 年	2017 年	2018 年	2019 年
长城汽车	7 198	5 976	10 079	13 490	17 631
江铃汽车	1 145	1 148	1 551	1 363	1 936
北汽福田	/	/	4 786	5 401	3 838

续表

厂家	2015 年	2016 年	2017 年	2018 年	2019 年
郑州日产	1 909	4 470	6 066	2 169	1 898
中兴汽车	3 031	1 928	4 100	3 548	2 953
上汽大通	/	/	3 566	8 639	12 364

3.2.2 出口车型简介

（1）上汽皮卡 T60/T70

主要出口国家：澳大利亚、新西兰、智利、泰国、菲律宾、马来西亚等。

主要购买群体：民用。

上汽皮卡推出了一款 T70 澳洲版车型，这款车的由来是出口转内销，出口到澳洲的车型配置直接纳入国内的 T70 车系中来，所以名为澳洲版。而澳大利亚是上汽皮卡的一个重要市场，T60/T70 在澳洲市场中的表现也非常不错。

2017 年，上汽皮卡开始进入海外市场，首先到达的就是澳洲市场，车型是 T60。而之后，又逐渐出口进入智利等国家。近几年，上汽皮卡陆续进入菲律宾、泰国等东南亚国家。值得注意的是，上汽皮卡在大部分海外市场悬挂的是老款车标，而在泰国直接换装名爵 MG 车标，目的也是迎合当地的品牌口碑。

（2）长城迪尔/风骏/炮

主要出口国家：意大利、古巴、乌克兰、乌拉圭、南非、巴基斯坦等。

主要购买群体：民用、军用、政府采购。

长城皮卡也不仅限于在国内销售，同样出口非常多的国家。长城皮卡 1998 年正式进军海外市场，在国内皮卡中算比较早的。也正是同年，长城皮卡首次出口中东伊拉克、叙利亚。长城皮卡被印在古巴货币上，这正是由于在 2008 年长城皮卡出口古巴，以 4 500 辆的成绩创造了当时行业出口数量最大、金额最高的纪录，所以才这么值得纪念。而长城皮卡还有值得一提的一点，就是已经不仅限于出口，长城在很多国家已经有了自己的工厂，已经能够实现在海外开展组装业务。

欧洲的皮卡市场非常挑剔，已有的车型显然都是强力的竞争对手。而长城风骏皮卡柴油版在2011年进入了意大利市场，也打开了国产皮卡进军欧盟市场的序幕。到了2017年，长城风骏5被乌克兰军方采购，作为军队车辆使用。自从出口以来，长城皮卡被很多国家政府和军方采购，包括乌拉圭政府、南非和巴基斯坦军方以及乌克兰军方等。

长城炮也将是长城皮卡出口的主力军之一，出口到外国可以直接与国际大厂的皮卡竞争，超高的配置和极具性价比的价格受大多数国外消费者喜欢。

（3）中兴威虎/G3/领主

主要出口国家：伊拉克、伊朗、利比亚、委内瑞拉、老挝、苏丹等。

主要购买群体：民用、军用、政府采购。

中兴汽车在1991年用数十辆皮卡敲开了伊拉克国门，出口到了海外，自此便成了国内皮卡的出口大户。至于出口的车型，前期也是以威虎TUV/G3这种皮实耐造型皮卡为主。在2009年，中兴汽车向利比亚出口7 000辆皮卡，并在伊朗建立了中东生产基地，便于更快速地融入当地市场。

在中兴领主这款车出现后，中兴皮卡也算有了新产品，并陆续推向海外市场，先后在东南亚的老挝和非洲的苏丹市场登陆，占据了不少民用市场。

（4）江铃宝典/域虎

主要出口国家：伊拉克、非洲一些国家等。

主要购买群体：军用、政府采购。

江铃汽车在国内皮卡销量常年稳居第二。出口皮卡肯定也是不容置疑的，江铃汽车从1995年开始，就先后向阿联酋、沙特、伊拉克、约旦、埃及等国家出口旗下的JMC和五十铃皮卡、全顺商务车等。在2001年，江铃汽车集团开始向阿尔及利亚输出江铃汽车产品如JMC皮卡和轻卡。在同年，江铃汽车推出了首款拥有自主知识产权的皮卡——江铃宝典。在2015年年初，江铃汽车还获得了国家质检总局授予的"出口免验证书"。

把产品卖到国外，已经迈出了"冲出中国，走向世界"的脚步，让全球都能看到中国的价值，看到中国的工业技术在不断进步，显然国内的皮卡企业在这方面优先于乘用车企业。虽然出口的皮卡在数量上远不如国外的传统老牌车企多，但这需要时间的积累，经过时间的考验，国内的优质皮卡一定会在全球范围内流行起来。

3.2.3 皮卡进口情况

根据海关数据，2019年我国全年进口8 746辆皮卡车，受销售方面的约束，我国的进口皮卡绝大部分都是来自港口的进口车，且都是大排量、高端大皮卡。

3.3 2019年皮卡二手车分析

二手车交易对于拉动新车销售，促进经销商转型升级、拓展业务范围，都有着重要作用。总体来看，中国二手车交易量还很小，市场规模还不大。而二手皮卡车型在整个二手车市场中是更难发展的一个板块。但随着我国皮卡解禁、皮卡车取消粘贴反光条及取消喷字等利好政策的出台，越来越多的用户将购车目光投放在皮卡车型上。皮卡的受众群体扩大，直接影响着大家对二手车的青睐。目前，关注二手皮卡的人与日俱增。

3.3.1 皮卡二手车市场现存的问题分析

影响皮卡二手车市场发展有多个因素存在，除了我国整个二手车市场存在的市场信息不透明、市场诚信度低、区域发展不平衡等"通病"外，还有三大问题。

（1）15年报废、一年两检政策的限制

根据市场调研，影响我国二手皮卡发展的除了限迁政策以外，还有

15年强制报废、一年两检等政策的束缚。由于皮卡车的保值率普遍低于乘用车，持车用户迟迟不舍售出；而由于强制报废的缘故，购车用户对二手皮卡望而却步，担心自己使用车的期限过短。这样一来，我国的二手皮卡市场难以运作起来。

（2）分布广、缺乏中介环节

皮卡用户在国内分布很广，而且皮卡本身是一个较小众的车型，这就造成了国内的二手皮卡市场成为"长尾市场"。车辆都掌握在每个个体车主手中，很难汇聚到一起，难以形成庞大的规模。在传统的交易链条里，缺乏一个能够汇聚起这些碎片化车源的环节，从而无法为二手车市场提供稳定的货源。而汇聚流量，需要强大的互联网做支撑。

（3）缺乏专业的第三方认证和评估机构

关于第三方评估机构，它是脱离开买卖双方的独立存在，为消费者买卖二手车提供必要的技术支持。有权威机构提供检测和认证，将使得二手车交易更加具有权威性和可靠性。而我国二手皮卡市场第三方认证和评估机构的不健全和缺失，会降低评估结果的客观性与公正性，从而不能给消费者提供可靠可信的信息。如果一旦正式纳入第三方认证机构，就必然需要专业的从业人员和公司来处理，一旦形成人事机构，第三方认证机构的检测和认证都需要缴纳费用，对交易市场的大多数小作坊式的二手车商户来说，他们不愿意花费这笔钱做认证，主要原因是他们认为这种认证"并没有什么用"。

因此，国内的皮卡二手车市场发展任重道远，需要克服的问题很多。全面取消二手车限迁政策，取消皮卡15年强制报废，扩大皮卡使用权限，且政府、经销商和原车主多方配合，才会使我国的二手皮卡车迎来"井喷式"的发展。

3.3.2　皮卡二手车保值率分析

目前，我国汽车保有量达到2.17亿辆，二手车市场潜力巨大。据统计，2019年全国1 068家二手车交易市场累计交易二手车1 240.09万辆。全面取消二手车限迁政策能明显带动二手车的交易量，对于广大车主来说更是利好的消息：对二手车购买车主来说，价格会更加便宜，手续也更为简单；对于二手车卖家来说，卖不上价还会有损失的情况将会减少很多。其实，"全面取消二手车限迁政策"除了对二手车车主来说是项福利，对购买新车车主来说，二手车保值率更是买车的重要参考标准之一。

对比国产皮卡保值率，长城风骏稳坐第一。国内皮卡市场格局一直比较稳定，长城风骏盘踞冠军宝座 20 年，江铃皮卡在销量上虽与长城风骏有不小差距，但也紧随其后多年力扛亚军大旗，郑州日产后来者居上，销量表现一直不错。

根据核心汽车媒体发布的数据，统计了 2019 年销量前五名的国产皮卡品牌保值情况。各大核心媒体给出的保值率可追溯到 10 年之久，部分品牌使用 5 年以内的保值率如下：

1）长城风骏 5 系列二手车，车辆年限在 1～5 年内，保值率在 51.43%～78.44%。

2）长城风骏 6 系列二手车，车辆年限在 1～5 年内，保值率在 50.37%～76.26%。

3）江铃宝典系列二手车，车辆年限在 1～5 年内，保值率在 47.37%～73.99%。

4）江铃域虎系列二手车，车辆年限在 1～5 年内，保值率在 44.53%～76.21%。

5）郑州日产锐骐系列二手车，车辆年限在 1～5 年内，保值率在 35.64%～72.97%。

综合以上数据，长城风骏 5、风骏 6 系列车型，是 5 款车型中保值率最高的皮卡车。

3.3.3 皮卡二手车车龄分析

国人生活水平的不断提升，二手车市场容量的不断扩大，信息透明度的不断提高，加之国家政策的不断释放，繁荣了整个汽车二手车市场。然而，对消费者来说，购买什么样车龄的二手车是经济性最高的呢？

首先是车龄 3 年以内的二手车。从价格或者从保值率的角度来说，是最划算的。因为，新车第一年的折旧率，基本上是在裸车价的 15% 到

30%，根据不同车型，第二年，基本上在此基础上再折旧10%；第三年之后，每年变化都比较平缓，基本上在上一年基础上折旧5%左右。也就是说，第一个3年内，二手车价格是掉得最快的，选择车龄不足3年的二手车是非常划算的。

其次是3到6年车龄的二手车。这个车龄段的二手车价格要便宜，基本只有新车裸车价的一半，原本10万元的车子，5万元就可以买回来，而且不用交购置税。但相对于1到3年的二手车来说，车况会有一定的差距。

最后是7到10年车龄的二手车。车子价格极其便宜，但是购买回来需要维修，更换新的配件，若是按照原价40万元的车子来算，换一个轴承，可能就要2万元，而轴承或者各种避震装置等在这个阶段是特别容易损坏的。

综合来说，购买3年以内的二手车性价比是最高的，相对新车要便宜不少。

3.4　2019年皮卡重点省份分析

3.4.1　辽宁省2019年皮卡市场分析

（1）市场整体概况

2019年全年辽宁省皮卡市场销量达到了9 849辆（图3-10），同比增长4.9%，领先行业平均增长率，但在全国占比仍偏低，占全国2.5%左右。辽宁省从2016年开始试点皮卡进城政策，效果还是比较明显的，销量从2015年的全年6 545辆提高到了2019年的9 849辆，复合增长率达到了10%以上。有效地刺激了当地经济的增长，当地经济增长又反哺皮卡的销量，形成了正反馈。随着地摊经济、民营经济、城镇化等的不断发展,未来对皮卡车还会有更多的需求。

(数据来源:乘联会)

图 3-10 2015—2019 年辽宁省皮卡销量及增长率

从月度销量(表 3-23)上来看,2019 年全年辽宁省皮卡需求保持相对稳定,除了 7、8 月是销售淡季,2 月过年外,其他月份皮卡需求都维持在每个月 800 辆以上。这个需求也有序地刺激了当地的经济发展和工程建设等。

表 3-23 2015—2019 年辽宁省皮卡月度销量(辆)

月份 年份	1月	2月	3月	4月	5月	6月	7月	8月	9月	10月	11月	12月
2015 年	716	426	639	658	575	503	488	448	496	445	509	642
2016 年	581	377	749	595	575	511	535	574	681	698	787	827
2017 年	669	558	949	760	740	693	681	713	872	740	863	961
2018 年	805	595	812	891	880	705	671	705	690	891	979	743
2019 年	854	472	944	833	762	813	700	747	873	807	922	1 122

(数据来源:保险数)

(2)限行政策介绍

随着 2018 年 7 月 18 日辽宁省《关于进一步放宽皮卡车进城限制的通知》的印发,全省 14 个城市均已实现放宽皮卡车进城限制,其中 12 个城市全区域、全天候解禁。皮卡车,客货两用、宜商宜家,既与乘用车一样能载 5 人,又能较好地适应城市间的运输需求,排放标准也与乘用车不相上下。但因其货运功能，之前一直被视为货车而被不少城市列入限行名单。为了破除不利于扩大消费的各种障碍，发展新型消费模式，推动消费结构升级，带动城乡皮卡车消费，早在2014年辽宁省就印发了《关于调整轻型皮卡货车通行管理相关规定的通知》。2016年，辽宁省又成了全国4个首批开展放宽皮卡车进城限制的试点省份之一。

2019年，随着物流行业的发展，皮卡车的使用需求不断增加。为顺应市场、优化交通资源配置，辽宁省再次缩小皮卡车限行区域。鞍山、抚顺、本溪、丹东、锦州、营口、阜新、辽阳、铁岭、朝阳、盘锦、葫芦岛12个城市，全面取消限行。沈阳市，青年大街全路段（北陵大街、青年北大街、青年大街、青年南大街远航西路匝道以北），全天限行；二环路内（含二环）早、晚高峰时段（7：00—8：30、16：30—18：00）限行，其他时段不限行；其他区域全天不限行。大连市，人民路和中山路全天限行；中心城区早、晚高峰时段（6：30—8：30、16：30—19：00）限行，其他时段不限行；其他区域全天不限行。限制放开了，监管要到位。政府将加强对皮卡车生产企业生产一致性的监管，支持和鼓励企业加大技术改造和新能源车型开发力度，提升产品质量水平，增强节能、环保、先进、适用产品的市场供应能力，从源头让皮卡成为更绿色的交通工具。

（3）市场竞争情况

从2019年辽宁省主要皮卡厂家市场销量及份额（表3-24）来看，国产皮卡市场已经发生了重大变化，超过4 000辆产销量的只有长城皮卡一家，继续稳居行业首位而难以撼动。全年销量达到了4 240辆，遥遥领先于第二名的江铃销量和第三名的江西五十铃，同比增长35.16%。第二名的江铃销量同比下滑9.10%，达到1 459辆，与第三名的差距在逐步缩小；第三名的江西五十铃销量达到1 190辆，同比增长33.56%，长势强劲。第四、第五名的黄海和郑州日产，市场销量已比较接近，销量分别达到了558辆和553辆，相比2018年，黄海和郑州日产市场份额下降明显，分别下降了42%和32%。2019年辽宁省前五厂家市场集中度达到了81%。

表 3-24 2019 年辽宁省主要皮卡厂家市场销量（辆）及份额

排名	厂家	销量	销量同比	份额	份额同比
1	长城汽车股份有限公司	4 240	35.16%	41%	29%
2	江铃汽车股份有限公司	1 459	-9.10%	15%	-14%
3	江西五十铃汽车有限公司	1 190	33.56%	12%	27%
4	丹东黄海汽车有限责任公司	558	-39.08%	6%	-42%
5	郑州日产汽车有限公司	553	-28.09%	6%	-32%
6	河北中兴汽车制造有限公司	350	-8.38%	4%	-13%
7	安徽江淮汽车集团股份有限公司	316	-14.36%	3%	-19%
8	江西大乘汽车有限公司	306	-28.67%	3%	-32%
9	上汽大通汽车有限公司	282	77.36%	3%	69%
10	北汽福田汽车股份有限公司	185	19.35%	2%	14%

（数据来源：保险数）

从销量来看，辽宁市场只有长城汽车、江西五十铃、上汽大通和北汽福田销量呈增长趋势，其他品牌销量都呈现较大幅度的下跌。从市场份额来看，长城汽车、江西五十铃、上汽大通和北汽福田市场份额增长比较快速，其他厂家市场份额丢失的比较多，相信其他厂家随着产品的更新、产品力的提升，市场份额将会逐步回升。

（4）区域市场表现

从区域市场表现（表 3-25）来看，2019 年辽宁省各城市表现不均，市场容量也大小不一。2019 年全年，沈阳、大连和营口销量分别为 2 161 辆、1 307 辆和 1 184 辆，站到了 1 000 辆关口。随后的盘锦、葫芦岛、锦州、朝阳和丹东销量分别为 739 辆、668 辆、668 辆、594 辆和 574 辆，站上了 500 辆的关口。从市场容量的角度来看，2019 年全年，沈阳市、大连市、锦州市、铁岭市、抚顺市和阜新市市场容量在增长，其中沈阳市、大连市、锦州市和铁岭市增速超过了 10 个百分点，达到了 28.94%、13.95%、10.05% 和 31.40%。

表 3-25　2019 年辽宁省皮卡区域市场销量（辆）及份额

城市	销量	销量同比	占比	占比同比
沈阳市	2 161	28.94%	21.94%	22.63%
大连市	1 307	13.95%	13.27%	8.37%
营口市	1 184	0.00%	12.02%	-4.89%
盘锦市	739	-14.07%	7.50%	18.28%
葫芦岛市	668	-6.70%	6.78%	11.27%
锦州市	668	10.05%	6.78%	4.66%
朝阳市	594	-9.31%	6.03%	13.75%
丹东市	547	-7.29%	5.55%	11.83%
铁岭市	452	31.40%	4.59%	24.96%
抚顺市	396	7.32%	4.02%	2.07%
鞍山市	388	-12.02%	3.94%	16.32%
辽阳市	309	-3.74%	3.14%	-8.45%
阜新市	286	3.62%	2.90%	-1.45%
本溪市	150	-15.25%	1.52%	19.40%

（数据来源：保险数）

从各品牌表现（表 3-26）来看，沈阳市江铃皮卡表现最好，全年销量达到 327 辆，其次是江西五十铃销量达到了 289 辆，然后是郑州日产销量达到了 180 辆，表现都好于长城皮卡。盘锦市江铃皮卡全年销量达到了 273 辆，长城屈居第二，销量达到了 194 辆；丹东市黄海皮卡销量第一，达到了 126 辆，其次是江西五十铃，销量达到了 106 辆；阜新市也是黄海皮卡保持第一，达到了 98 辆，其次是长城皮卡，销量达到了 92 辆。其余各市长城皮卡销量都保持在第一位，好于其他品牌。

表 3-26　2019 年辽宁省各城市品牌销量（辆）

城市	长城皮卡	江铃皮卡	黄海皮卡	郑州日产	中兴皮卡	北汽福田	上汽大通	江西五十铃
沈阳市	155	327	46	180	41	51	44	289
大连市	367	210	73	45	57	19	103	278
营口市	516	106	17	92	57	19	78	172

续表

城市	长城皮卡	江铃皮卡	黄海皮卡	郑州日产	中兴皮卡	北汽福田	上汽大通	江西五十铃
盘锦市	194	273	7	79	52	28	15	49
锦州市	315	111	10	16	17	7	15	107
葫芦岛市	384	96	5	19	8	24	1	23
朝阳市	295	47	86	10	56	5	2	51
丹东市	52	43	126	30	29	4	1	106
铁岭市	373	11	23	15	7	8	/	4
抚顺市	249	84	3	23	2	3	1	11
鞍山市	155	70	36	23	10	5	3	56
辽阳市	141	29	16	12	5	8	11	18
阜新市	92	30	98	6	7	3	5	7
本溪市	82	22	12	3	2	1	3	19

（数据来源：保险数）

(5) 车型结构论述

从车型结构（图3-11~图3-14）上来看，2019年辽宁省消费者对柴汽油皮卡的需求比例大致为5.6:1；对四驱和两驱皮卡的需求比例为1.1:1；对长短货箱皮卡的需求比例为1:1.6；对宽/窄皮卡的需求比例为1.2:1。辽宁省的消费者对柴油皮卡有明显的需求偏好，但对于四驱/两驱、长短货箱和宽/窄皮卡，需求偏好并不是那么明显，大致以6:4的比例分布。

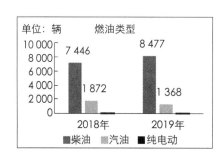

图3-11 辽宁省不同燃油类型皮卡销量

图3-12 辽宁省不同驱动类型皮卡销量

图 3-13 辽宁省不同货箱尺寸皮卡销量

图 3-14 辽宁省宽窄体皮卡销量

从各城市柴汽油皮卡市场销量及份额（表 3-27）来看，2019 年大连市和沈阳市汽油皮卡需求相对比较旺盛，分别为 168 辆和 518 辆，其他城市对汽油皮卡需求相对偏弱，需求以柴油皮卡为主。2019 年，辽宁省全年除朝阳市、本溪市、葫芦岛市、阜新市和鞍山市柴油皮卡需求同比下降外，其他城市都同比呈正增长态势，尤其是大连市、抚顺市、沈阳市、铁岭市和锦州市增幅较大，分别同比增长 20.04%、14.09%、62.67%、51.15% 和 16.17%。

表 3-27 2019 年辽宁省不同城市柴汽油皮卡市场销量（辆）及份额

城市	柴油	汽油	柴油同比	汽油同比	总计
丹东市	473	74	0.00%	-36.75%	547
大连市	1 138	168	20.04%	-15.58%	1306
抚顺市	340	56	14.09%	-21.13%	396
朝阳市	528	66	-6.05%	-29.03%	594
本溪市	123	27	-6.82%	-40.00%	150
沈阳市	1 643	518	62.67%	-16.05%	2 161
盘锦市	646	93	6.95%	-63.67%	739
营口市	1 120	61	0.27%	-8.96%	1 181
葫芦岛市	623	45	-3.41%	-36.62%	668
辽阳市	278	31	8.59%	-52.31%	309
铁岭市	396	56	51.15%	-31.71%	452
锦州市	625	43	16.17%	-37.68%	668
阜新市	210	76	-11.76%	100.00%	286
鞍山市	334	54	-6.96%	-34.15%	388

（数据来源：保险数）

从各城市四驱/两驱皮卡市场销量及份额（表3-28）来看，大连市、抚顺市、本溪市、沈阳市、葫芦岛市、辽阳市、锦州市和阜新市对四驱和两驱皮卡的需求比例差别较大，其他城市需求比例大致为1:1。尤其是大连市、抚顺市、沈阳市、营口市和铁岭市，对四驱皮卡的需求比较旺盛，分别同比增长32.45%、20.98%、42.63%、15.03%和62.50%。

表3-28 2019年辽宁省四驱/两驱皮卡市场销量（辆）及份额

城市	四驱	两驱	四驱同比	两驱同比	总计
丹东市	226	306	-7.52%	-14.53%	532
大连市	413	755	32.45%	3.85%	1 168
抚顺市	286	50	20.98%	-39.76%	336
朝阳市	253	319	6.72%	-20.45%	572
本溪市	132	36	-13.64%	-20.00%	168
沈阳市	1 025	697	42.63%	8.06%	1 722
盘锦市	465	377	-23.44%	-4.31%	842
营口市	459	635	15.03%	-10.69%	1 094
葫芦岛市	193	441	5.18%	-14.20%	634
辽阳市	197	100	-0.51%	-15.97%	297
铁岭市	200	127	62.50%	-11.81%	327
锦州市	203	454	1.97%	14.36%	657
阜新市	95	206	-16.84%	13.81%	301
鞍山市	221	165	-4.33%	-18.72%	386

（数据来源：保险数）

从各城市长短货箱皮卡市场销量及份额（表3-29）来看，2019年辽宁省全省对长短货箱皮卡需求偏好也不一致。大连市、抚顺市、沈阳市、营口市和铁岭市对短货箱皮卡有独特的偏好。尤其是沈阳市和铁岭市，短货箱皮卡需求同比分别增长56.75%和61.89%，而长货箱皮卡分别同比下跌11.40%和43.00%。从对短货箱皮卡的需求增长也能看出皮卡乘用化的趋势。

表 3-29 2019 年辽宁省长短货箱皮卡市场销量（辆）及份额

城市	短货箱 （≤1 680 mm）	长货箱 （>1 680 mm）	短货箱 同比	长货箱 同比	总计
丹东市	198	349	-14.29%	-2.79%	547
大连市	539	768	26.23%	6.67%	1 307
抚顺市	317	79	9.31%	0.00%	396
朝阳市	354	240	-14.08%	-1.23%	594
本溪市	109	41	-19.26%	-2.38%	150
沈阳市	1 555	606	56.75%	-11.40%	2 161
盘锦市	388	351	-24.51%	1.45%	739
营口市	793	391	8.19%	-13.30%	1 184
葫芦岛市	451	217	-5.45%	-9.21%	668
辽阳市	184	125	-10.68%	8.70%	309
铁岭市	395	57	61.89%	-43.00%	452
锦州市	367	301	-7.09%	41.98%	668
阜新市	122	164	-17.01%	27.13%	286
鞍山市	242	146	-10.37%	-14.62%	388

（数据来源：保险数）

从各城市宽窄体皮卡市场销量及份额（表 3-30）来看，2019 年辽宁省全省对宽窄体皮卡需求偏好也不一致。其中大连市、抚顺市、沈阳市、铁岭市、锦州市和鞍山市对窄体皮卡需求明显增强，同比增长 10.75%、17.86%、73.79%、51.03%、13.91% 和 8.50%。而大连市、营口市和阜新市对宽体皮卡需求增强，同比增长 15.66%、12.21% 和 27.88%。

表 3-30 2019 年辽宁省宽窄体皮卡市场销量（辆）及份额

城市	窄体 （≤1 800 mm）	宽体 （>1 800 mm）	窄体同比	宽体同比	总计
丹东市	104	443	-12.61%	-5.94%	547
大连市	443	864	10.75%	15.66%	1307
抚顺市	231	165	17.86%	-4.62%	396
朝阳市	315	279	-15.78%	-0.71%	594
本溪市	74	76	-25.25%	-2.56%	150

续表

城市	窄体 (≤1 800 mm)	宽体 (>1 800 mm)	窄体同比	宽体同比	总计
沈阳市	1 114	1 047	73.79%	1.16%	2 161
盘锦市	199	540	-10.76%	-15.23%	739
营口市	513	671	-12.46%	12.21%	1 184
葫芦岛市	375	293	-11.56%	0.34%	668
辽阳市	142	167	-6.58%	-1.18%	309
铁岭市	367	85	51.03%	-15.84%	452
锦州市	344	324	13.91%	6.23%	668
阜新市	153	133	-11.05%	27.88%	286
鞍山市	166	222	8.50%	-22.92%	388

（数据来源：保险数）

3.4.2 云南省 2019 年皮卡市场分析

（1）市场整体概况

2019 年全年云南省皮卡市场销量达到了 24 765 辆（图 3-15），同比下跌 11%，落后行业平均增长率，市场容量在全国市场中趋于领先地位，2019 年占全国 6.3% 左右，同比下跌 1%。辽宁省从 2016 年开始试行皮卡进城政策，效果还是比较明显的，从 2015 年全年 16 681 辆到 2019 年的 24 765 辆，复合增长率达到了 10% 以上。有效地刺激了当地经济的增长，当地经济增长又反哺皮卡车的销量，形成了正反馈。随着当地农业、城镇化等的快速发展，未来对皮卡车还会有更多的需求。

从月度销量（表 3-31）上来看，2019 年全年云南省皮卡需求还是相对稳定的，除了 8 月是销售淡季，其他月份皮卡需求都维持在每个月 1 700 辆以上。尤其是 2019 年 1 月和 12 月，云南省皮卡市场保持旺盛的需求，单月销量突破 3 000 辆。云南省当地旺盛的皮卡需求也有序地刺激了当地经济的发展和农业经济。未来，我国土地制度的改革及农村经济的发展都将刺激当地的皮卡需求。

(数据来源：保险数)

图 3-15 2015—2019 年云南省皮卡销量及增长率

表 3-31 2015—2019 年云南省皮卡月度销量（辆）

月份 年份	1月	2月	3月	4月	5月	6月	7月	8月	9月	10月	11月	12月
2015 年	1 760	1 502	1 744	1 437	1 393	1 133	1 185	1 050	1 133	1 246	1 424	1 760
2016 年	2 016	1 540	1 989	1 593	1 760	1 530	1 509	1 419	1 639	1 865	2 010	2 016
2017 年	2 392	2 195	2 581	2 158	2 032	1 920	1 727	1 838	1 851	2 204	2 381	2 392
2018 年	2 437	2 028	2 700	2 226	2 171	1 677	1 674	1 812	2 632	2 945	2 827	2 437
2019 年	3 316	1 907	2 404	2 096	2 012	1 797	1 715	1 518	1 707	1 918	2 090	3 316

（数据来源：保险数）

（2）限行政策介绍

2019 年已经实施全面解禁政策。云南省于 2016 年已经部署了皮卡解禁特急通知。云南省工业和信息化委、云南省发展改革委和云南省公安厅联合发布《关于在全省开展放宽皮卡进城限制试点促进皮卡消费的通知》（以下简称《通知》）。

《通知》中明确，目前云南省涉及限制皮卡进城的城市主要有昆明市主城区、玉溪市红塔区、文山州文山市、保山市隆阳区、曲靖市麒麟区、丽江市古城区、开远市、个旧市，其他州市政府所在地城市及所有县级城市均未对皮卡入城进行限制。目前，云南全省皮卡保有量约为 13.8 万辆，占全省机动车总数的 1.18%。

《通知》建议在云南省范围内开展放宽皮卡进城限制试点工作，各地根据城市交通状况，分别开展放开（或放宽）皮卡进城限制管理试点工作：

1）昆明市主城区因城市规模、工程建设等因素，机动车保有量大、交通状况较为复杂，可根据自身情况，开展放宽限制管理试点工作，对现有的限制或限时政策进行调整，逐步放宽皮卡通行区域和通行时间，取消或简化皮卡进城手续。

2）玉溪市红塔区、文山州文山市、保山市隆阳区、曲靖市麒麟区、丽江市古城区、红河州开远市和个旧市等目前对皮卡进城设限的城市，原则上纳入放开管理试点工作，取消或缩小皮卡限行区域，延长皮卡在城区的通行时间，仅在少量特殊区域和少数特殊时期对皮卡实施限行管理。

3）其他州市政府所在地城市和全省县级政府所在地城市，对皮卡进城全部放开，对涉及皮卡限行的相关规定进行清理完善，营造促进皮卡消费和使用的良好习惯。

《通知》对相关部门提出了如下工作要求：

1）及时报送试点工作方案。涉及试点工作的州市，由工业和信息化部牵头，会同发展改革部门和公安交通管理部门，及时研究编制本地放开（或放宽）试点工作方案，报经本级人民政府同意后，于3月31日前分别报送至省工业和信息化委、省发展改革委、省公安厅，逾期未报视同于同意全部放开皮卡进城限制。

2）积极稳妥推进试点工作。各有关城市在科学确认放宽皮卡进城的区域和时段的同时，为避免政策调整对交通运输、城市管理带来的不利影响，应因地制宜制定相关对策措施，对入城皮卡的货物堆放、人员乘坐、车辆停放、排放要求等情况加强管理，稳步推进试点工作。

3）加强宣传工作。各试点城市及有关部门要结合本地实际，开展多种形式的宣传，既要使广大司乘人员熟悉相关政策和规定，也要增强群众对放开皮卡进城限制的理解和支持，使相关惠民政策深入人心。

云南省政府充分考虑了政策的各个方面，及时制定了工作部署，尤其是工作要求的三点，充分证明了云南省政府对皮卡解禁工作的大力推进和务实管理，也为其他省的解禁工作开展起到了样板作用。接下来，如果云南省相关城市能够充分贯彻实施这个政策，我们认为皮卡解禁的力度将非常巨大，也将真正对云南省乃至全国的皮卡车销售起到巨大的

(3）市场竞争情况

从 2019 年云南省主要皮卡厂家市场销量及份额（表 3-32）来看，国产皮卡市场已经发生了重大变化，超过 4 000 辆产销量的只有长城皮卡和江铃皮卡两家，而且两家厂商之间的差距比较小。长城皮卡和江铃皮卡全年销量分别为 4 972 辆和 4 935 辆，其中江铃皮卡跌幅达到 19%，市占率跌幅达到 9%；长城皮卡销量也有小幅下跌，但市场占有率比去年提升了 9%。第三、四名的郑州日产和江西五十铃，2019 年全年皮卡销量成大幅提升态势，去年销量分别为 3 518 辆和 3 259 辆，分别比去年提升 6.90% 和 16.98%。市场份额也分别提升了 20% 和 31%。剩余的其他厂家销量都呈 10% 以上的下跌。云南市场前五厂家市场集中度达到了 74%。

表 3-32　2019 年云南省主要皮卡厂家市场销量（辆）及份额

排名	厂家	销量	销量同比	份额	份额同比
1	长城汽车股份有限公司	4 972	-2.28%	20%	9%
2	江铃汽车股份有限公司	4 935	-19.02%	20%	-9%
3	郑州日产汽车有限公司	3 518	6.90%	14%	20%
4	江西五十铃汽车有限公司	3 259	16.98%	13%	31%
5	安徽江淮汽车集团股份有限公司	1 852	-18.09%	7%	-8%
6	北汽福田汽车股份有限公司	1 519	-21.13%	6%	-12%
7	河北中兴汽车制造有限公司	934	-28.26%	4%	-20%
8	上汽大通汽车有限公司	890	-20.46%	4%	-11%
9	庆铃汽车股份有限公司	731	-12.46%	3%	-2%
10	丹东黄海汽车有限责任公司	457	-38.49%	2%	-31%

（数据来源：保险数）

从销量来看，云南市场只有江西五十铃和郑州日产销量呈增长趋势，其他品牌销量都呈现下跌趋势；从市场份额来看，江西五十铃和郑州日产市场份额增长比较快速，其他厂家市场份额丢失得比较多，相信其他厂家随着产品的更新、产品力的提升，市场份额将会逐步回升。

（4）区域市场表现

从区域市场表现（表 3-33）来看，2019 年云南省各城市表现不均，市场容量也大小不一。2019 年全年昆明市、普洱市、文山壮族苗族自治州和红河哈尼族彝族自治州销量分别为 3 973 辆、2 730 辆、2 363 辆和 2 024 辆，站到了 2 000 辆关口。随后的西双版纳傣族自治州、保山市、曲靖市、昭通市、临沧市、大理白族自治州和德宏傣族景颇族自治州销量分别为 1 900 辆、1 785 辆、1 635 辆、1 554 辆、1 510 辆、1 340 辆和 1 115 辆，站上了 1 000 辆的关口。从市场容量的角度来看，2019 年全年，只有红河哈尼族彝族自治州、昭通市和怒江傈僳族自治州市场容量在增长，其中只有昭通市和怒江傈僳族自治州增速超过了 20 个百分点，达到了 23.73% 和 27.75%。

表 3-33 2019 年云南省皮卡区域市场销量（辆）及份额

城市	销量	销量同比	占比	占比同比
昆明市	3 973	-15.11%	16.04%	-5%
普洱市	2 730	-9.57%	11.02%	1%
文山壮族苗族自治州	2 363	-18.96%	9.54%	-9%
红河哈尼族彝族自治州	2 024	3.79%	8.17%	16%
西双版纳傣族自治州	1 900	-17.64%	7.67%	-8%
保山市	1 785	-13.98%	7.21%	-4%
曲靖市	1 635	-8.09%	6.60%	3%
昭通市	1 554	23.73%	6.27%	38%
临沧市	1 510	-13.62%	6.10%	-3%
大理白族自治州	1 340	-6.94%	5.41%	4%
德宏傣族景颇族自治州	1 115	-8.23%	4.50%	3%
楚雄彝族自治州	985	-8.46%	3.98%	2%
玉溪市	975	-17.72%	3.94%	-8%
丽江市	446	-8.04%	1.80%	3%
怒江傈僳族自治州	221	27.75%	0.89%	43%
迪庆藏族自治州	209	-16.40%	0.84%	-7%

（数据来源：保险数）

从各品牌表现（表 3-34）来看，昆明市江铃皮卡表现最好，全年销量达到 539 辆；其次是江西五十铃和郑州日产，销量均达到了 411 辆；

然后是长城皮卡,销量达到了311辆。普洱市,江铃皮卡、郑州日产、北汽福田、上汽大通和江西五十铃的市场表现都好于长城皮卡,销量分别达到了407辆、497辆、228辆、190辆和360辆。在文山壮族苗族自治州和红河哈尼族彝族自治州,长城皮卡的表现都不如江铃皮卡,销量分别只有328辆和278辆,江铃皮卡已分别达到了614辆和672辆。西双版纳傣族自治州郑州日产市场表现优异,销量达到了538辆,好于长城皮卡、江铃皮卡和江西五十铃等竞争对手。保山市,江铃皮卡、郑州日产和江西五十铃是市场的领导者,销量分别为631辆、315辆、205辆。曲靖市,长城皮卡、江铃皮卡和郑州日产市场表现旗鼓相当,都在250辆左右。而在昭通市长城皮卡表现一马领先,达到了1 273辆,远远领先其他竞争对手。长城皮卡在其他城市都是市场领导者,但优势并不明显。整个云南皮卡市场呈现出群雄割据的局面,长城皮卡、江铃皮卡、郑州日产和江西五十铃都有自己领先的市场,还没有厂家显现出明显的优势。

表3-34　2019年云南省各城市品牌销量(辆)

城市	长城皮卡	江铃皮卡	黄海皮卡	郑州日产	中兴皮卡	北汽福田	上汽大通	江西五十铃
昆明市	311	539	84	411	89	286	191	411
普洱市	77	407	23	497	95	228	190	360
文山壮族苗族自治州	328	614	62	272	62	164	75	299
红河哈尼族彝族自治州	278	672	21	254	18	80	77	283
西双版纳傣族自治州	317	222	14	538	89	80	90	330
保山市	48	631	11	315	24	31	34	205
曲靖市	262	235	8	251	67	97	51	154
昭通市	1 273	196	18	162	10	75	53	363
临沧市	474	318	27	241	120	43	51	230
大理白族自治州	336	298	94	119	81	55	33	152
德宏傣族景颇族自治州	289	318	14	128	96	28	6	80
楚雄彝族自治州	188	116	26	118	90	191	2	101
玉溪市	220	195	3	89	35	102	26	148

续表

城市	长城皮卡	江铃皮卡	黄海皮卡	郑州日产	中兴皮卡	北汽福田	上汽大通	江西五十铃
丽江市	350	85	28	59	48	46	5	45
怒江傈僳族自治州	207	50	17	15	1	8	2	35
迪庆藏族自治州	14	39	7	49	9	5	4	63

（数据来源：保险数）

(5) 车型结构论述

从车型结构（图3-16～图3-19）上来看，2019年云南省消费者对柴汽油皮卡的需求比例大致为16∶1；对四驱和两驱皮卡的需求比例为2.7∶1；对长短货箱皮卡的需求比例为1∶1.3；对宽窄体皮卡的需求比例为1∶3.5。云南省的消费者对柴油皮卡、四驱皮卡和窄体皮卡有明显的需求偏好，这和云南当地的自然地貌有很大的关系，但是当地对长短货箱皮卡的需求偏好不是很明显。

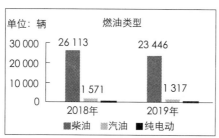

图3-16 云南省不同燃油类型皮卡销量

图3-17 云南省不同驱动类型皮卡销量

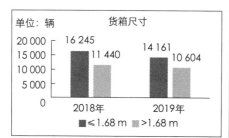

图3-18 云南省不同货箱尺寸皮卡销量

图3-19 云南省宽窄体皮卡销量

从城市柴汽油皮卡市场销量及份额（表3-35）来看，云南省以柴油皮卡为主，消费者对柴油动力情有独钟。2019年全年只有丽江市、大理白族自治州、德宏傣族景颇族自治州、昭通市、楚雄彝族自治州和迪庆藏族自治州汽油皮卡同比正增长，分别增长22.73%、3.66%、27.27%、72.41%、22.64%和42.86%，从增长率来看汽油皮卡需求还是很旺盛的，但是从市场销量数据来看，是由于基数偏小，才显现出快速的增长。2019年由于云南省全年销量呈下跌趋势，导致大部分城市柴油需求呈现下跌趋势，但也有市场表现好的城市，比如怒江傈僳族自治州、昭通市和红河哈尼族彝族自治州相比去年，分别同比增长34.38%、20.10%和4.55%。

表3-35 2019年云南省柴汽油皮卡市场销量（辆）及份额

城市	柴油	汽油	柴油同比	汽油同比	总计
临沧市	1 478	32	-13.42%	-21.95%	1 510
丽江市	419	27	-9.50%	22.73%	446
保山市	1 691	94	-13.50%	-21.67%	1 785
大理白族自治州	1 255	85	-7.58%	3.66%	1 340
德宏傣族景颇族自治州	1 073	42	-9.22%	27.27%	1 115
怒江傈僳族自治州	215	6	34.38%	-53.85%	221
文山壮族苗族自治州	2 310	53	-19.15%	-10.17%	2 363
昆明市	3 605	366	-14.51%	-20.95%	3 971
昭通市	1 404	150	20.10%	72.41%	1 554
普洱市	2 688	42	-9.19%	-27.59%	2 730
曲靖市	1 540	95	-2.47%	-52.50%	1 635
楚雄彝族自治州	920	65	-10.07%	22.64%	985
玉溪市	928	47	-15.02%	-49.46%	975
红河哈尼族彝族自治州	1 930	94	4.55%	-9.62%	2 024
西双版纳傣族自治州	1 791	109	-17.62%	-18.05%	1 900
迪庆藏族自治州	199	10	-18.11%	42.86%	209

（数据来源：保险数）

从各城市四驱/两驱皮卡市场销量及份额（表3-36）来看，云南省大部分城市显示出对四驱皮卡的偏好，各城市四驱和两驱皮卡购买比例大致维持在3∶1,只有少部分城市维持在2∶1左右。2019年全年云南省只有大理白族自治州、德宏傣族景颇族自治州、怒江傈僳族自治州、昭通市、楚雄彝族自治州和红河哈尼族彝族自治州四驱皮卡市场容量持续向好,呈增长态势,同比分别增长0.11%、1.60%、35.43%、30.78%、6.49%和7.49%。而两驱皮卡除了西双版纳傣族自治州同比增长外,其他城市都呈下跌态势,平均跌幅到了15%左右。

表3-36　2019年云南省四驱/两驱皮卡市场销量(辆)及份额

城市	四驱	两驱	四驱同比	两驱同比	总计
临沧市	1 180	281	-8.46%	-32.61%	1 461
丽江市	341	105	-8.09%	-7.89%	446
保山市	1 296	463	-8.09%	-27.43%	1 759
大理白族自治州	947	366	0.11%	-20.61%	1 313
德宏傣族景颇族自治州	828	255	1.60%	-30.52%	1 083
怒江傈僳族自治州	172	42	35.43%	-4.55%	214
文山壮族苗族自治州	1 614	627	-11.80%	-33.86%	2 241
昆明市	2 939	961	-9.09%	-27.85%	3 900
昭通市	1 262	243	30.78%	-3.19%	1 505
普洱市	2 257	376	-7.50%	-14.16%	2 633
曲靖市	930	584	-12.35%	-10.02%	1 514
楚雄彝族自治州	640	316	6.49%	-27.02%	956
玉溪市	657	303	-20.27%	-11.14%	960
红河哈尼族彝族自治州	1 621	370	7.49%	-7.04%	1 991
西双版纳傣族自治州	1 537	317	-21.18%	1.60%	1 854
迪庆藏族自治州	188	18	-14.55%	-40.00%	206

(数据来源:保险数)

2019年全年云南省各城市对长短货箱皮卡表现出来的需求偏好各不相同(表3-37),有的城市表现出明显的短货箱皮卡需求,有的城市表现出明显的长货箱皮卡需求。这与各个城市对皮卡的使用和不同用车场景有明显的关系。其中文山壮族苗族自治州、昭通市、曲靖市和楚雄彝族自治州表现出明显的长货箱皮卡需求,长货箱皮卡销量高于短货箱皮卡,其他城市短货箱皮卡销量都高于长货箱皮卡。其中怒江傈僳族自治州、昭通市和红河哈尼族彝族自治州三个城市短货箱皮卡需求同比增长，分别为35.40%、13.27%和5.67%。而临沧市、德宏傣族景颇族自治州、怒江傈僳族自治州、昭通市、楚雄彝族自治州和红河哈尼族彝族自治州长货箱皮卡销量同比增长分别为1.65%、11.90%、13.33%、34.87%、1.77%和1.65%。其中只有昭通一个城市长短货箱皮卡销量都同比增长。

表3-37 2019年云南省长短货箱皮卡市场销量（辆）及份额

城市	短货箱 （≤1 680 mm）	长货箱 （>1 680 mm）	短货箱 同比	长货箱 同比	总计
临沧市	1 078	432	-18.52%	1.65%	1 510
丽江市	275	171	-11.86%	-1.16%	446
保山市	1 083	702	-18.94%	-5.01%	1 785
大理白族自治州	753	587	-9.60%	-3.29%	1 340
德宏傣族景颇族自治州	720	395	-16.47%	11.90%	1 115
怒江傈僳族自治州	153	68	35.40%	13.33%	221
文山壮族苗族自治州	1 007	1 356	-12.89%	-22.95%	2 363
昆明市	2 239	1 734	-17.56%	-11.71%	3 973
昭通市	734	820	13.27%	34.87%	1 554
普洱市	1 868	862	-9.23%	-10.30%	2 730
曲靖市	620	1 015	-5.78%	-9.46%	1 635
楚雄彝族自治州	411	574	-19.73%	1.77%	985
玉溪市	531	444	-23.71%	-9.20%	975
红河哈尼族彝族自治州	1 100	924	5.67%	1.65%	2 024
西双版纳傣族自治州	1 423	477	-18.17%	-16.02%	1 900
迪庆藏族自治州	166	43	-8.79%	-36.76%	209

（数据来源：保险数）

2019年全年云南省消费者全部一致地表现出对宽体皮卡的需求，2019年全年各城市宽体皮卡销量（表3-38）都高于窄体皮卡。其中只有怒江傈僳族自治州窄体皮卡销量同步增长，其他城市窄体皮卡销量都呈同步下跌态势。而宽体皮卡销量同比增长城市明显多于窄体皮卡销量同比增长城市，有5个，分别为德宏傣族景颇族自治州、怒江傈僳族自治州、昭通市、楚雄彝族自治州和红河哈尼族彝族自治州，同比增长6.71%、34.48%、45.63%、3.76%和5.28%。

表3-38 2019年云南省宽窄体皮卡市场销量（辆）及份额

城市	窄体（≤1 800 mm）	宽体（>1 800 mm）	窄体同比	宽体同比	总计
临沧市	326	1 184	-22.01%	-10.98%	1 510
丽江市	103	343	-17.60%	-4.72%	446
保山市	362	1 423	-37.80%	-4.69%	1 785
大理白族自治州	340	1 000	-18.07%	-2.44%	1 340
德宏傣族景颇族自治州	320	795	-31.91%	6.71%	1 115
怒江傈僳族自治州	65	156	14.04%	34.48%	221
文山壮族苗族自治州	285	2 078	-22.97%	-18.38%	2 363
昆明市	1 362	2 611	-16.03%	-14.62%	3 973
昭通市	504	1 050	-5.79%	45.63%	1 554
普洱市	329	2 401	-25.23%	-6.90%	2 730
曲靖市	335	1 300	-14.54%	-6.27%	1 635
楚雄彝族自治州	213	772	-35.84%	3.76%	985
玉溪市	267	708	-26.24%	-13.97%	975
红河哈尼族彝族自治州	368	1 656	-2.39%	5.28%	2 024
西双版纳傣族自治州	223	1 677	-19.78%	-17.35%	1 900
迪庆藏族自治州	16	193	-23.81%	-15.72%	209

（数据来源：保险数）

3.4.3 广东省2019年皮卡市场分析

（1）市场整体概况

2019年全年广东省皮卡市场销量达到了20 255辆（图3-20），同比下跌17%，销量跌幅领先行业平均跌幅。广东省是仅次于云南省的第二皮卡大省，云南省受益于农业和皮卡进城政策，近几年皮卡销量都在持续增长，而广东省是外贸和出口大省，经济活跃度很高，但由于受近几年中美贸易摩擦、我国劳动力成本上升等一系列因素影响，皮卡销量最近几年都呈现微跌的态势。未来随着居民收入水平的不断增加、出口的不断回升、皮卡政策的不断利好，广东省皮卡市场容量也将不断回升。

（数据来源：保险数）

图 3-20　2015—2019 年广东省皮卡销量及增长率

从月度销量（表 3-39）上来看，2019 年全年广东省皮卡需求呈现明显的季节周期，2 月由于有春节销量相对较低，10 月本来是车市旺季，但 11 月有"双十一"等购物旺季和中美贸易摩擦，导致购车需求前置透支了 10 月的需求，订单量下降，10 月销量只有 970 辆，远远低于往年同期水平。其他月份皮卡需求基本都维持在 1 500 辆以上，相对比较稳定。

表 3-39　2015—2019 年广东省皮卡月度销量（辆）

月份 年份	1月	2月	3月	4月	5月	6月	7月	8月	9月	10月	11月	12月
2015 年	3 142	1 719	2 246	2 102	1 966	1 922	1 741	1 655	1 762	1 732	2 111	2 404
2016 年	2 491	1 155	2 230	1 632	1 860	1 632	1 483	1 794	1 740	1 716	2 212	2 273
2017 年	1 937	1 587	2 249	1 950	1 753	1 954	1 730	1 944	2 017	2 125	2 498	2 899
2018 年	2 649	1 141	2 383	2 053	2 213	2 059	1 941	1 715	1 572	1 764	2 136	2 217
2019 年	2 324	9 78	2 229	1 809	1 809	2 152	1 711	1 359	1 867	9 70	1 340	1 707

（数据来源：保险数）

(2) 限行政策介绍

《广东省大气污染防治条例》2019 年 3 月 1 日起施行，该条例明确，当面对重污染天气时，可限制部分机动车行驶；地级以上市政府可根据大气污染防治需要，采取限制通行等措施淘汰高排放车辆。

广东是皮卡销量仅次于云南的皮卡大省,政策上的一举一动都会对皮卡市场产生直接影响,《广东省大气污染防治条例》将所有机动车一视同仁,让皮卡用户稍稍放了心。此前,广东省省会广州因拟定提前实施国Ⅵ排放标准被业内密切关注,广州原定于3月1日实施国Ⅵb的政策被推迟,正式实施时间定于2019年7月1日,与整个广东省同步。也就是说2019年7月1日以后,在广东省销售、注册登记的轻型汽车新车应当符合国Ⅵ排放标准要求。其中,Ⅰ型试验(常温下冷启动后排气污染物排放试验)应符合国Ⅵb限值要求,PN(粒子数量)限值在2020年7月1日前执行汽油车过渡限值,即6.0×10^{12}个/km;Ⅱ型试验(实际行驶污染物排放试验)在2023年7月1日前仅监测并报告结果;迁入珠江三角洲区域各地级以上市的在用轻型汽车,应当符合国Ⅵ排放标准要求。

(3)市场竞争情况

从2019年广东省主要皮卡厂家市场销量及份额(表3-40)来看,国产皮卡市场已经发生了重大变化,超过6 000辆产销量的只有长城皮卡一家,继续稳居行业首位而难以撼动。全年销量达到了6 906辆,遥遥领先于第二名的郑州日产和第三名的江铃汽车,同比增长6.80%。第二名的郑州日产同比下滑10.76%,销量达到3 831辆。第三名的江铃皮卡销量达到2 867辆,同比下降27.77%,下滑幅度较大。第四、第五名的江西五十铃和庆铃,虽师出同门,但市场销量差距也比较大,销量分别达到了1 856辆和771辆,相比2018年江西五十铃和庆铃市场份额下降明显,分别达到了14%和39%。2019年广东省前五厂家市场集中度达到了80%。

表3-40 2019年广东省主要皮卡厂家市场销量(辆)及份额

排名	厂家	销量	销量同比	份额	份额同比
1	长城汽车股份有限公司	6 906	6.80%	34%	7%
2	郑州日产汽车有限公司	3 831	-10.76%	19%	-11%
3	江铃汽车股份有限公司	2 867	-27.77%	14%	-28%
4	江西五十铃汽车有限公司	1 856	-13.55%	9%	-14%
5	庆铃汽车股份有限公司	771	-39.10%	4%	-39%
6	上汽大通汽车有限公司	750	-13.19%	4%	-13%
7	安徽江淮汽车集团股份有限公司	697	-13.63%	3%	-14%

续表

排名	厂家	销量	销量同比	份额	份额同比
8	广东福迪汽车有限公司	555	-45.96%	3%	-46%
9	北汽福田汽车股份有限公司	531	3.91%	3%	4%
10	河北长安汽车有限公司	458	-40.36%	2%	-40%

(数据来源：保险数)

从销量来看，广东市场只有长城汽车和北汽福田销量呈增长趋势，其他品牌销量都呈现比较大幅度的下跌。从市场份额来看，只有长城汽车的市场份额增长比较快速，其他厂家市场份额丢失得比较多，相信其他厂家随着产品的更新、产品力的提升，市场份额将会逐步回升。

（4）区域市场表现

从区域市场表现（表3-41）来看，2019年广东省各城市表现不均，市场容量也大小不一。2019年全年广州市、深圳市和东莞市销量分别为2 793辆、2 286辆和2 166辆，站到了2 000辆关口。随后的惠州市、清远市和湛江市销量分别为1 368辆、1 183辆和1 018辆，站上了1 000辆的关口。从市场容量的角度来看，2019年全年，清远市、湛江市、茂名市、佛山市、肇庆市、中山市和珠海市市场容量在增长，其中湛江市和中山市增速超过了10个百分点，分别达到了11.99%和16.95%。

表3-41　2019年广东省皮卡区域市场销量（辆）及份额

城市	销量	销量同比	占比	占比同比
广州市	2 793	-6.12%	13.79%	11%
深圳市	2 286	-45.28%	11.29%	-36%
东莞市	2 166	-5.33%	10.69%	11%
惠州市	1 368	-1.16%	6.75%	16%
清远市	1 183	2.16%	5.84%	20%
湛江市	1 018	11.99%	5.03%	32%
茂名市	967	5.57%	4.77%	24%
梅州市	940	-21.01%	4.64%	-7%
揭阳市	864	-2.04%	4.27%	15%

续表

城市	销量	销量同比	占比	占比同比
佛山市	823	7.30%	4.06%	26%
河源市	797	-6.89%	3.93%	10%
肇庆市	780	2.77%	3.85%	21%
阳江市	773	-1.90%	3.82%	15%
中山市	766	16.95%	3.78%	38%
韶关市	688	-0.58%	3.40%	17%
珠海市	683	6.89%	3.37%	26%
江门市	649	-23.83%	3.20%	-10%
汕头市	291	-50.51%	1.44%	-42%
云浮市	177	-27.46%	0.87%	-15%
汕尾市	136	-4.23%	0.67%	13%
潮州市	107	-30.07%	0.53%	-18%

（数据来源：保险数）

从各品牌表现（表3-42）来看，长城皮卡几乎是全方位领先各品牌，除了在揭阳市、汕尾市、清远市、珠海市的销量微微落后于其他品牌之外，在其他市场销量都排在第一位，市场地位相当稳固。随后的江铃皮卡、江西五十铃皮卡和郑州日产各城市市场容量还比较有限，未来还有发展潜力。

表3-42 2019年广东省各城市品牌销量（辆）

城市	长城皮卡	江铃皮卡	庆铃皮卡	郑州日产	中兴皮卡	北汽福田	上汽大通	江西五十铃
东莞市	927	266	114	254	26	9	83	145
中山市	345	83	59	168	8	9	29	8
云浮市	136	6	/	11	/	5	1	6
佛山市	239	57	36	127	3	90	31	44
广州市	918	256	98	832	45	76	143	249
惠州市	417	340	40	151	26	71	22	99
揭阳市	105	98	37	176	99	44	58	128
梅州市	188	149	58	140	19	41	35	152

续表

城市	长城皮卡	江铃皮卡	庆铃皮卡	郑州日产	中兴皮卡	北汽福田	上汽大通	江西五十铃
汕头市	80	48	15	58	14	13	5	13
汕尾市	10	18	10	61	1	10	8	10
江门市	250	108	29	91	5	4	30	99
河源市	275	131	11	101	14	14	15	165
深圳市	651	351	2	746	9	17	99	76
清远市	345	326	25	31	4	12	13	362
湛江市	247	156	46	190	43	25	71	96
潮州市	36	25	3	12	6	2	1	12
珠海市	166	75	120	173	33	10	39	32
肇庆市	418	31	13	164	/	24	20	53
茂名市	380	131	14	197	/	17	36	52
阳江市	476	71	11	74	25	15	1	30
韶关市	297	141	19	74	15	23	10	25

（数据来源：保险数）

（5）车型结构论述

从车型结构（图3-21～图3-24）上来看，2019年广东省消费者对柴汽油皮卡的需求比例大致为1.2∶1；对四驱和两驱皮卡的需求比例为1∶4.5；对长短货箱皮卡的需求比例为1∶2.3；对宽窄体皮卡的需求比例为1.5∶1。广东省的消费者对柴汽油皮卡没有明显的需求偏好，但对于四驱/两驱皮卡有明显的偏好，普遍喜欢两驱皮卡。

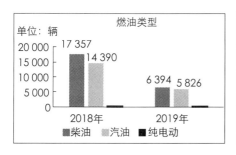

图3-21 广东省不同燃油类型皮卡销量

图3-22 广东省不同驱动类型皮卡销量

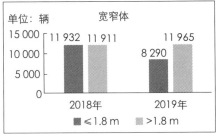

图 3 – 23　广东省不同货箱尺寸
皮卡销量

图 3 – 24　广东省宽窄体
皮卡销量

从各城市柴汽油皮卡市场销量及份额（表 3 – 43）来看，广东省消费者对柴汽油皮卡的需求相对稳定。但也有极个别城市柴汽油皮卡需求呈现比较极端的趋势，比较有代表性的城市如深圳市，汽油皮卡需求远远大于柴油皮卡；清远市却正好相反，柴油皮卡需求远远大于汽油皮卡。从全年的销售数据来看，2019 年中山市、佛山市、惠州市、清远市、湛江市、茂名市和韶关市柴油皮卡销量保持同比正增长，增长率分别为 20.46%、9.23%、10.74%、5.90%、22.21%、12.22% 和 8.09%。而中山市、云浮市、佛山市、广州市、揭阳市、汕尾市、珠海市、肇庆市和阳江市汽油皮卡销量保持同比正增长，增长率分别为 6.25%、9.38%、4.49%、4.60%、16.73%、115.15%、45.21%、24.83% 和 103.92%。

表 3 – 43　2019 年广东省柴汽油皮卡市场销量（辆）及份额

城市	柴油	汽油	柴油同比	汽油同比	总计
东莞市	1 692	464	-6.62%	-2.52%	2 156
中山市	577	187	20.46%	6.25%	764
云浮市	142	35	-33.02%	9.38%	177
佛山市	497	326	9.23%	4.49%	823
广州市	1 785	1 001	-8.32%	4.60%	2 786
惠州市	1 186	182	10.74%	-41.85%	1 368
揭阳市	578	286	-9.26%	16.73%	864
梅州市	754	186	-22.35%	-15.07%	940
汕头市	212	79	-43.47%	-62.91%	291
汕尾市	63	71	-41.12%	115.15%	134

续表

城市	柴油	汽油	柴油同比	汽油同比	总计
江门市	530	119	-18.59%	-40.80%	649
河源市	701	96	-3.71%	-25.00%	797
深圳市	559	1 709	-76.85%	-2.90%	2 268
清远市	1 113	70	5.90%	-34.58%	1 183
湛江市	886	132	22.21%	-24.14%	1 018
潮州市	91	16	-16.51%	-63.64%	107
珠海市	410	273	-9.09%	45.21%	683
肇庆市	594	186	-2.62%	24.83%	780
茂名市	790	177	12.22%	-16.51%	967
阳江市	669	104	-9.10%	103.92%	773
韶关市	561	127	8.09%	-24.40%	688

（数据来源：保险数）

从各城市四驱/两驱皮卡市场销量及份额（表3-44）来看，广东省消费者普遍倾向于购买两驱皮卡车型。从2019年全年销量数据来看，东莞市、佛山市、惠州市、揭阳市、梅州市、汕尾市、河源市、清远市、湛江市、珠海市、肇庆市、茂名市、阳江市和韶关市四驱皮卡销量同比正增长，增长率分别为21.20%、8.00%、26.70%、113.54%、4.00%、50.00%、13.71%、18.54%、42.00%、25.64%、6.38%、17.59%、21.14%和3.24%。两驱皮卡销量在中山市、佛山市、湛江市、珠海市、肇庆市和茂名市等几个城市呈增长态势，增长率分别为22.43%、7.20%、8.28%、5.67%、6.95%和4.09%。

表3-44 2019年广东省四/两驱皮卡市场销量（辆）及份额

城市	四驱	两驱	四驱同比	两驱同比	总计
东莞市	223	1 943	21.20%	-7.56%	2 166
中山市	62	704	-22.50%	22.43%	766
云浮市	37	140	-17.78%	-29.65%	177
佛山市	108	715	8.00%	7.20%	823
广州市	474	2 319	-2.67%	-6.72%	2 793

续表

城市	四驱	两驱	四驱同比	两驱同比	总计
惠州市	223	1 145	26.70%	-5.14%	1 368
揭阳市	205	658	113.54%	-16.18%	863
梅州市	182	758	4.00%	-25.02%	940
汕头市	32	259	-30.43%	-52.13%	291
汕尾市	36	100	50.00%	-15.25%	136
江门市	137	511	-27.89%	-22.69%	648
河源市	199	598	13.71%	-12.06%	797
深圳市	303	1 977	-6.19%	-48.72%	2 280
清远市	390	792	18.54%	-4.46%	1 182
湛江市	142	876	42.00%	8.28%	1 018
潮州市	22	85	-29.03%	-29.75%	107
珠海市	49	634	25.64%	5.67%	683
肇庆市	250	529	6.38%	0.95%	779
茂名市	127	839	17.59%	4.09%	966
阳江市	149	624	21.14%	-5.74%	773
韶关市	255	432	3.24%	-2.04%	687

（数据来源：保险数）

从各城市长短货箱皮卡市场销量及份额（表3-45）来看，2019年广东省全省对长短货箱皮卡需求偏好也不一致。只有东莞市、广州市和深圳市这3个城市对短货箱皮卡需求量超过1 000辆，分别为1 427辆、2 107辆和1 752辆。但短货箱皮卡在广东省各城市需求量呈增长态势，只有云浮市、梅州市、汕头市、江门市、河源市、深圳市、清远市和潮州市8个城市销量下跌，跌幅为27.40%、18.02%、50.76%、26.62%、8.32%、38.68%、0.53%和34.82%。而长货箱皮卡则呈全线下跌态势，只有4个城市同比增长，分别为清远市、湛江市、珠海市和茂名市，增长率分别为7.29%、14.47%、18.82%和1.37%。

表3-45 2019年广东省长短货箱皮卡市场销量（辆）及份额

城市	短货箱 （≤1 680 mm）	长货箱 （>1 680 mm）	短货箱 同比	长货箱 同比	总计
东莞市	1 427	739	9.60%	-25.05%	2 166
中山市	560	206	42.13%	-21.07%	766
云浮市	159	18	-27.40%	-28.00%	177
佛山市	548	275	17.09%	-8.03%	823
广州市	2 107	686	3.13%	-26.39%	2 793
惠州市	801	567	5.12%	-8.84%	1 368
揭阳市	517	347	0.19%	-5.19%	864
梅州市	678	262	-18.02%	-27.82%	940
汕头市	195	96	-50.76%	-50.00%	291
汕尾市	101	35	17.44%	-37.50%	136
江门市	441	208	-26.62%	-17.13%	649
河源市	540	257	-8.32%	-3.75%	797
深圳市	1 752	534	-38.68%	-59.58%	2 286
清远市	756	427	-0.53%	7.29%	1 183
湛江市	567	451	10.10%	14.47%	1 018
潮州市	73	34	-34.82%	-17.07%	107
珠海市	462	221	1.99%	18.82%	683
肇庆市	688	92	14.29%	-41.40%	780
茂名市	671	296	7.53%	1.37%	967
阳江市	598	175	5.10%	-20.09%	773
韶关市	500	188	9.17%	-19.66%	688

（数据来源：保险数）

从各城市宽窄体皮卡市场销量及份额（表3-46）来看，2019年广东省全省对宽窄体皮卡需求偏好也不一致。大部分城市宽窄体皮卡销量呈现1.5∶1的趋势，但也有极个别城市呈现宽体皮卡需求远远大于窄体皮卡，或者窄体皮卡需求远远大于宽体皮卡。2019年只有中山市、湛江市和肇庆市3个城市窄体皮卡销量同比增长，增长率分别为10.60%、11.64%和0.66%。宽体皮卡销量在绝大部分城市呈现同比增长趋势，只有云浮市、梅州市、汕头市、深圳市和潮州市这5个城市销量同比下跌，跌幅分别为7.32%、4.60%、41.46%、26.00%和20.00%。

表3-46 2019年广东省宽窄体市场销量（辆）及份额

城市	窄体 (≤1 800 mm)	宽体 (>1 800 mm)	窄体同比	宽体同比	总计
东莞市	1 060	1 106	-10.40%	0.09%	2 166
中山市	407	359	10.60%	25.09%	766
云浮市	139	38	-31.53%	-7.32%	177
佛山市	287	536	-22.43%	35.01%	823
广州市	1 048	1 745	-19.45%	4.24%	2 793
惠州市	509	859	-18.17%	12.73%	1 368
揭阳市	166	698	-53.76%	33.46%	864
梅州市	277	663	-44.04%	-4.60%	940
汕头市	123	168	-59.14%	-41.46%	291
汕尾市	25	111	-62.69%	48.00%	136
江门市	273	376	-46.26%	9.30%	649
河源市	327	470	-21.96%	7.55%	797
深圳市	880	1406	-61.37%	-26.00%	2 286
清远市	406	777	-25.91%	27.38%	1 183
湛江市	326	692	11.64%	12.16%	1 018
潮州市	51	56	-38.55%	-20.00%	107
珠海市	276	407	-24.80%	49.63%	683
肇庆市	455	325	0.66%	5.86%	780
茂名市	446	521	-0.89%	11.80%	967
阳江市	484	289	-11.19%	18.93%	773
韶关市	325	363	-4.41%	3.13%	688

（数据来源：保险数）

3.4.4 四川省2019年皮卡市场分析

（1）市场整体概况

2019年全年四川省皮卡市场销量达到了25 326辆（图3-25），同比增长 8%，领先行业平均增长率，这几年四川省皮卡销量在全国的市场份额逐步攀升，2019 年已经达到了 6.49%。四川省近几年皮卡市场容量也在逐步打开，从 2015 年的 16 362 辆逐步爬升到 2019 年的 25 326 辆。四川在皮卡市场占据重要板块，这里地形复杂、山地众多，用户对动力和越野性强还可以拉货的皮卡有着刚性需求。2019 年第一季度，四川表现抢眼，在销量上曾一度超过皮卡解禁及销量大省云南，可以说，四川一直是皮卡潜力最大的市场，也是解禁呼声最高的省份。

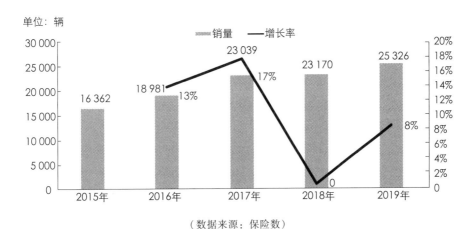

（数据来源：保险数）

图 3-25　2015—2019 年四川省皮卡销量及增长率

从月度销量（表 3-47）上来看，2019 年全年四川省皮卡需求还是相对稳定的，基本上保持每月销量 2 000 辆，7 月、8 月、9 月和 10 月需求相对偏弱，但也保持着每月 1 700 辆的销量。全年来看，四川省各月度皮卡需求相对比较稳定，没有明显的淡旺季之分。

表 3-47　2015—2019 年四川省皮卡月度销量（辆）

月份 年份	1月	2月	3月	4月	5月	6月	7月	8月	9月	10月	11月	12月
2015 年	1 411	1 273	1 867	1 463	1 201	1 064	1 109	1 299	1 471	1 294	1 287	1 623
2016 年	1 476	1 444	2 054	1 402	1 479	1 375	1 322	1 405	1 619	1 576	1 860	1 969
2017 年	1 844	2 176	2 328	1 804	1 836	1 679	1 698	1 916	1 807	1 684	2 064	2 203
2018 年	1 840	1 676	2 977	2 104	1 935	1 721	1 734	1 735	1 838	1 768	1 835	2 007
2019 年	2 425	2 160	2 718	2 343	1 901	2 310	1 784	1 636	1 828	1 755	2 072	2 394

（数据来源：保险数）

(2) 限行政策介绍

2019年7月5日,四川省生态环境厅、四川省经济和信息化厅、四川省公安厅、四川省市场监督管理局四部门正式联合发布《关于实施第六阶段机动车排放标准的通告》。明确指示,自通告发布之日起7日后,四川省内包括成都市在内的15市正式实施第六阶段机动车排放标准,实施范围包括:成都市、自贡市、泸州市、德阳市、绵阳市、遂宁市、内江市、乐山市、南充市、宜宾市、广安市、达州市、雅安市、眉山市、资阳市共15市。四川省采用分区域、分车型、分步实施第六阶段机动车排放标准执行。

重型柴油车:自本通告实施之日起,成渝地区四川省区域内注册登记的重型柴油车(仅含公交、邮政、环卫等城市车辆),应符合《重型柴油车污染物排放限值及测量方法(中国第六阶段)》(GB 17691—2018)Ⅵa阶段标准要求。

轻型汽车:自本通告实施之日起,成渝地区四川省区域内注册登记的轻型汽油车应符合《轻型汽车污染物排放限值及测量方法(中国第六阶段)》(GB 18352.6—2016)Ⅵa阶段标准要求;自2020年7月1日起,全省所有销售和注册登记的轻型汽车应符合Ⅵa阶段标准要求。

四川决定提前实施国Ⅵ标准,主要是对国家排放升级的响应,而只对轻型汽油车提出要求,也将皮卡受到的影响降到了最低。2019年对国产皮卡燃油类型做过分析,1—4月,四川柴油皮卡售出7 974辆,居柴油销量榜第二,汽油皮卡只售出1 472辆,可见柴油皮卡在四川皮卡市场占据绝对地位,而柴油皮卡在2020年7月才实施国Ⅵa标准,因此,四川提前实施国Ⅵ标准,对皮卡市场的影响并不大。另一方面,轻型汽油货车达到国Ⅵa标准,比起一步到位国Ⅵb标准,在技术上更好实现。目前皮卡市场上的国Ⅵ标准车型也主要为汽油版,包括长城风骏7、郑州日产锐骐6、江铃域虎以及工信部过审的郑州日产纳瓦拉等,用户并不会经历无车可买的情况。此外,四川针对国Ⅵ标准实施设置了长达半年的过渡期,政策执行后,对未达到本通告规定排放标准的机动车,各地公安交通管理部门不得办理注册登记。但在通告实施之日前已销售并开具机动车销售统一发票的国Ⅴ排放标准轻型汽油车,以及四川省执行区域内经销商库存的且汽车产品合格证标注发证日期或者进口汽车《货物进口证明书》标明的海关签发日期为本通告实施之日前的国Ⅴ排放标准轻型汽油车,可在2019年12月31日前办理注册登记。

(3) 市场竞争情况

从2019年四川省主要皮卡厂家市场销量及份额(表3-48)来看,国产皮卡市场已经发生了重大变化,超过8 000辆产销量的只有长城皮卡一家,继续稳居行业首位而难以撼动。长城皮卡全年销量达到了8 829辆,遥遥领先于第二名的郑州日产和第三名的江铃皮卡,同比增长26.25%。第二名的郑州日产同比增长15.98%,销量达到3 049辆,相对于第三名的优势较小。第三名的江铃汽车销量达到2 962辆,同比下滑0.03%。第四、第五名的江西五十铃和江淮皮卡,市场销量分别为2 565辆和1 773辆,相比2018年,江西五十铃和江淮皮卡市场份额都有明显提升,分别达到了28%和4%。2019年四川省前五厂家市场集中度达到了76%。

表3-48 2019年四川省主要皮卡厂家市场销量(辆)及份额

排名	厂家	销量	销量同比	份额	份额同比
1	长城汽车股份有限公司	8 829	26.25%	35%	16%
2	郑州日产汽车有限公司	3 049	15.98%	12%	6%
3	江铃汽车股份有限公司	2 962	-0.03%	12%	-9%
4	江西五十铃汽车有限公司	2 565	39.63%	10%	28%
5	安徽江淮汽车集团股份有限公司	1 773	13.29%	7%	4%
6	庆铃汽车股份有限公司	1 288	-3.30%	5%	-12%
7	北汽福田汽车股份有限公司	1 053	18.18%	4%	8%
8	河北中兴汽车制造有限公司	842	-14.34%	3%	-22%
9	丹东黄海汽车有限责任公司	680	-26.88%	3%	-33%
10	河北长安汽车有限公司	581	-16.76%	2%	-24%

(数据来源:保险数)

从销量来看(表3-48),四川市场只有长城汽车、郑州日产、江西五十铃、江淮皮卡和北汽福田销量呈增长趋势,其他品牌销量都呈现下跌趋势。从市场份额来看,长城汽车、郑州日产、江西五十铃、江淮皮卡和北汽福田市场份额增长比较快速,其他厂家市场份额丢失得比较多,相信其他厂家随着产品的更新、产品力的提升,市场份额将会逐步回升。

(4) 区域市场表现

从区域市场表现(表3-49)来看,2019年四川省各城市表现不均,市场容量也大小不一。成都是四川省皮卡容量最大的城市,已快要达到7 000辆水平,遥遥领先于其他城市。随后的凉山彝族自治州和泸州市市场容量已达到每年2 000辆,2019年全年销量分别为2 901辆和2 041辆。紧随其后的达州市、攀枝花市、乐山市、南充市和绵阳市市场容量也站上了1 000辆大关,2019年全年销量分别为1 783辆、1 517辆、1 103辆、1 103辆和1 028辆。从市场份额增长情况来看,凉山彝族自治州、达州市、攀枝花市、乐山市、雅安市、广元市、宜宾市、德阳市和内江市同比保持增长,增速分别为41.62%、6.27%、14.13%、1.93%、21.05%、5.32%、15.29%、5.68%和1.62%。而从全年销量来看,只有少数几个城市销量同比下跌,分别为成都市、遂宁市、巴中市、自贡市、资阳市、阿坝藏族羌族自治州和甘孜藏族自治州,分别同比下跌2.24%、10.61%、14.38%、1.29%、5.88%、17.58%和42.63%。

表3-49 2019年四川省皮卡区域市场销量(辆)及份额

城市	销量	销量同比	市场份额	份额同比
成都市	6 840	-2.24%	27.01%	-10.57%
凉山彝族自治州	2 901	54.80%	11.45%	41.62%
泸州市	2 041	9.26%	8.06%	-0.04%
达州市	1 783	16.16%	7.04%	6.27%
攀枝花市	1 517	24.75%	5.99%	14.13%
乐山市	1 103	11.41%	4.36%	1.93%
南充市	1 103	1.19%	4.36%	-7.42%
绵阳市	1 028	6.53%	4.06%	-2.54%
雅安市	905	32.31%	3.57%	21.05%
广元市	845	15.12%	3.34%	5.32%

续表

城市	销量	销量同比	市场份额	份额同比
宜宾市	809	26.01%	3.19%	15.29%
广安市	729	8.00%	2.88%	-1.19%
德阳市	700	15.51%	2.76%	5.68%
遂宁市	649	-10.61%	2.56%	-18.22%
巴中市	625	-14.38%	2.47%	-21.67%
眉山市	588	1.20%	2.32%	-7.41%
内江市	401	11.08%	1.58%	1.62%
自贡市	306	-1.29%	1.21%	-9.69%
资阳市	208	-5.88%	0.82%	-13.89%
阿坝藏族羌族自治州	136	-17.58%	0.54%	-24.59%
甘孜藏族自治州	109	-42.63%	0.43%	-47.52%

（数据来源：保险数）

从各品牌表现（表3-50）来看，长城皮卡一骑绝尘，在各大城市保持第一的位置。而第二名的位置在各个城市则略有差异，有些地市江铃皮卡表现优异，有些地市郑州日产表现优异。四川省作为西南重镇，也是各大厂家必争之地，未来随着产品的不断更新，整个四川省皮卡市场竞争将越来越激烈。

表3-50 2019年四川省各城市品牌皮卡销量（辆）

城市	长城皮卡	江铃皮卡	黄海皮卡	郑州日产	中兴皮卡	北汽福田	上汽大通	江西五十铃
乐山市	287	196	11	118	31	4	25	165
内江市	235	52	1		10	0	5	23
凉山彝族自治州	502	454	43	463	76	305	48	420
南充市	347	119	65	130	33	48	42	97
宜宾市	300	101	6	152	5	11	26	45
巴中市	322	35	42	11	64	18	5	70
广元市	344	109	39	90	70	13	13	35
广安市	422	51	10	13	17	3	7	78
德阳市	321	127	37	51	9	2	25	26

续表

城市	长城皮卡	江铃皮卡	黄海皮卡	郑州日产	中兴皮卡	北汽福田	上汽大通	江西五十铃
成都市	2 843	521	203	1 155	162	206	119	577
攀枝花市	424	191	57	228	130	31	18	298
泸州市	481	261	9	109	30	284	17	165
甘孜藏族自治州	25	3	15	22	15	1	1	2
眉山市	332	77	35	24	5	2	5	70
绵阳市	401	107	35	134	51	2	18	73
自贡市	152	33	2	16	22	6	2	9
资阳市	126	4	/	10	9	2	4	9
达州市	376	364	61	120	47	102	17	215
遂宁市	204	40	23	41	23	7	11	87
阿坝藏族羌族自治州	26	5	13	24	7	3	2	21
雅安市	359	112	7	135	26	3	7	80

（数据来源：保险数）

（5）车型结构论述

从车型结构（图3-26～图3-29）上来看，2019年四川省消费者对柴汽油皮卡的需求比例大致为4.5∶1；对四驱和两驱皮卡的需求比例为1.1∶1；对长短货箱皮卡的需求比例为1∶1.2；对宽窄体皮卡的需求比例为1∶0.7。四川省的消费者对柴油皮卡有明显的需求偏好，但对于四驱/两驱、长短货箱和宽窄体皮卡，需求偏好并不是那么明显，分布比较平均。

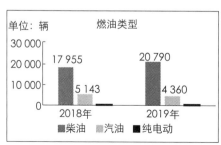

图3-26 四川省不同燃油类型皮卡销量

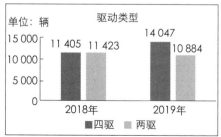

图3-27 四川省不同驱动类型皮卡销量

图 3-28 四川省不同货箱尺寸皮卡销量

图 3-29 四川省宽窄体皮长销量

从各城市柴汽油皮卡市场销量及份额（表 3-51）来看，四川省只有极个别城市对汽油皮卡需求多于柴油皮卡，绝大部分城市都是对柴油皮卡需求多于汽油皮卡，这和四川省的地理环境是有很大相关性的。从销量数据来看，2019 年全年只有巴中市、甘孜藏族自治州、资阳市和遂宁市柴油皮卡销量同比下降，分别下滑 14.12%、39.51%、5.81% 和 6.15%，其他城市柴油皮卡销量都保持同比增长。而汽油皮卡也是同样只有极个别城市销量保持同比增长，其他城市销量都保持下滑，销量同比增长的城市有广元市和攀枝花市，增长率分别为 10.34% 和 2.04%。

表 3-51 2019 年四川省柴汽油皮卡市场销量（辆）及份额

城市	柴油	汽油	柴油同比	汽油同比	总计
乐山市	897	117	106%	-33.4%	1 014
内江市	363	38	17.86%	-28.30%	401
凉山彝族自治州	2 794	107	58.84%	-6.96%	2 901
南充市	912	190	9.75%	-26.64%	1 102
宜宾市	727	82	31.94%	-9.89%	809
巴中市	578	47	-14.12%	-17.54%	625
广元市	749	96	15.77%	10.34%	845
广安市	632	97	11.86%	-11.82%	729
德阳市	589	111	28.32%	-24.49%	700
成都市	4 266	2 488	3.87%	-11.80%	6 754
攀枝花市	1 467	50	25.71%	2.04%	1 517
泸州市	1 923	118	12.79%	-26.25%	2 041

续表

城市	柴油	汽油	柴油同比	汽油同比	总计
甘孜藏族自治州	49	60	-39.51%	-44.95%	109
眉山市	492	96	1.86%	-2.04%	588
绵阳市	832	196	13.97%	-16.60%	1 028
自贡市	278	28	4.12%	-34.88%	306
资阳市	162	46	-5.81%	-6.12%	208
达州市	1 645	138	15.52%	24.32%	1 783
遂宁市	519	130	-6.15%	-24.86%	649
阿坝藏族羌族自治州	95	41	30.14%	-55.43%	136
雅安市	821	117	40.82%	-16.83%	938

(数据来源：保险数)

从各城市四驱/两驱皮卡市场销量及份额（表3-52）来看，四川省对四驱皮卡需求要多于两驱皮卡，这和四川省处于丘陵地貌有关。2019年全年四川省大部分城市四驱皮卡呈增长态势，只有巴中市、甘孜藏族自治州、眉山市、资阳市和阿坝藏族羌族自治州这5个城市四驱皮卡销量同比下滑，分别下滑8.53%、29.00%、8.75%、3.33%和20.00%。而两驱皮卡销量增长和下滑则没有明显规律，增长和下滑分别相对比较平均。2019年全年乐山市、内江市、宜宾市、广元市、德阳市、攀枝花市、泸州市、眉山市、自贡市、达州市和雅安市两驱皮卡销量同比增长，分别增长8.03%、10.94%、1.82%、1.71%、11.54%、5.00%、2.17%、13.18%、0.99%、6.88%和43.10%。

表3-52 2019年四川省四驱/两驱皮卡市场销量（辆）及份额

城市	四驱	两驱	四驱同比	两驱同比	总计
乐山市	533	565	15.62%	8.03%	1 098
内江市	187	213	11.31%	10.94%	400
凉山彝族自治州	2 465	365	82.05%	-18.16%	2 830
南充市	502	594	17.29%	-9.45%	1 096
宜宾市	398	392	70.09%	1.82%	790
巴中市	268	357	-8.53%	-18.31%	625

续表

城市	四驱	两驱	四驱同比	两驱同比	总计
广元市	418	416	29.41%	1.71%	834
广安市	380	340	34.75%	-12.60%	720
德阳市	343	348	16.67%	11.54%	691
成都市	3 797	2 978	6.36%	-11.47%	6 775
攀枝花市	1171	336	32.47%	5.00%	1 507
泸州市	631	1 321	20.19%	2.17%	1 952
甘孜藏族自治州	71	34	-29.00%	-61.36%	105
眉山市	292	292	-8.75%	13.18%	584
绵阳市	525	493	25.30%	-7.85%	1 018
自贡市	90	204	2.27%	0.99%	294
资阳市	87	118	-3.33%	-7.81%	205
达州市	899	870	26.98%	6.88%	1 769
遂宁市	289	345	7.04%	-18.25%	634
阿坝藏族羌族自治州	76	54	-20.00%	-20.59%	130
雅安市	625	249	25.75%	43.10%	874

（数据来源：保险数）

从各城市长短货箱皮卡市场销量及份额（表3-53）来看，2019年巴中市、成都市、甘孜藏族自治州、眉山市、资阳市、遂宁市和阿坝藏族羌族自治州短货箱皮卡销量同比下滑，分别下滑19.64%、1.36%、37.61%、3.40%、4.17%、7.37%和21.84%。内江市、南充市、宜宾市、广元市、德阳市、泸州市、眉山市、绵阳市、自贡市、达州市和遂宁市长货箱皮卡销量同比下滑，分别下滑5.48%、10.83%、6.27%、4.71%、4.07%、50.68%、17.54%、21.62%、9.09%、13.04%和12.82%。

表3-53 2019年四川省长短货箱皮卡市场销量（辆）及份额

城市	短货箱（≤1 680 mm）	长货箱（>1 680 mm）	短货箱同比	长货箱同比	总计
乐山市	538	565	0.00%	25.00%	1 103
内江市	263	138	22.33%	-5.48%	401
凉山彝族自治州	1 607	1 294	54.67%	54.97%	2 901

续表

城市	短货箱 (≤1 680 mm)	长货箱 (>1 680 mm)	短货箱同比	长货箱同比	总计
南充市	543	560	17.53%	-10.83%	1 103
宜宾市	474	269	58.00%	-6.27%	743
巴中市	356	365	-19.64%	11.28%	721
广元市	480	283	18.23%	-4.71%	763
广安市	446	268	17.99%	21.27%	714
德阳市	432	2 192	12.21%	-4.07%	2 624
成都市	4 648	655	-1.36%	27.68%	5 303
攀枝花市	862	1 401	22.62%	0.65%	2 263
泸州市	640	36	34.45%	-50.68%	676
甘孜藏族自治州	73	162	-37.61%	15.71%	235
眉山市	426	423	-3.40%	-17.54%	849
绵阳市	605	145	33.85%	-21.62%	750
自贡市	161	70	28.80%	-9.09%	231
资阳市	138	901	-4.17%	11.10%	1 039
达州市	882	360	21.82%	-13.04%	1 242
遂宁市	289	68	-7.37%	-12.82%	357
阿坝藏族羌族自治州	68	373	-21.84%	38.66%	441
雅安市	532	565	28.19%	25.00%	1 097

（数据来源：保险数）

从各城市宽窄体皮卡市场销量及份额（表3-54）来看，2019年四川省全省对宽窄体皮卡的需求偏好也不一致。其中内江市、凉山彝族自治州、宜宾市、广元市、广安市、德阳市、攀枝花市、泸州市、自贡市、资阳市和雅安市对窄体皮卡需求同比增长，增长率分别为5.93%、17.52%、11.07%、1.67%、9.42%、5.40%、10.92%、5.66%、8.00%、3.13%和31.16%。而对于宽体皮卡的需求大部分城市都是保持同比增长趋势，只有宜宾市、眉山市、资阳市、达州市和雅安市同比下滑，分别下滑100%、42.64%、10.00%、18.28%和7.62%。

表 3-54 2019年四川省宽窄体皮卡市场销量（辆）及份额

城市	窄体 （≤1 800 mm）	宽体 （＞1 800 mm）	窄体同比	宽体同比	总计
乐山市	341	762	-17.43%	32.06%	1 103
内江市	250	151	5.93%	20.80%	401
凉山彝族自治州	530	2 371	17.52%	66.62%	2 901
南充市	459	644	-7.65%	8.60%	1 103
宜宾市	321	/	11.07%	-100.00%	321
巴中市	343	488	-29.57%	38.24%	831
广元市	366	282	1.67%	16.05%	648
广安市	453	479	9.42%	28.07%	932
德阳市	371	276	5.40%	5.75%	647
成都市	3 084	329	-13.20%	29.53%	3 413
攀枝花市	457	3 756	10.92%	9.06%	4 213
泸州市	504	1 060	5.66%	31.84%	1 564
甘孜藏族自治州	35	1 537	-42.62%	10.50%	1 572
眉山市	345	74	-3.90%	-42.64%	419
绵阳市	480	243	-5.88%	9.46%	723
自贡市	162	548	8.00%	20.44%	710
资阳市	132	144	3.13%	-10.00%	276
达州市	520	76	-20.49%	-18.28%	596
遂宁市	238	1 263	-24.92%	43.36%	1 501
阿坝藏族羌族自治州	39	411	-35.00%	0.49%	450
雅安市	362	97	31.16%	-7.62%	459

（数据来源：保险数）

3.4.5 河北省2019年皮卡市场分析

（1）市场整体概况

2019年全年河北省皮卡市场销量达到了20 471辆（图3-30），同比增长 0.2%，领先行业平均增长率，随着产业政策的利好，近几年河北省皮卡销量在全国的市场份额也逐步爬升，在 2019 年占全国 5.24% 左右。河北省从 2016 年开始试点皮卡进城政策，效果还是比较明显的，销量从 2015 年的 12 099 辆到 2019 年的 20 471 辆，复合增长率达到 7% 以上。有效地刺激了当地经济的增长，当地经济增长又反哺皮卡的销量，形成了正反馈，随着地摊经济、民营经济、城镇化等的不断发展，未来对皮卡车还会有更多的需求。

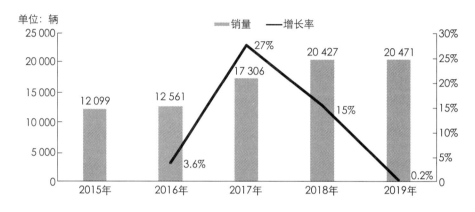

（数据来源：保险数）

图 3-30　2015—2019 年河北省皮卡销量及增长

从月度销量（表 3-55）上来看，2019 年全年河北省皮卡需求差异还是比较明显的。单月销量不稳定，多时单月能爬升到 2 600 辆，少时单月只有 1 100 辆左右。从月度来看，2 月、8 月和 10 月，皮卡需求相对偏弱；而 3 月、4 月和 6 月皮卡需求比较强劲。

表 3-55　2015—2019 年河北省皮卡月度销量（辆）

月份 年份	1月	2月	3月	4月	5月	6月	7月	8月	9月	10月	11月	12月
2015 年	982	650	1 332	1 348	925	873	936	1 010	937	976	888	1 242
2016 年	929	814	1 292	896	893	853	809	1 043	1 225	1 191	1 302	1 314
2017 年	1 081	1 219	1 628	1 522	1 429	1 386	1 394	1 439	1 443	1 339	1 546	1 880
2018 年	1 450	1 239	1 889	1 785	1 767	1 556	1 522	1 769	1 882	1 868	1 834	1 866
2019 年	1 838	1 356	2 261	2 160	1 886	2 628	1 383	1 114	1 359	1 186	1 446	1 854

（数据来源：保险数）

（2）限行政策介绍

河北省是皮卡生产大省，占据着全国总产量的半壁江山。2016年《河北省开展放宽皮卡车进城限制试点促进皮卡车消费工作方案》（下称《方案》）的出台，为河北省汽车企业带来了新机遇。

2019年河北省针对皮卡解禁政策发布了最新通知，8月31日，秦皇岛市发布关于全面取消皮卡进城限制的通知，自9月1日零时起，全面取消皮卡车进城限制，河北大街、秦皇大街早晚高峰不再限制皮卡通行。12月19日，唐山市发布公告，自2020年1月1日起，除了在重污染天气需要遵守限号通行规定外，正常情况下，达到排放标准的皮卡可以在禁止小型货车通行的区域通行，唐山主城区取消皮卡进城限制。

12月20日张家口市也取消了主城区限制部分皮卡进城的规定，市交警支队指挥中心对进入市主城区的皮卡不再按违反禁止通行规定进行抓拍。

就皮卡而言，河北占据着全国生产量的半壁江山，但是销售和使用的位次却并不靠前。河北省的皮卡总产能约34万辆，去年产量为15.7万辆。但是2015年全省注册上牌的皮卡仅有1.27万辆，占全国皮卡销量的4%。数字对比显示出一个问题，皮卡车销售和使用在河北省内还处于非常边缘的地位，这也是皮卡大省的尴尬。在汽车销售方面，在符合节能减排要求的前提下，一些优惠政策皮卡不能享受。皮卡注册登记费用高于普通乘用车约30%。皮卡每年检验1次，超过十年的每6个月检验一次，比一般乘用车复杂……这些难题制约着皮卡扩大市场、走向普通家庭。以2015年为例，皮卡仅占到全国上牌汽车的1.58%，大部分汽车企业不愿意在皮卡细分市场上投入更多的研发和生产资金。破解各种机制障碍，《方案》的表述令人期待，逐步取消皮卡车各方面限制性政策措施。这意味着，放宽限行只是迈出了第一步，还应着力破除现行体制机制的束缚障碍，积极推动河北省开展试点，充分发挥国家试点省份的政策优势，探索有利于扩大皮卡消费规模的新型管理模式。

皮卡产业要发展，政策环境只是外部原因，最终还要靠行业的自身努力。皮卡具备承载力较强、通过性高、运输空间开放等优点，能够同时具备旅游、运输、代步等多种功能，满足家庭和企业购买汽车的多种需求，可以在一定程度上缓解城市交通拥堵。与此同时，随着新型城镇化、现代服务业和农业的快速推进，货运配送等需求越来越大，皮卡优势也日益凸显，市场对皮卡的需求也越来越大。据预测，未来皮卡将成为汽车产业的一个全新增长点，若销量能够达到10%的市场占比，仅河北每年的皮卡销量就能达到13万辆。

政策环境更好了，市场规模会扩大，面临难得的机遇，河北皮卡企业更需要加强设计研发和制造环节。目前，河北皮卡产业虽然产销量不小，但大多数产品价格在5万~10万元，属于中低端产品，自主研发和设计能力较弱，皮卡产品的竞争力不强。除此之外，在安全性能、尾气排放等方面也有提升空间。过去设计的皮卡比较中庸，现在皮卡整车造型风格及配置正在发生变化，研发人员不仅要保留皮卡原有的优点，更要结合SUV和轿车设计元素，生产多样化皮卡，满足消费者需求。

（3）市场竞争情况

从2019年河北省主要皮卡厂家市场销量及份额（表3-56）来看，长城皮卡产销量已经超过10 000辆，稳居行业首位而难以撼动，全年销量达到了10 687辆，遥遥领先于第二名的江铃和第三名的江西五十铃，同比增长11.01%。第二名的江铃销量同比下滑16.86%，为2 307辆。第三名的江西五十铃销量达到1 504辆，同比增长5.17%，长势强劲。第四、第五名的河北长安和中兴，市场销量已比较接近，销量分别达到了1 336辆和1 314辆，相比2018年，河北长安和中兴皮卡市场份额都有所提升，分别达到了7%和6%。2019年河北省前五厂家市场集中度达到了83%。

表3-56 2019年河北省主要皮卡厂家市场销量（辆）及份额

排名	厂家	销量	销量同比	份额	份额同比
1	长城汽车股份有限公司	10 687	11.01%	52%	11%
2	江铃汽车股份有限公司	2 307	-16.86%	11%	-17%
3	江西五十铃汽车有限公司	1 504	5.17%	7%	5%
4	河北长安汽车有限公司	1 336	119.02%	7%	119%
5	河北中兴汽车制造有限公司	1 314	-22.80%	6%	-23%

续表

排名	厂家	销量	销量同比	份额	份额同比
6	郑州日产汽车有限公司	680	-33.20%	3%	-33%
7	北汽福田汽车股份有限公司	498	67.68%	2%	67%
8	丹东黄海汽车有限责任公司	491	-48.15%	2%	-48%
9	安徽江淮汽车集团股份有限公司	381	-31.23%	2%	-31%
10	上汽大通汽车有限公司	360	-26.68%	2%	-27%

（数据来源：保险数）

从销量来看，2019年河北市场有长城汽车、江西五十铃、河北长安皮卡和北汽福田销量呈增长趋势，其他品牌销量都呈现比较大幅度的下跌。从市场份额来看，长城汽车、江西五十铃、河北长安皮卡和北汽福田市场份额增长比较快速，其他厂家市场份额丢失得比较多，相信其他厂家随着产品的更新、产品力的提升，市场份额将会逐步回升。

（4）区域市场表现

从区域市场表现（表3-57）来看，2019年河北省各城市表现不均，市场容量也大小不一。2019年全年保定市、唐山市、廊坊市、张家口市和衡水市市场容量同比增长，增长率分别为8.89%、6.05%、13.60%、1.61%和57.62%。从市场容量大小来看，保定市已经达到全年4 000辆的水平，唐山市、石家庄市和沧州市也达到了年销2 000辆的水平，年销量分别为42 24辆、2 963辆、2 672辆和2 113辆。接下来的邯郸市、邢台市、廊坊市和张家口市也达到了年销1 000辆的水平，分别为1 887辆、1 393辆、1 270辆和1 262辆。从市场份额来看，保定市、唐山市、廊坊市、张家口市和衡水市同比增长较快，分别增长9%、6%、13%、1%和57%。

表3-57 2019年河北省皮卡区域市场销量（辆）及份额

城市	销量	销量同比	份额	份额同比
保定市	4 224	8.89%	20.63%	9%
唐山市	2 963	6.05%	14.47%	6%
石家庄市	2 672	-10.99%	13.05%	-11%
沧州市	2 113	-1.26%	10.32%	-1%

续表

城市	销量	销量同比	份额	份额同比
邯郸市	1 887	-10.14%	9.22%	-10%
邢台市	1 393	-20.67%	6.80%	-21%
廊坊市	1 270	13.60%	6.20%	13%
张家口市	1 262	1.61%	6.16%	1%
衡水市	941	57.62%	4.60%	57%
秦皇岛市	897	-2.92%	4.38%	-3%
承德市	849	-2.97%	4.15%	-3%

（数据来源：保险数）

从各品牌表现（表3-58）来看，长城皮卡在河北省各城市表现遥遥领先。无论是在市场容量较大的保定市还是在市场容量相对较小的衡水市和邯郸市长城皮卡都居第一的位置，且都达到了50%以上的市场份额。长城皮卡作为河北省本地企业，在河北省的市场份额占比较大。其后的江铃皮卡、江西五十铃和郑州日产与其差距较大，未来随着各企业产品力等的提升，也许可以挑战长城皮卡在河北的地位。

表3-58　2019年河北省各城市品牌皮卡销量（辆）

城市	长城皮卡	江铃皮卡	黄海皮卡	郑州日产	中兴皮卡	北汽福田	上汽大通	江西五十铃
保定市	2 733	199	43	107	310	12	38	266
唐山市	1 577	401	66	107	123	112	27	268
廊坊市	642	79	16	39	62	22	24	73
张家口市	629	31	146	24	48	163	12	39
承德市	421	151	59	11	63	15	9	17
沧州市	835	498	20	106	200	18	31	157
石家庄市	1 235	424	30	135	116	75	91	200
秦皇岛市	426	143	16	49	18	2	4	141
衡水市	592	83	0	5	165	3	5	41
邢台市	648	149	57	63	113	46	38	117
邯郸市	949	149	38	34	96	30	81	185

（数据来源：保险数）

（5）车型结构论述

从车型结构（图3-31～图3-34）上来看，2019年河北省消费者对柴汽油皮卡的需求比例大致为1.6∶1；对四驱和两驱皮卡的需求比例为1∶2.4；对长短货箱皮卡的需求比例为1∶3.3；对宽窄体皮卡的需求比例为1∶1.5。河北省的消费者对柴油皮卡、两驱皮卡、短货箱皮卡和窄体皮卡都有明显的需求偏好。

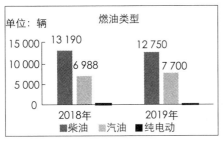

图3-31　河北省不同燃油类型皮卡销量

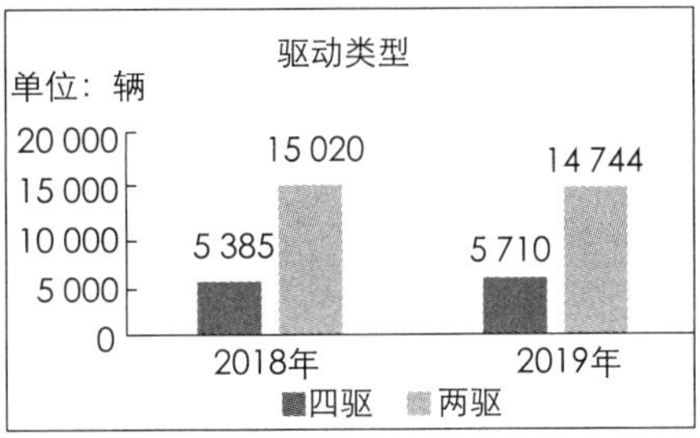

图3-32　河北省不同驱动类型皮卡销量

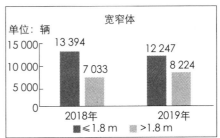

图3-33　河北省不同货箱尺寸皮卡销量

图3-34　河北省宽窄体皮卡销量

从各城市柴汽油皮卡销量（表3-59）来看，2019年整个河北省市场还是以柴油皮卡为主，张家口市、承德市和衡水市柴油皮卡销量同比增长，增长率分别为16.79%、5.42%和56.79%。2019年保定市、唐山市、廊坊市、承德市和衡水市汽油皮卡销量同比增长，增长率分别为37.27%、24.86%、32.91%、18.28%和60.39%。

表 3-59 2019 年河北省柴汽油皮卡市场销量（辆）及份额

城市	柴油	汽油	柴油同比	汽油同比	总计
保定市	2 364	1 849	-6.49%	37.27%	4 213
唐山市	2 073	889	-0.43%	24.86%	2 962
廊坊市	426	844	-11.80%	32.91%	1 270
张家口市	765	497	16.79%	-15.19%	1 262
承德市	506	343	5.42%	18.28%	849
沧州市	1 402	710	-1.89%	0.00%	2 112
石家庄市	1 460	1 206	-14.67%	-6.15%	2 666
秦皇岛市	661	236	-0.15%	-9.92%	897
衡水市	693	247	56.79%	60.39%	940
邢台市	1 059	333	-16.88%	-5.40%	1 392
邯郸市	1 341	546	-7.13%	-16.64%	1 887

（数据来源：保险数）

从各城市四驱/两驱皮卡市场销量及份额（表 3-60）来看，2019 年河北省对两驱皮卡需求比较明显。保定市、唐山市、承德市、沧州市、秦皇岛市、衡水市和邯郸市四驱皮卡销量同比增长，增长率分别为 18.69%、4.20%、12.41%、10.35%、9.28%、130.65% 和 5.41%。而对于主要需求的两驱皮卡车型来说，保定市、唐山市、廊坊市、张家口市和衡水市市场销量同比增长，增长率分别为 5.15%、6.50%、38.74%、3.73% 和 38.48%。

表 3-60 2019 年河北省四驱/两驱皮卡市场销量（辆）及份额

城市	四驱	两驱	四驱同比	两驱同比	总计
保定市	1 264	2 958	18.69%	5.15%	4 222
唐山市	571	2 392	4.20%	6.50%	2 963
廊坊市	303	967	-27.86%	38.74%	1 270
张家口市	649	612	-0.46%	3.73%	1 261
承德市	453	396	12.41%	-16.10%	849
沧州市	501	1 611	10.35%	-4.22%	2 112
石家庄市	823	1 843	-3.63%	-13.96%	2 666

续表

城市	四驱	两驱	四驱同比	两驱同比	总计
秦皇岛市	318	579	9.28%	-8.53%	897
衡水市	286	655	130.65%	38.48%	941
邢台市	230	1 161	-17.27%	-21.39%	1 391
邯郸市	312	1 570	5.41%	-12.53%	1 882

（数据来源：保险数）

从各城市长短货箱皮卡市场销量及份额（表3-61）来看，2019年河北省全省还是以短货箱皮卡需求为主，保定市、唐山市、廊坊市、承德市和衡水市短货箱皮卡需求同比增长，增长率分别为7.62%、8.68%、20.70%、21.33%和71.36%。而对于长货箱皮卡来说，保定市、张家口市、沧州市、秦皇岛市和衡水市销量同比增长，增长率分别为15.23%、61.31%、8.65%、16.18%和31.55%。

表3-61　2019年河北省长短货箱皮卡市场销量（辆）及份额

城市	短货箱 (≤1 680 mm)	长货箱 (>1 680 mm)	短货箱 同比	长货箱 同比	总计
保定市	3 475	749	7.62%	15.23%	4 224
唐山市	2 353	610	8.68%	-3.02%	2 963
廊坊市	1 073	197	20.70%	-13.97%	1 270
张家口市	941	321	-9.78%	61.31%	1 262
承德市	637	212	21.33%	-39.43%	849
沧州市	1 485	628	-4.93%	8.65%	2113
石家庄市	2 035	637	-12.40%	-6.19%	2 672
秦皇岛市	660	237	-8.33%	16.18%	897
衡水市	670	271	71.36%	31.55%	941
邢台市	1 052	341	-21.08%	-19.39%	1 393
邯郸市	1 336	551	-11.29%	-7.24%	1 887

（数据来源：保险数）

从各城市宽窄体皮卡市场销量及份额（表3-62）来看，2019年河北省全省对宽窄体皮卡需求偏好也不一致，但以窄体皮卡为主。全年唐山市、廊坊市、承德市和衡水市窄体皮卡销量同比增长，增长率分别为

0.28%、6.73%、23.53%和62.18%。而保定市、唐山市、廊坊市、张家口市、沧州市、石家庄市、秦皇岛市和衡水市宽体皮卡销量同比增长，增长率分别为42.63%、15.88%、29.91%、52.55%、38.52%、5.08%、36.09%和48.77%。

表3-62　2019年河北省宽窄体皮卡市场销量（辆）及份额

城市	窄体 （≤1 800 mm）	宽体 （>1 800 mm）	窄体同比	宽体同比	总计
保定市	2 956	1 268	-1.14%	42.63%	4 224
唐山市	1 766	1 197	0.28%	15.88%	2 963
廊坊市	840	430	6.73%	29.91%	1 270
张家口市	754	508	-17.05%	52.55%	1 262
承德市	504	345	23.53%	-26.12%	849
沧州市	955	1158	-26.76%	38.52%	2 113
石家庄市	1 431	1 241	-21.42%	5.08%	2 672
秦皇岛市	486	411	-21.86%	36.09%	897
衡水市	639	302	62.18%	48.77%	941
邢台市	799	594	-27.36%	-9.45%	1 393
邯郸市	1 117	770	-13.94%	-3.99%	1 887

（数据来源：保险数）

3.4.6　贵州省2019年皮卡市场分析

（1）市场整体概况

作为西南地区重要的交通枢纽，贵州毗邻皮卡大省云南和汽车大市重庆，境内地势也是典型的西南山区风貌，高原、丘陵和山地占比很高，同样对皮卡有着刚性需求。不过，与相邻省份相比，贵州的皮卡消费潜力并未释放，从销量上看，贵州皮卡销量只位于全国中等偏上水平，这与当地经济及政策束缚紧密相关。作为创富和出行工具，皮卡在贵州若能放开，将有望拉动内需，促进消费结构升级，以推动经济发展方式转变。

2019年全年贵州省皮卡市场销量达到了13 260辆（图3-35），同比下跌39%，跌幅较大。贵州省皮卡市场从2016年销量连续2年呈20%以上的增长，达到了20 000辆/年的销量，但最近两年皮卡市场不景气，一直呈现下跌状态，到2019年年销量只有13 260辆，已低于2016年皮卡的销量。相信随着我国土地制度的改革、经济的不断发展，未来贵州省皮卡市场还将进一步发展，市场容量还会不断扩张。

（数据来源：保险数）

图3-35 2019年贵州省皮卡销量及增长率

从月度销量（表3-63）上来看，2019年全年贵州省皮卡需求除年前和年后销量保持在500辆/月外，其他月份销量均保持在1 000辆左右。市场表现没有明显的波动，随着国家新旧基建的开展、经济发展和农村的大发展，未来贵州省各月份皮卡市场容量将会有一个扩展。

表3-63 2019年贵州省皮卡月度销量（辆）

月份 年份	1月	2月	3月	4月	5月	6月	7月	8月	9月	10月	11月	12月
2015年	1 057	1 009	1 559	1 203	9 56	813	774	743	838	819	902	1 163
2016年	1 303	1 161	1 565	1 209	1 253	1 244	1 180	1 133	1 353	1 249	1 324	1 491
2017年	1 504	1 833	2 087	1 799	1 654	1 490	1 446	1 679	1 857	1 823	2 082	2 065
2018年	1 696	1 532	2 729	1 852	1 770	1 346	1 257	1 172	1 373	1 190	1 207	1 384
2019年	1 433	1 084	1 540	1 285	998	1 000	923	900	1 034	931	1 026	1 106

（数据来源：保险数）

（2）市场竞争情况

从2019年贵州省主要皮卡厂家市场销量及份额（表3-64）来看，

国产皮卡市场已经发生了重大变化,超过3 000辆产销量的只有江铃皮卡一家,继续稳居贵州省皮卡行业首位而难以撼动,全年销量达到了3 051辆,同比大幅下滑26.83%,与第二名的长城皮卡销量已经十分接近了。长城皮卡2019年全年销量2 885辆,同比下滑1.37%。而第三名的江西五十铃与第二名的长城皮卡还有一定的差距,全年销量2 150辆,同比下滑3.59%,份额同比增长35%。贵州省江铃皮卡、长城皮卡和江西五十铃皮卡销量达到了2 000辆以上,其他皮卡企业销量还在1 000辆以内徘徊。第四名的江淮皮卡2019年销售了830辆,同比下滑29.66%。第五名的郑州日产2019年全年销售740辆,同比下滑18.41%。贵州省皮卡行业前五厂家市场集中度达到了73%。

表3-64 贵州省主要皮卡厂家市场销量(辆)及份额

排名	厂家	销量	销量同比	份额	份额同比
1	江铃汽车股份有限公司	3 051	-26.83%	23%	2%
2	长城汽车股份有限公司	2 885	-1.37%	22%	38%
3	江西五十铃汽车有限公司	2 150	-3.59%	16%	35%
4	安徽江淮汽车集团股份有限公司	830	-29.66%	6%	-2%
5	郑州日产汽车有限公司	740	-18.41%	6%	14%
6	河北中兴汽车制造有限公司	575	-38.17%	4%	-14%
7	庆铃汽车股份有限公司	563	-36.17%	4%	-11%
8	北汽福田汽车股份有限公司	555	-54.55%	4%	-37%
9	江西大乘汽车有限公司	419	-51.28%	3%	-32%
10	丹东黄海汽车有限责任公司	363	-58.51%	3%	-42%

(数据来源:保险数)

从销量来看,2019年贵州省市场各厂家无一幸免销量都有所下滑,但从市场份额来看,江铃皮卡、长城皮卡、江西五十铃和郑州日产,市场份额同比增长,增长率分别为2%、38%、35%和14%。

(3)区域市场表现

从区域市场表现(表3-65)来看,2019年贵州省各城市表现不均,市场容量也大小不一,但各个城市销量同比都呈下跌态势。2019年全年贵阳市销量达到了3 406辆,为贵州省皮卡第一大市场。紧随其后的遵义市、铜仁市、黔东南苗族侗族自治州和黔南布依族苗族自治州市场也都达到了1 000 辆，全年销量分别为1 950 辆、1 681 辆、1 560 辆和1 126 辆。随后的毕节市、六盘水市和黔西南布依族苗族自治州市场容量差距也不大，都保持在900 辆以上，2019 年全年销量分别为978 辆、975 辆和959 辆。最后的安顺市，全年销量也达到了625 辆。从市场份额来看，贵阳市、遵义市和六盘水市，同比呈现正增长态势，增长率分别为13%、3%和8%。

表3-65 贵州省皮卡区域市场销量（辆）及份额

城市	销量	销量同比	份额	份额同比
贵阳市	3 406	-18.98%	25.69%	13%
遵义市	1 950	-26.50%	14.71%	3%
铜仁市	1 681	-36.73%	12.68%	-12%
黔东南苗族侗族自治州	1 560	-30.42%	11.76%	-3%
黔南布依族苗族自治州	1 126	-29.93%	8.49%	-2%
毕节市	978	-33.24%	7.38%	-7%
六盘水市	975	-22.74%	7.35%	8%
黔西南布依族苗族自治州	959	-37.65%	7.23%	-13%
安顺市	625	-28.98%	4.71%	-1%

（数据来源：保险数）

从各品牌表现（表3-66）来看，各城市各品牌表现不一。六盘水市表现最好的是江西五十铃，销量达到了195 辆，紧随其后的是江铃皮卡和长城皮卡，销量分别为135 辆和134 辆。安顺市则是长城皮卡表现比较优异，全年销售173 辆，领先江铃皮卡和江西五十铃。毕节市则是江铃皮卡表现较好，全年销售242 辆，领先长城皮卡的124 辆和江西五十铃的190 辆。在贵阳，则是长城皮卡表现优异，全年销售1 222 辆，其次是江铃皮卡的553 辆和江西五十铃的332 辆。其他城市也是如此，有些城市江铃皮卡销量领先，有些城市长城皮卡销量领先。在贵州省，还没一家厂家确立了自己品牌的绝对领先地位，处于三分天下、群雄割据的状态。

表3-66 贵州省各城市品牌销量（辆）

城市	长城皮卡	江铃皮卡	黄海皮卡	郑州日产	中兴皮卡	北汽福田	上汽大通	江西五十铃
六盘水市	134	135	42	51	92	51	23	195
安顺市	173	122	33	10	11	31	6	115
毕节市	124	242	43	33	54	19	10	190
贵阳市	1 222	553	101	247	55	232	68	332
遵义市	383	526	34	104	94	39	19	335
铜仁市	200	543	18	122	54	25	15	377
黔东南苗族侗族自治州	217	524	23	58	72	54	49	297
黔南布依族苗族自治州	282	263	25	40	67	36	37	155
黔西南布依族苗族自治州	150	143	44	75	76	68	23	154

（数据来源：保险数）

（4）车型结构论述

从车型结构（图3-36～图3-39）上来看，2019年贵州省消费者对柴汽油皮卡的需求比例大致为15.6:1；对四驱和两驱皮卡的需求比例为0.9:1；对长短货箱皮卡的需求比例为1:1.1；对宽窄体皮卡的需求比例为3:1。贵州省的消费者对柴油皮卡和宽体皮卡有明显的需求偏好，但对于四驱/两驱皮卡和长短货箱皮卡需求偏好并不是那么明显。

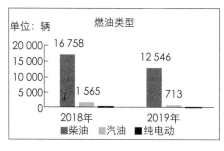

图3-36 贵州省不同燃油类型皮卡销量

图3-37 贵州省不同驱动类型皮卡销量

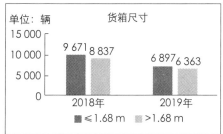

图 3-38 贵州省不同货箱尺寸皮卡销量

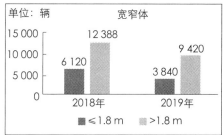

图 3-39 贵州省宽窄体皮卡销量

从各城市柴汽油皮卡销量（表 3-67）来看，2019 年贵州省柴汽油皮卡呈现全线下跌的态势，各个城市无一幸免，而且下跌幅度较大。六盘水市、安顺市、毕节市、贵阳市、遵义市、铜仁市、黔东南苗族侗族自治州、黔南布依族苗族自治州和黔西南布依族苗族自治州柴油皮卡销量分别下跌 23.15%、23.72%、31.24%、10.34%、25.07%、36.52%、26.24%、27.27% 和 34.04%。六盘水市、安顺市、毕节市、贵阳市、遵义市、铜仁市、黔东南苗族侗族自治州、黔南布依族苗族自治州和黔西南布依族苗族自治州汽油皮卡销量分别下跌 12.5%、63.25%、49.69%、48.26%、45.65%、42.86%、73.77%、67.29% 和 76.34%。

表 3-67 贵州省柴汽油皮卡市场销量（辆）及份额

城市	柴油	汽油	柴油同比	汽油同比	总计
六盘水市	933	42	-23.15%	-12.50%	975
安顺市	582	43	-23.72%	-63.25%	625
毕节市	898	80	-31.24%	-49.69%	978
贵阳市	3 123	282	-10.34%	-48.26%	3 405
遵义市	1 850	100	-25.07%	-45.65%	1 950
铜仁市	1 629	52	-36.52%	-42.86%	1 681
黔东南苗族侗族自治州	1 512	48	-26.24%	-73.77%	1 560
黔南布依族苗族自治州	1 091	35	-27.27%	-67.29%	1 126
黔西南布依族苗族自治州	928	31	-34.04%	-76.34%	959

（数据来源：保险数）

从各城市四驱/两驱皮卡市场销量及份额（表 3-68）来看，2019 年贵州省四驱/两驱皮卡销量呈现全线下跌的态势，各个城市无一幸免，而且下跌幅度较大。六盘水市、安顺市、毕节市、贵阳市、遵义市、铜仁市、黔东南苗族侗族自治州、黔南布依族苗族自治州和黔西南布依族苗族自治州四驱皮卡销量分别下跌7.39%、25.25%、27.55%、12.33%、27.67%、31.00%、19.92%、24.59%和36.33%。六盘水市、安顺市、毕节市、贵阳市、遵义市、铜仁市、黔东南苗族侗族自治州、黔南布依族苗族自治州和黔西南布依族苗族自治州两驱皮卡销量分别下跌33.16%、31.36%、39.66%、25.32%、26.74%、42.93%、38.58%、34.62%和38.86%。

表3-68 2019年贵州省四驱/两驱皮卡市场销量（辆）及份额

城市	四驱	两驱	四驱同比	两驱同比	总计
六盘水市	451	510	-7.39%	-33.16%	961
安顺市	225	394	-25.25%	-31.36%	619
毕节市	447	493	-27.55%	-39.66%	940
贵阳市	1 714	1 655	-12.33%	-25.32%	3 369
遵义市	794	1 118	-27.69%	-26.74%	1 912
铜仁市	886	751	-31.00%	-42.93%	1 637
黔东南苗族侗族自治州	788	761	-19.92%	-38.58%	1 549
黔南布依族苗族自治州	460	646	-24.59%	-34.62%	1 106
黔西南布依族苗族自治州	403	535	-36.33%	-38.86%	938

（数据来源：保险数）

从各城市长短货箱皮卡市场销量及份额（表3-69）来看，2019年贵州省长短货箱皮卡销量呈现全线下跌的态势，各个城市无一幸免，而且下跌幅度较大。六盘水市、安顺市、毕节市、贵阳市、遵义市、铜仁市、黔东南苗族侗族自治州、黔南布依族苗族自治州和黔西南布依族苗族自治州短货箱皮卡销量分别下跌21.96%、33.03%、34.40%、8.14%、31.52%、37.87%、35.50%、42.61%和39.14%。六盘水市、安顺市、毕节市、贵阳市、遵义市、铜仁市、黔东南苗族侗族自治州、黔南布依族苗族自治州和黔西南布依族苗族自治州长货箱皮卡销量分别下跌23.19%、25.06%、32.45%、33.17%、20.73%、34.97%、24.42%、10.43%和36.74%。

表 3-69 2019 年贵州省长短货箱皮卡市场销量（辆）及份额

城市	短货箱（≤1 680 mm）	长货箱（>1 680 mm）	短货箱同比	长货箱同比	总计
六盘水市	359	616	-21.96%	-23.19%	975
安顺市	290	335	-33.03%	-25.06%	625
毕节市	389	589	-34.40%	-32.45%	978
贵阳市	2 189	1 217	-8.14%	-33.17%	3 406
遵义市	971	979	-31.52%	-20.73%	1 950
铜仁市	1 004	677	-37.87%	-34.97%	1 681
黔东南苗族侗族自治州	783	777	-35.50%	-24.42%	1 560
黔南布依族苗族自治州	559	567	-42.61%	-10.43%	1 126
黔西南布依族苗族自治州	353	606	-39.14%	-36.74%	959

（数据来源：保险数）

从各城市宽窄体皮卡市场销量及份额（表 3-70）来看，2019 年贵州省宽窄体皮卡销量呈现全线下跌的态势，各个城市无一幸免，而且下跌幅度较大。六盘水市、安顺市、毕节市、贵阳市、遵义市、铜仁市、黔东南苗族侗族自治州、黔南布依族苗族自治州和黔西南布依族苗族自治州窄体皮卡销量分别下跌 43.05%、34.94%、48.71%、9.58%、41.25%、51.03%、56.63%、49.86% 和 40.16%。六盘水市、安顺市、毕节市、贵阳市、遵义市、铜仁市、黔东南苗族侗族自治州、黔南布依族苗族自治州和黔西南布依族苗族自治州宽体皮卡销量分别下跌 14.41%、25.36%、26.07%、24.56%、18.36%、32.3%、17.74%、14.08% 和 36.83%。

表 3-70 2019 年贵州省宽窄体皮卡市场销量（辆）及份额

城市	窄体（≤1 800 mm）	宽体（>1 800 mm）	窄体同比	宽体同比	总计
六盘水市	209	766	-43.05%	-14.41%	975
安顺市	216	409	-34.94%	-25.36%	625
毕节市	238	740	-48.71%	-26.07%	978
贵阳市	1 416	1 990	-9.58%	-24.56%	3 406
遵义市	554	1 396	-41.25%	-18.36%	1 950

续表

城市	窄体 （≤1 800 mm）	宽体 （>1 800 mm）	窄体同比	宽体同比	总计
铜仁市	308	1 373	-51.03%	-32.30%	1 681
黔东南苗族侗族自治州	317	1 243	-56.63%	-17.74%	1 560
黔南布依族苗族自治州	357	769	-49.86%	-14.08%	1 126
黔西南布依族苗族自治州	225	734	-40.16%	-36.83%	959

（数据来源：保险数）

3.4.7 山东省2019年皮卡市场分析

（1）市场整体概况

2019年全年山东省皮卡市场销量达到了20 229辆（图3-40），同比增长9%，领先行业平均增长率，在全国处于中等偏上水平，占全国5.1%左右。山东省皮卡市场容量从2016年的14 201辆，逐渐爬坡到2019年的20 229辆，在全国已经排名第六。山东作为经济大省，皮卡销量的增长有力地带动了山东经济的发展。随着山东经济的发展、城镇化的推进，未来皮卡车型在山东市场将还有一轮大的发展。

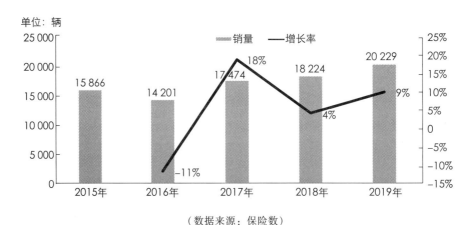

（数据来源：保险数）

图3-40 2015—2019年山东省皮卡销量及增长率

从月度销量（表3-71）上来看，全年12个月山东省皮卡需求各月份表现还是有明显差异的，有明显的淡旺季之分。2月作为我国的新年，皮卡销量走低，7、8月作为汽车行业的淡季，皮卡销量也持续走低。但作为传统旺季的9、10月,山东皮卡销量也持续低迷。到了11月和12月,皮卡销量又在持续回升,山东皮卡市场呈现明显的周期性,这和本省的经济有密切关系。

表3-71 2015—2019年山东省皮卡月度销量(辆)

月份 年份	1月	2月	3月	4月	5月	6月	7月	8月	9月	10月	11月	12月
2015年	1 590	992	1 504	1 378	1 122	1 179	1 540	1 421	1 439	1 143	1 131	1 427
2016年	1 222	923	1 625	1 016	1 068	1 055	1 025	1 079	1 022	1 102	1 296	1 768
2017年	1 370	1 474	1 611	1 338	1 309	1 348	1 233	1 293	1 329	1 359	1 575	2 235
2018年	1 422	1 074	1 854	1 637	1 515	1 255	1 370	1 379	1 478	1 452	1 653	2 135
2019年	1 942	1 330	2 034	2 205	1 678	2 220	1 317	1 043	1 297	1 143	1 655	2 365

(数据来源:保险数)

(2)限行政策介绍

皮卡解禁一直是不少车迷及消费者所希望落实的政策,由于被放入货车属性管理范围,多年来皮卡车型在国内的通行受到极大限制,导致销量小且不受欢迎,皮卡的发展也屡屡受阻。因此,皮卡解禁的消息将极大推动皮卡市场的升级发展,特别是中国车市进入销量下滑阶段,皮卡车型政策放宽也有利于汽车市场的成熟。

2019年6月初,国家发展改革委等部门联合发布《推动重点消费品更新升级畅通资源循环利用实施方案》,方案中明确表示"鼓励有条件的地级及以下城市加快取消皮卡进城限制,充分发挥皮卡客货两用功能"。该方案的实施意味着皮卡解禁成为可能,可进一步发展皮卡的市场优势。

山东济南成为首个"解禁"的城市,2019年6月19日,济南市公安局发布《关于解除多用途货车(皮卡车)和轻型、微型新能源载货汽车城市道路限行措施的通告》,即日起在全市范围内解除多用途货车(皮卡车)和悬挂新能源机动车号牌的轻型、微型载货汽车的城市道路限行措施,上述车辆无须再行办理车辆通行备案或许可。不过通告中也指出,上述车辆也应当遵守根据大气污染防治、高峰时段交通流量管控等需要而依法制定的其他通行管理规定。

(3)市场竞争情况

从2019年山东省主要皮卡厂家市场销量及份额(表3-72)来看,

国产皮卡市场已经发生了重大变化,超过9 000辆产销量的只有长城皮卡一家,继续稳居行业首位而难以撼动,全年销量达到了9 314辆,遥遥领先于第二名的江铃和第三名的江西五十铃,同比增长40.17%。第二名的江铃销量同比下滑12.59%,达到3 027辆。第三名的江西五十铃销量达到2 023辆,同比增长21.07%,长势强劲。第四、第五名的郑州日产和江淮皮卡,市场销量还有一定的差距,分别达到了1 692辆和753辆,相比2018年,郑州日产和江淮皮卡市场份额也有增有降,郑州日产同比增长14%,而江淮皮卡同比下降21%。2019年山东省前五皮卡厂家市场集中度达到了83%。

表3-72　2019年山东省主要皮卡厂家市场销量(辆)及份额

排名	厂家	销量	销量同比	份额	份额同比
1	长城汽车股份有限公司	9 314	40.17%	46%	26%
2	江铃汽车股份有限公司	3 027	-12.59%	15%	-21%
3	江西五十铃汽车有限公司	2 023	21.07%	10%	9%
4	郑州日产汽车有限公司	1 692	26.36%	8%	14%
5	安徽江淮汽车集团股份有限公司	753	-12.03%	4%	-21%
6	河北中兴汽车制造有限公司	643	29.64%	3%	17%
7	上汽大通汽车有限公司	516	-32.81%	3%	-39%
8	北汽福田汽车股份有限公司	474	26.40%	2%	14%
9	河北长安汽车有限公司	445	-22.47%	2%	-30%
10	庆铃汽车股份有限公司	427	-6.15%	2%	-15%

(数据来源:保险数)

从销量来看,山东市场只有长城汽车、江西五十铃、郑州日产、河北中兴和北汽福田销量呈增长趋势,其他品牌销量都呈现较大幅度的下跌。从市场份额来看,长城汽车、江西五十铃、郑州日产、河北中兴和北汽福田市场份额增长比较快速,其他厂家市场份额丢失得比较多,相信其他厂家随着产品的更新、产品力的提升,市场份额将会逐步回升。

(4)区域市场表现

从区域市场表现(表3-73)来看,2019年山东省各城市表现不均,市场容量也大小不一。济南市和潍坊市是山东省皮卡第一大市场,2019年全年销量分别为2 370辆和2 213辆。紧随其后的是青岛市、济宁市、东营市和临沂市，2019 年市场容量分别为 1 895 辆、1 818 辆、1 669 辆和 1 643 辆。接下来的日照市、烟台市和威海市与第二集团的差距也不大，2019 年市场容量分别为 1 499 辆、1 315 辆和 1 014 辆。从市场销量来看，济南市、潍坊市、济宁市、东营市、临沂市、日照市、威海市、菏泽市、滨州市、枣庄市、淄博市、聊城市和莱芜市同比增长，增长率为 36.6%、5.48%、19.92%、33.63%、23.35%、27.25%、3.58%、15.18%、22.95%、18.74%、7.03%、6.56% 和 10.78%。从市场份额来看，济南市、济宁市、东营市、临沂市、日照市、菏泽市、滨州市和枣庄市市场份额同比增长，增长率为 23.06%、8.03%、20.38%、11.12%、14.64%、3.76%、10.77% 和 6.97%。

表 3-73　2019 年山东省皮卡区域市场销量（辆）及份额

城市	销量	销量同比	份额	份额同比
济南市	2 370	36.60%	11.72%	23.06%
潍坊市	2 213	5.48%	10.94%	-4.97%
青岛市	1 895	-2.27%	9.37%	-11.96%
济宁市	1 818	19.92%	8.99%	8.03%
东营市	1 669	33.63%	8.25%	20.38%
临沂市	1 643	23.35%	8.12%	11.12%
日照市	1 499	27.25%	7.41%	14.64%
烟台市	1 315	-13.32%	6.50%	-21.91%
威海市	1 014	3.58%	5.01%	-6.69%
菏泽市	941	15.18%	4.65%	3.76%
泰安市	792	-13.91%	3.92%	-22.45%
滨州市	766	22.95%	3.79%	10.77%
德州市	649	-22.74%	3.21%	-30.40%
枣庄市	602	18.74%	2.98%	6.97%
淄博市	533	7.03%	2.63%	-3.58%
聊城市	325	6.56%	1.61%	-4.00%
莱芜市	185	10.78%	0.91%	-0.20%

（数据来源：保险数）

从各品牌表现（表 3-74）来看，山东省各城市长城皮卡还是处于领先位置。各城市销量分布也比较平均，年销量已经达到了600辆。其次是江铃皮卡和江西五十铃，各城市销量和长城皮卡还是有一定差距，年销量维持在200辆左右。

表3-74 2019年山东省各城市品牌销量（辆）

城市	长城皮卡	江铃皮卡	黄海皮卡	郑州日产	中兴皮卡	北汽福田	上汽大通	江西五十铃
东营市	680	233	2	196	49	152	16	232
临沂市	992	262	9	138	9	22	31	90
威海市	345	216	13	105	31	0	73	59
德州市	301	77	8	54	13	29	17	108
日照市	484	281	0	66	246	5	9	176
枣庄市	320	92	8	30	0	1	13	26
泰安市	536	77	31	16	12	0	11	31
济南市	833	255	3	453	76	63	59	290
济宁市	1219	152	33	101	19	37	30	78
淄博市	215	95	7	28	0	3	24	72
滨州市	184	142	19	48	51	7	11	216
潍坊市	696	632	10	213	18	53	54	240
烟台市	770	157	24	81	10	21	19	119
聊城市	149	29	0	13	34	6	10	9
莱芜市	111	37	0	3	0	4	1	4
菏泽市	671	80	21	36	34	6	8	6
青岛市	808	210	35	111	36	69	130	267

（数据来源：保险数）

（5）车型结构论述

从车型结构（图3-41~图3-44）上来看，2019年山东省消费者对柴汽油皮卡的需求比例大致为13∶1；对四驱和两驱皮卡的需求比例为1∶4.2；对长短货箱皮卡的需求比例为1∶2；对宽窄体皮卡的需求比例为1.01∶1。山东省的消费者对柴油皮卡、两驱皮卡和短货箱皮卡有明显的需求偏好，但对于宽窄体皮卡，需求偏好并不是那么明显。

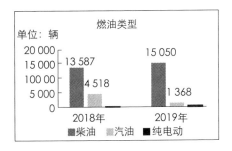

图 3-41 山东省不同燃油类型皮卡销量

图 3-42 山东省不同驱动类型皮卡销量

图 3-43 山东省不同货箱尺寸皮卡销量

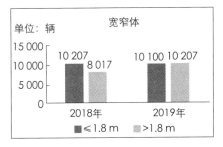

图 3-44 山东省宽窄体皮卡销量

从各城市柴汽油皮卡市场销量及份额（表 3-75）来看，山东省还是以柴油皮卡为主。2019 年东营市、临沂市、威海市、日照市、枣庄市、济南市、济宁市、淄博市、滨州市、潍坊市、聊城市、菏泽市和青岛市柴油皮卡销量同比增长，增长率分别为 3.17%、20.71%、3.28%、29.66%、19.78%、31.26%、18.85%、11.25%、19.19%、7.33%、0.91%、21.8% 和 5.87%。2019 年东营市、临沂市、威海市、日照市、枣庄市、济南市、济宁市、滨州市、聊城市和莱芜市汽油皮卡销量同比增长，增长率分别为 96.72%、38.12%、4.67%、14.09%、11.29%、8.52%、24.25%、42.16%、21.18% 和 37.10%。

表 3-75 2019 年山东省柴汽油皮卡市场销量（辆）及份额

城市	柴油	汽油	柴油同比	汽油同比	总计
东营市	880	779	3.17%	96.72%	1 659
临沂市	1 364	279	20.71%	38.12%	1 643

续表

城市	柴油	汽油	柴油同比	汽油同比	总计
威海市	788	224	3.28%	4.67%	1 012
德州市	447	201	-6.49%	-44.48%	648
日照市	1 329	170	29.66%	14.09%	1 499
枣庄市	533	69	19.78%	11.29%	602
泰安市	574	218	-2.88%	-33.74%	792
济南市	1 331	662	31.26%	8.52%	1 993
济宁市	1 444	374	18.85%	24.25%	1 818
淄博市	435	98	11.25%	-8.41%	533
滨州市	621	145	19.19%	42.16%	766
潍坊市	1 758	455	7.33%	-0.66%	2 213
烟台市	1 077	238	-14.18%	-9.16%	1 315
聊城市	222	103	0.91%	21.18%	325
莱芜市	100	85	-4.76%	37.10%	185
菏泽市	704	237	21.80%	-0.84%	941
青岛市	1 443	452	5.87%	-21.53%	1 895

(数据来源：保险数)

从各城市四驱/两驱皮卡市场销量及份额（表3-76）来看，山东省还是以两驱皮卡为主。2019年东营市、临沂市、威海市、德州市、日照市、济南市、滨州市、莱芜市、菏泽市和青岛市四驱皮卡销量同比增长，增长率分别为73.47%、57.31%、6.84%、43.66%、20.95%、5%、23.53%、20.83%、69.52%和7.63%。2019年东营市、临沂市、威海市、日照市、枣庄市、济南市、济宁市、淄博市、滨州市、潍坊市、聊城市、莱芜市和菏泽市两驱皮卡销量同比增长，增长率分别为22.43%、15.60%、2.69%、30.02%、23.85%、47.45%、22.65%、8.86%、22.88%、10.67%、10.70%、9.09%和7.31%。

表 3-76　2019 年山东省四驱/两驱皮卡市场销量（辆）及份额

城市	四驱	两驱	四驱同比	两驱同比	总计
东营市	680	988	73.47%	22.43%	1 668
临沂市	398	1 245	57.31%	15.60%	1 643
威海市	328	686	6.84%	2.69%	1 014
德州市	102	541	43.66%	-29.65%	643
日照市	254	1 243	20.95%	30.02%	1 497
枣庄市	36	566	-28.00%	23.85%	602
泰安市	98	694	-2.00%	-15.26%	792
济南市	462	1 908	5.00%	47.45%	2 370
济宁市	145	1 673	-3.33%	22.65%	1 818
淄博市	66	467	-4.35%	8.86%	533
滨州市	84	682	23.53%	22.88%	766
潍坊市	268	1 939	-22.54%	10.67%	2 207
烟台市	473	839	-3.67%	-18.07%	1312
聊城市	23	300	-32.35%	10.70%	323
莱芜市	29	156	20.83%	9.09%	185
菏泽市	178	763	69.52%	7.31%	941
青岛市	254	1 641	7.63%	-3.64%	1 895

（数据来源：保险数）

从各城市长短货箱皮卡市场销量及份额（表 3-77）来看，山东省对短货箱皮卡需求明显强于长货箱。2019 年东营市、临沂市、威海市、日照市、枣庄市、济南市、济宁市、淄博市、滨州市、潍坊市、聊城市、莱芜市和菏泽市短货箱皮卡销量同比增长，增长率分别为 25.15%、25.84%、6.96%、36.95%、35.09%、49.08%、18.33%、12.03%、22.64%、7.40%、36.24%、29.06% 和 19.59%。2019 年东营市、临沂市、日照市、济南市、济宁市、滨州市、潍坊市、菏泽市和青岛市长货箱皮卡销量同比增长，增长率分别为 50.24%、15.53%、5.74%、18.23%、25.95%、23.28%、1.81%、0.53% 和 0.55%。

表 3-77 2019 年山东省长短货箱皮卡市场销量（辆）及份额

城市	短货箱 (≤1 680 mm)	长货箱 (>1 680 mm)	短货箱 同比	长货箱 同比	总计
东营市	1 035	634	25.15%	50.24%	1 669
临沂市	1 271	372	25.84%	15.53%	1 643
威海市	553	461	6.96%	-0.22%	1 014
德州市	451	198	-1.31%	-48.30%	649
日照市	1 112	387	36.95%	5.74%	1 499
枣庄市	385	217	35.09%	-2.25%	602
泰安市	600	192	-2.60%	-36.84%	792
济南市	1 540	830	49.08%	18.23%	2 370
济宁市	1 420	398	18.33%	25.95%	1 818
淄博市	326	207	12.03%	0.00%	533
滨州市	390	376	22.64%	23.28%	766
潍坊市	1 481	732	7.40%	1.81%	2 213
烟台市	1 004	311	-10.52%	-21.27%	1 315
聊城市	203	122	36.24%	-21.79%	325
莱芜市	151	34	29.06%	-32.00%	185
菏泽市	751	190	19.59%	0.53%	941
青岛市	1 169	726	-3.94%	0.55%	1 895

（数据来源：保险数）

从各城市宽窄体皮卡市场销量及份额（表 3-78）来看，山东省对宽体和窄体皮卡需求比较平均。2019 年东营市、临沂市、日照市、枣庄市、济南市、济宁市、聊城市、莱芜市和菏泽市窄体皮卡销量同比增长，增长率分别为 9.42%、20.15%、28.20%、15.30%、29.85%、12.89%、13.33%、6.86% 和 5.71%。2019 年东营市、临沂市、威海市、日照市、枣庄市、济南市、济宁市、淄博市、滨州市、潍坊市、莱芜市、菏泽市和青岛市宽体皮卡销量同比增长，增长率分别为 50.89%、27.92%、12.11%、26.64%、23.01%、41.82%、38.15%、31.84%、96.65%、29.78%、16.92%、56.95% 和 12.48%。

表 3-78 2019 年山东省宽窄体皮卡市场销量（辆）及份额

城市	窄体 (≤1 800 mm)	宽体 (>1 800 mm)	窄体同比	宽体同比	总计
东营市	569	1 100	9.42%	50.89%	1 669
临沂市	942	701	20.15%	27.92%	1 643
威海市	403	611	-7.14%	12.11%	1 014
德州市	357	292	-18.86%	-27.00%	649
日照市	591	908	28.20%	26.64%	1 499
枣庄市	324	278	15.30%	23.01%	602
泰安市	558	234	-17.33%	-4.49%	792
济南市	983	1 387	29.85%	41.82%	2 370
济宁市	1 235	583	12.89%	38.15%	1 818
淄博市	268	265	-9.76%	31.84%	533
滨州市	237	529	-33.05%	96.65%	766
潍坊市	849	1 364	-18.91%	29.78%	2 213
烟台市	799	516	-19.94%	-0.58%	1 315
聊城市	187	138	13.33%	-1.43%	325
莱芜市	109	76	6.86%	16.92%	185
菏泽市	704	237	5.71%	56.95%	941
青岛市	985	910	-12.83%	12.48%	1 895

（数据来源：保险数）

3.5 2019 年皮卡品牌竞争格局分析

3.5.1 中国皮卡市场格局

中国皮卡市场格局（图 3-45）两极分化明显。当前，中国共有 28 家皮卡车企。前四大车企合计市场份额为 73%。整个皮卡市场大致可分为三个梯队，长城汽车一枝独秀，2019 年市场占有率高达 38.20%，超过第二、第三和第四位之和。第二梯队是市场份额10%以上的江铃汽车和郑州日产，属于传统强势的皮卡车企。市场份额在4%~8%的是第三梯队，主要包括江西五十铃、江淮、上汽大通、福田、长安、中兴、黄海等车企。长城汽车市场份额从2016年的29.50%提升至2019年的38.20%，CR4市场份额也从2016年的66.8%提升至2019年的73.1%。但是尾部车企份额不断萎缩，2019年7家企业的市场占有率不足1%，市场占有率超过5%的车企数量从2016年的8家降低至2019年的6家，广汽吉奥、福迪等曾经很早推出皮卡产品的品牌，以及金龙海格、恒天等新进入者，都已经被市场边缘化，国内皮卡市场两极分化明显。皮卡乘用化和高端化的趋势及国Ⅵ标准提前实施向皮卡车企提出了更高的挑战，皮卡市场将逐步出清，市场集中度进一步增强。

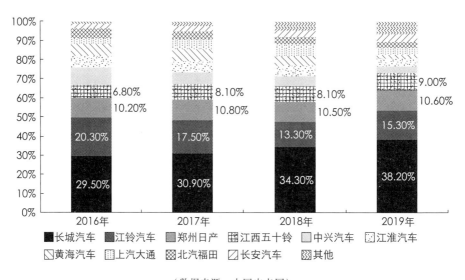

（数据来源：中国皮卡网）

图3-45 皮卡市场集中度

3.5.2 中国皮卡市场主力企业

（1）长城汽车

长城汽车强者恒强。长城皮卡在国内皮卡行业的综合实力无人能及，在品牌、技术、产品、性价比、渠道、基因和经验等方面均拥有明显的领先优势，行业第一位置稳固，有望依托在商用化方面领先的风骏系列和在乘用化方面领先的炮系列,进一步提升市场份额(图3-46),预计长城的市场份额将每年增长2%,2020年长城皮卡销量为19万辆,2022年将达29万辆。

(数据来源:乘联会)

图3-46 长城汽车市场份额

1)技术。

长城皮卡的技术和性能领先(表3-79)。长城汽车在1984年以皮卡起家,发展了30多年至今已在动力总成、乘用属性配置等领域积累了丰富的技术经验,不论是中低端的风骏系列还是中高端的炮系列,动力性能、油耗(表3-80)和舒适性等指标都较同级别皮卡具有明显优势。

表3-79 长城皮卡技术和性能优势

项目	内容
动力性能优	以长城炮为例,长城研发的4D20M型2.0T柴油机最大马力达到163 PS①,最大扭矩高达400 N·m,并且能在1 500~2 500 r/min持续输出,超越了主流皮卡使用的2.5~2.9T柴油机,小排量高能量实现了高性能与低油耗
油耗低	长城风骏5的平均油耗为7.74~11.74 L/100 km,风骏6为8.39~11.27 L/100 km,远低于域虎、纳瓦拉等其他同价位品牌的平均油耗
舒适性好	国内仅长城炮乘用皮卡采用了多连杆后悬架,舒适性较采用钢板弹簧的皮卡明显提升

① 1 PS(米制马力)=735 W。

表 3-80 长城皮卡油耗与同级别皮卡的比较 L·(100 km)$^{-1}$

车型	长城风骏 5	长城风骏 6	江铃域虎	上汽大通 T60	郑州日产纳瓦拉	五十铃皮卡
平均油耗	7.74~11.74	8.39~11.27	8.96~11.22	9.95~12.07	11.97	9.76~12.09

2) 产品。

长城皮卡产品体系丰富 (图 3-47)。长城皮卡现有风骏 5、风骏 6、风骏 7 和炮四大系列车型,为了匹配更多的消费者需求,每款车型又有大/小货箱、两驱/四驱、柴/汽油、自动/手动等车型,车型款式总计 100 多款,分别超出江铃汽车和郑州日产 31 和 90 款,价格区间覆盖 6.88 万~13.88 万元,涵盖了从经济实用型到高端智能型的各个细分市场,不管是载货运输、户外越野或作为家用,都有合适之选。

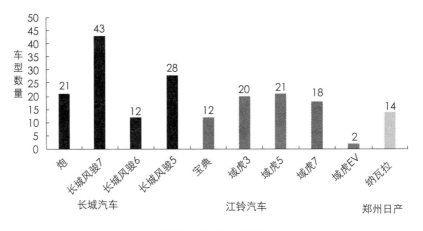

(数据来源:汽车之家)

图 3-47 长城皮卡产品体系

3) 性价比与网络。

长城皮卡性价比高 (表 3-81),服务体系完备。对比销量前六的车型,不论是江西五十铃 D-MAX、郑州日产纳瓦拉等合资皮卡,还是上汽大通 T60 国产皮卡,长城炮都能在性能相同或更高的情况下,保持 4 万~5 万元的价格优势,性价比高。除此之外,长城炮以全球 2 500 多家销售服务网络为依托,为用户提供线上+线下的一体化超级服务。以用户为中心,跨界品牌联盟、客户联盟、商户联盟为纽带,构建开放、共享的皮卡生活社区，打造全场景皮卡生活。长城炮系列将全面发力，成为我国乘用化皮卡的领航者，促进我国高端皮卡的发展。

表 3-81 长城皮卡性价比

参数配置	长城风骏7	长城风骏5	长城炮	江西五十铃 D-MAX	上汽大通 T60	郑州日产纳瓦拉
厂商指导价/万元	8.68~12.78	7.58~11.28	9.78~15.98	14.48~21.98	8.88~20.18	13.98~19.58
最大马力/PS	163/156/143	160/122/102/143	190/163	163/177	218/163/143/150/224	184/193
最大扭矩/(N·m)	330/345/315	230/184/200/315/225	360/400	360/430	350/375/200/360	236/251/245
最大功率/kW	120/115/105	118/105/75	140/120	120/130	160/110/105/165	135/142
发动机型号	4C20B、4D20M、4D20D	4K22/491QE/4G69S4N/GW4D20D/GW4D20E	GW4C20B	RZ4EHi-Power/4JJ1-TCHI	—	QR25
变速箱	6MT	6MT/5MT	6MT/8AT	6MT/6AT	6MT/6AT/5MT	6MT/5MT

4) 品牌。

长城皮卡品牌号召力强。自 1998 年长城首款皮卡迪尔拿下全国皮卡销量冠军后，长城已经连续 22 年获得皮卡销量冠军，消费者早已对长城皮卡形成了皮实耐用、油耗经济、品质高、颜值高等良好的品牌印象。在海外市场，长城皮卡也被广泛认可。自 1997 年长城第一辆皮卡出口中东后，长城皮卡陆续出口至欧洲、澳洲、非洲、亚太等地区的 100 多个国家，成了第一个进入欧盟的柴油皮卡，第一个获得意大利市场销售冠军和第一个拿到马来西亚政府皮卡订购单的中国汽车品牌，甚至还成了第一个印在古巴货币上的中国皮卡。海外市场的成功也为长城皮卡在全球积累了声誉，提升了品牌力。

5）量产。

①永川基地长城炮量产。

长城汽车永川生产基地于 2019 年 8 月量产长城汽车首款高端豪华皮卡"长城炮"系列。长城炮在上海车展中正式首发亮相，凭借霸气硬朗的外观和高端豪华的内饰赢得众多用户青睐。炮系列三款产品包括乘用版、商用版和越野版，并将推出电动车型，是长城皮卡未来三年 5 + N 战略规划下最先推出的三款产品，都是在 P71 全新平台下打造，P71 平台是基于全球法规、全球市场打造的，具有核心竞争力。全球法规包括安全、排放等方面；全球市场包括欧盟、澳大利亚等高端市场，也包括中东、北非市场。

长城炮配置了 8AT 变速箱、多连杆后悬架，开我国皮卡市场之先河，是一款兼具乘用化、家用化属性的皮卡，ACC 自适应巡航、远程遥控启动、控制空调、智能网联系统、油量检测以及智能语音控制系统等诸多舒适性配置也均在长城炮车型上有所体现，这是中国真正的首款乘用化皮卡。

②长城炮万台下线。

12 月 6 日，长城炮第 10 000 台在长城汽车重庆智慧工厂正式下线，长城炮在短时间内实现了"从零到万"的突破，实力诠释"长城速度"。同时，长城炮推出多项服务承诺，以全球产品、全球品质、全球服务为标准，全面加速长城汽车全球化进程。

长城炮火热的市场表现，对竣工仅三个月的长城汽车重庆智慧工厂的量产能力提出了全新的挑战。而得益于"绿色环保、精益高效"的"智"造理念，长城汽车重庆智慧工厂通过研、产、供、销、人、财、物全面协同的智慧信息系统，打造出了真正的智慧工厂，将为实现长城炮产能快速爬坡，以及进军海外提供强有力的支撑。

（2）江铃汽车

江铃皮卡市场份额在经历下滑后回升（图 3 - 48）。排名第二的江铃汽车从 2016 年开始份额持续减少，主要是由前期国Ⅵ标准产品投放迟滞等造成，其在 2019 年上半年主动切换国Ⅵ标准产品，下半年开始逐步恢复，未来份额有望持续回升。

江铃汽车作为国内老牌皮卡车企之一，在市场竞争中具有以下优势：

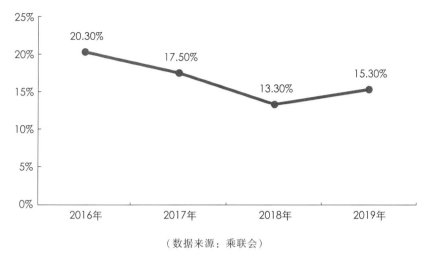

（数据来源：乘联会）

图3-48　江铃皮卡市场占有率

1）产品矩阵丰富。江铃皮卡不仅在中低端经济型皮卡领域有经典车型"宝典"，在中端商用领域拥有竞争力不俗的域虎5和域虎7，而且在高端乘用领域也拥有能够与长城炮一较高下的域虎9，可以说是长城皮卡最具竞争力的对手。

2）掌握发动机核心技术。江铃深耕皮卡多年，已掌握发动机自研技术，如其最新的汽油版"宝典"皮卡将搭载其自主研发的1.8T发动机，相比于现有2.4L自吸气发动机，动力有明显提升，添加多项新技术，而且因为与老牌皮卡车企福特合作，该发动机采用福特生产体系并与福特 EcoBoost 2.0 发动机共线生产。

随着江铃推出全新"宝典"与域虎9等新产品，相信掌握着核心自研技术与丰富产品系列的江铃皮卡市场占有率有望进一步回升。

(3) 郑州日产和江西五十铃

郑州日产市场份额趋稳，江西五十铃稳中有升（图3-49）。第三名郑州日产过往四年的市场占有率稳定在10%~11%，而江西五十铃则从6.80%稳步提升到了9.00%，竞争力有所增强。郑州日产和江西五十铃均有合资背景优势，在中高端产品上具有品牌支撑，销量处于上升通道。随着皮卡乘用化时代的到来和家用人群的增多，合资品牌具有更大的优势，郑州日产和江西五十铃或将赶超江铃皮卡。

郑州日产与江西五十铃是国内皮卡领域少数的合资皮卡生产厂家，

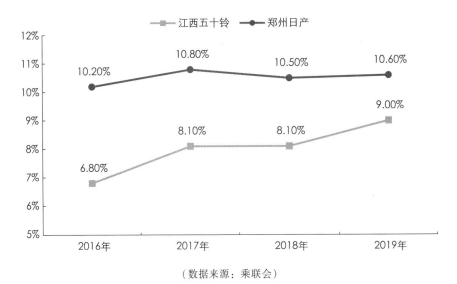

(数据来源：乘联会)

图 3-49 郑州日产和江西五十铃皮卡市场份额

在面临长城皮卡与江铃皮卡竞争时具有以下优势：

1) 合资品牌具有品牌溢价。这两家合资车企都具有国际化的平台，而且都采用了国内生产的方式，商用车用户对其动力系统都有着较高的产品认可度，所以在同等配置下消费者愿意为其支付更高的品牌溢价。

2) 引进了国外车企较先进的技术工艺。以郑州日产锐骐和江西五十铃瑞迈两款车为例，两者指导价均在8万~12万元，属于经济型皮卡车型，前者引进了NISSAN皮卡的成熟技术和制造工艺，搭载德国博世和美国德尔福的电控技术，技术工艺优于自主品牌；而后者引进了三菱和意大利VM技术平台的发动机技术，在动力输出稳定性和低速高扭的特点上强于自主品牌。

(4) 尾部厂商

皮卡行业中尾部的车企市场份额在不断萎缩，其中福田、黄海等处在第三梯队中部的车企2019年市场占有率下降至5%以下，而包含北京汽车、东风汽车、广汽吉奥在内的边缘品牌市场占有率下降至不足1%，已面临退出行业的风险。尾部厂商出清的原因既是受到国Ⅵ标准提前切换、皮卡高端化趋势等外部不利因素的影响，更是由于边缘企业未掌握核心技术而无法适应市场环境的快速变化所致。

行业因素：国Ⅵ标准提前切换，尾部皮卡车企措手不及。从行业的角度来看，排放标准趋严、国Ⅵ标准产品加速导入、皮卡市场竞争加剧这些因素都导致了皮卡行业尾部边缘车企的加速出清。据国务院《打赢蓝天保卫战三年行动计划》中的要求，2019年7月1日起，重点区域、珠三角、成渝地区提前实施机动车国Ⅵ排放标准。而许多尾部厂商没有提前布局，技术没有跟上，导致在国Ⅵ标准下的车型寥寥无几，皮卡市场竞争加剧更是让尾部厂商难以获得喘息空间。

技术因素：核心技术缺失是尾部出清的主因。从技术角度来看，是否在核心技术上掌握自主权是皮卡行业第三梯队中重要的分水岭。受竞争加剧和国Ⅴ标准切换国Ⅵ标准影响，在动力总成上未能掌握自主研发能力的车企，难以在国Ⅵ标准提前切换的情况下快速调整到国Ⅵ标准，并且在性价比上难以对抗掌握技术的核心企业。第三梯队在技术上出现了严重的两极分化：掌握发动机技术的核心企业，如上汽大通市场份额有望上升，而多家老牌车企如中兴汽车、江淮汽车、黄海汽车和北汽福田的市场份额分别下滑了5.60%、2.10%、4.30%和2.10%，其中江淮和福田的国Ⅵ标准车型上市较晚，其多款皮卡车型年销量不足万辆。

3.5.3 中国皮卡市场竞争格局预判

1）短期内供给端竞争将更加激烈。由于目前皮卡市场竞争格局较好，产品整体盈利空间较大，叠加解禁政策带来利好，短期内供给端预计将会有多家车企入场，如乘用车领域的吉利汽车和商用车领域的宇通客车。多方实力玩家的进入将会加剧皮卡市场竞争，促进产品质量水准提高，促使定价更加合理，进而推动整个皮卡行业向上发展。

2）长期来看头部车企获益。从长期看，当市场上产品选择增加，同质化加剧后，不论皮卡是作为生产资料的商用车还是载客出行的乘用车，消费者最终还是会根据皮卡的产品力、性价比和网络渠道范围来选购皮卡。因而，长远来看，那些在皮卡领域深耕多年、技术底蕴深厚、网络建设密集的头部车企将更有可能在未来的竞争中获胜，进而再度提高整体市场集中度。

3.6 皮卡市场展望

现阶段中国有 30 多家皮卡生产企业，其产能已超过 100 万辆，但总体销量只有近 40 万辆，皮卡的市场集中度较高，前三位的集中度近 56%。长城皮卡销量领先优势明显，2019 年销量近万辆，比重约占 34.3%，风骏皮卡市场表现稳健。其次是江铃皮卡、郑州日产分别占 13.3%、10.5%，江西五十铃近几年也发展迅速，2019 年市场份额已达到 8.1%，中兴皮卡紧随其后达到了 5.2%。中国皮卡市场前五厂家集中度达到了 71.4%。

3.6.1 国产皮卡行业的优势

（1）市场前景较好

所有的汽车集团都想做大做强，因此，预期规划花巨资推出新车，虽然皮卡在国内目前市场份额小，但是国外巨大的皮卡市场一直是销售重点，市场前景较好。

（2）皮卡市场潜力巨大

对于跨国汽车巨头来说，中国是一个巨大的汽车市场；对于国内皮卡车企来说，海外也有更巨大的发展空间。中国的高中档皮卡在国际市场上还是空白，目前，中国 30 余家皮卡厂家经过激烈的市场竞争，其产品技术日趋成熟，性价比越来越高，已完全具备了打入国际市场的综合实力，比较有实力的厂家有长城汽车、江铃汽车、江西五十铃、郑州日产、河北中兴等。

（3）皮卡价格优势

国产皮卡价格在国际上有绝对的优势。目前，发达国家的皮卡装置性能优良，但价位非常昂贵，平均都在 20 万元左右，而同类型的国产皮卡价位只有其 1/3 上下。此外，一些发展中国家生产的同类皮卡，批量和性能质量远不如我国生产的皮卡。中国不仅拥有廉价的劳动力，而且这些"廉价劳动者"相对素质较高、技术熟练，对国产皮卡生产制造商来说，这是一大竞争优势。

（4）皮卡性价比高

中国皮卡性价比不断提高，特别是近年来，国产皮卡新品不断，装备越来越高档，质量也越来越好，在价格上占绝对优势，国产皮卡平均价格也只有国外同类皮卡的 1/3，有些国产皮卡完全可以与进口皮卡相媲美。小型皮卡外观越来越时尚，如轿车化的设计引领了发展新潮流的长城炮；大型皮卡具备了轻卡的货运功能，有的货箱加长超 2 m，如车身最长可达近 6 m 的福田拓路者皮卡，非常适合当作战车使用。

（5）皮卡的认同度越来越高

中国皮卡向二、三级市场下延、渗透，中国二、三线中小城市及经济条件较富裕的乡镇农村地区对皮卡的认同度越来越高，加之小规模私营经济的快速发展，有力地促进了皮卡需求的上升。

（6）皮卡产品日趋成熟

中国皮卡产品日趋成熟，技术含量和品质越来越高，这一点在一些特种行业的主流客户中的认可度很高。20 世纪传统的工具类皮卡，已不能满足客户日益发展的时尚、舒适及智能化等需求，市场的充分竞争需要全新皮卡。"乘客载货两相宜"的皮卡除了特殊行业的集团采购外，其主要用户群体是小私营业主，这一部分群体的规模越来越大。

（7）皮卡是轻卡、微卡、微面的升级必选

轻卡、微卡、微面产品升级后，必选皮卡。随着中国中小城市物流的加速发展，货运配送和维修活动对皮卡的需求会加大。微卡的升级用户需求是皮卡发展的一大机会。作为农用车及微客和微卡的更新替代车型，富裕的农民、个体私营业主和城乡结合部对皮卡的需求也会日趋增大。皮卡由于高性能及舒适性远远强于农用车、微货和微客的特点获得了越来越高的认可度。

3.6.2 皮卡迈向支柱产业

中国汽车市场在世界汽车发展史上，占有举足轻重的位置。中国目前属于发展中国家，经济增长速度和GDP增长是走在各国前列的。汽车工业是衡量一个国家经济实力和综合国力的标准，也是整个国家的经济风向标和晴雨表，究其原因如下：

1）目前世界上，有三大行业从业人数最多，即汽车、房地产、保险，其中汽车还能涵盖部分保险领域。

2）是汽车价值链较长，涉足行业多，其衍生行业多而广。简单来讲，汽车制造中某一个零部件便涉及从原材料开采、运输、冶炼、加工、装配、调试到销售、售后服务等环节，这只是一个简单零部件生产流程而已，而汽车构造还涉及钢材、橡胶、布料、电子、石油等物料，还有设计、销售、服务、车辆装饰、二手车等业务。

作为汽车大家庭的一员，皮卡应该加入国家支柱产业的行列，为国民经济做出应有的贡献。

3.6.3 国产皮卡发展措施

从整个汽车工业发展趋势来看，中国皮卡具有非常好的市场竞争力（表3-82）、前景和潜力，既然中国的各大小汽车厂家选择了生产皮卡这条路，要想走出困境、突出重围，只能是从以下几方面努力：

表3-82 皮卡的产品竞争力

项目	皮卡	微卡	微客	轻卡
动力性	强	弱	弱	强
安全性	强	弱	弱	弱
操控性	好	差	差	差
燃油经济性	好	较好	较好	差
舒适性	好	差	较好	差
通过性	好	差	差	好

续表

项目	皮卡	微卡	微客	轻卡
承载性	较差（0.5~1 t）	较好（0.5~0.8 t）	较好（<1 t）	好（>1 t）
排量	大（2.0~2.8 L）	小（<1.3 L）	小（<1.3 L）	大（>2.5 L）
政策支持力度	小	较大	大	小
价位	主流7万~10万元 中高端10万~15万元 敏感度低	主流3万~5万元 敏感度高	主流3万~5万元 敏感度高	主流6万~10万元 敏感度较高
用户群	行业用户如电信、公安、邮政等，另一部分是中小企业主及个体工商户，企业小有规模	农村来城市发展的农民为主，主要用于出租和配送，主要出现在建材市场、食品批发市场	以私营小企业主和农民为主，餐饮、建材、五金及生活用品经营的小业主	货运为主的物流公司或较有规模的私营业主
小结	除价位外，皮卡各方面的竞争力均较强于微卡和微客，除政府机关和国有企业外，也有相当一部分用户是一些有经济实力、生意稳定、小有规模的中小企业主和个体工商户，他们对车的性能了解，使用经验也丰富，对皮卡认可度高			

1）解禁放行、皮卡进城。中国政府一定会与国际接轨，特别是国家发改委也会逐步改变现有对皮卡的交通法规政策，允许皮卡进城，这样做的好处有二：首先是惠民，方便老百姓的皮卡进出城；其次是拉动经济的发展，特别是汽车工业的发展，解决部分人劳动就业问题，对于提高国家就业率起到积极的作用，有利于社会的和谐、稳定发展。

2）满足中国老百姓升级的消费观念，从实用、经济、节能、环保、舒适等综合因素出发。特别是中国新一代有朝气、活力的年轻人，在将来购车时会逐步改变影响皮卡购车的因素，他们喜欢这种高大威猛、越野性强、个性张扬的皮卡，既体现了人格魅力，也满足了驾乘乐趣和经济实惠、舒适的个性需求。

3）开发高品质、高性能、适中价位中高端皮卡，适应需求升级用户的要求。较有实力的发达地区的中小企业及个体工商户对中高端皮卡的认可度越来越高，支撑皮卡车型销量扩张。

3.6.4 2020—2025年我国皮卡的销量趋势预测

由于我国私营经济快速发展、物流业需求强劲以及城乡一体化建设的加快,加之出口需求强劲,皮卡这种多功能车的需求仍呈现较快增长态势,预测到2029年皮卡年销量将达62万辆(图3-50)。

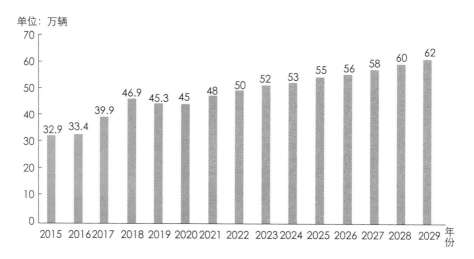

(数据来源:国家信息中心)

图3-50　2015—2029年中国皮卡销量

3.6.5 2020—2025年中国皮卡市场规模及竞争趋势预测分析

(1)2020—2025年中国皮卡市场规模分析

1)乘用化、高端化趋势带来的新增需求。

皮卡的货车归类和各种政策限制使得目前其在国内的使用仍以货运为主,市场份额也较低。但据中国皮卡网,乘用化、越野、休闲需求在皮卡需求中的占比正在快速上升,2018年商乘两用的皮卡用户占比31%,家用为主的皮卡用户占比24%,越野为主的皮卡用户占3%,单纯以商用为主的皮卡用户只占42%。各种政策利好,尤其是放松皮卡进城限制,在一定程度上推动皮卡产品向乘用化方向转型,带动皮卡向高端化、智能化、电动化发展。自主品牌皮卡企业也越来越重视产品的正向研发，抓住皮卡个性化、生活化的消费趋势，在外形设计上开始向SUV和越野车靠拢，颠覆传统皮卡的固有形象。届时皮卡有望成为可满足人们越野、休闲、娱乐等需求的多用途车型，其对应价格为12万元以上的中高端皮卡，预计新增需求在15万~25万辆。2019年9月，长城汽车推出炮乘用版，上市首月销量超过5 000辆，短短3个月内斩获了18 299辆的销量。国内皮卡正从最初的工具车、货车向现在的商乘两用型转型，并有朝高端化方向发展的趋势。

2）商用替代化带来的新增需求。

目前来看，在商用车市场上有以下几类车型是皮卡的主要竞争对手。首先是微面，在皮卡受进城限制时，微面却因为能够畅通无阻地往返于城乡之间而备受青睐，微面与高端皮卡相比具有一定价格优势，但与中低档皮卡相比价格优势不再明显，载人载货的能力也在伯仲之间。其次是微货，传统微货是指以微面为底盘，核载质量在1.0 t以下的货车。经过数十年的发展，微货在我国已经得到了充分的发展，与皮卡相比微货在价格以及载重能力方面较皮卡具有一定优势，但在性能以及舒适性上与皮卡不可同日而语。

虽然微货、微面与皮卡在使用场景上有一定重合，但具备商用与乘用双重属性的皮卡是微型卡车所不具备的功能性优势，同时其安全性、驾驭操纵性和舒适性都远大于微型卡车。在国Ⅵ标准实行后，微卡、微面还将面临排放法规、安全法规等问题，对发动机、安全装置的全面更换会造成整车造价上浮1万~3万元，其对于皮卡的价格优势也将不复存在。伴随着皮卡消费属性与路权的回归，且考虑到微卡、微面价格上涨以及消费升级，预计未来有10%~30%的微卡、微面将被价格7万~12万元的中低端皮卡替代。我国2019年微卡销量66万辆，微面销量43万辆，预计皮卡可带来的替代需求空间在10.8万~32.4万辆。

3）市场规模预测。

综合各方面对皮卡市场新增需求的影响，预计2025年我国皮卡渗透率有望达到4.2%，市场空间达121万辆（图3-51）。

(2) 2020—2025年中国皮卡汽车市场竞争趋势分析

1）市场规模总量的增加会带动皮卡行业整体的发展。

2005—2019年，中国皮卡销量从9.8万量增长至45.2万辆，2010—

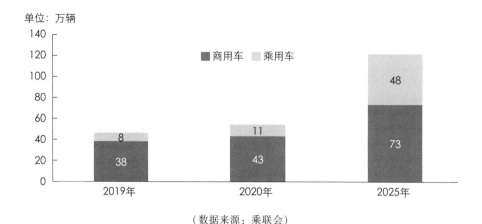

（数据来源：乘联会）

图 3-51　2020 年及 2025 年国内皮卡销量预测

2019 年的销量 CAGR 仅为 1.98%。但如果以首批解禁的 4 个省份数据来看，2015—2019 年这 4 个省份的平均 CAGR 为 8.72%。因此，随着我国皮卡解禁政策的稳步推行，加上各种需求而带来的市场增量，我国皮卡未来的市场空间呈现不断扩大的趋势。伴随着整个市场空间的提升，皮卡行业从整个汽车市场分得的"蛋糕"会越来越多。与此同时，根据规模经济理论，随着整个行业产销规模的扩大，该产业各个企业的平均生产成本将会下降，平均利润率水平也将上升。因此，随着皮卡市场规模总量的增加，将会带动整个皮卡行业的发展。

2）乘用化、高端化趋势及国Ⅵ排放标准趋严会加速市场内部分化。

随着皮卡解禁步伐的加快和国Ⅵ、国Ⅶ标准的提前实施，自 2019 年 9 月起皮卡市场进入有史以来最繁荣、竞争最激烈的时刻，大量满足国Ⅵ标准的产品涌向市场。皮卡乘用化和高端化的趋势及国Ⅵ标准的提前实施向皮卡车企提出了更高的挑战，皮卡市场迎来洗牌，优胜劣汰在所难免。

2020 年，据不完全统计，至少有 15 款国Ⅵ标准重磅皮卡车型上市，其中长城汽车 2 款、北汽福田 3 款、上汽大通 2 款、中兴汽车 2 款。从配置来看，高端化、乘用化和越野化是大趋势。15 款中有 7 款车搭载的是 8AT 变速箱，不仅可以减少车辆加挡过程中的顿挫感，提升平顺性，给驾驶员带来更佳的驾驶感受，而且相比 6AT，8AT 减速比范围更宽广，在同样的时速下，8AT 变速箱可以用更高的挡位换取更低的转速，理论上油耗更低，更符合乘用化的要求。此外，长城炮越野版、福田拓陆者战途和上汽大通T80等越野车型搭载了更强的动力和更丰富的越野配置，在有效提升越野性能的同时，也将引起激烈的竞争。

伴随着皮卡解禁以及种种利好政策的袭来，皮卡市场的集中度将会更高，两极分化趋势下通常会导致强者愈强，弱者淘汰。

4 用户篇

4.1 皮卡用户画像

4.1.1 性别结构

皮卡在我国最早作为工具车投入市场，它的货车归类和各种政策限制使得其使用场景仍以货运为主，商运属性比较稳定。货运的使用场景和皮卡的大尺寸决定了皮卡用户多以男性为主，皮卡用户男女比例多为9∶1，女性车主稀缺。

4.1.2 教育水平

目前皮卡仍以货运为主，车主以个体户居多，行业性质和使用场景决定了皮卡车主的教育水平。据调研，皮卡车主的学历以初中、高中和技校居多，本科及以上学历极少。

4.1.3 年龄结构

通常来说，商用车的客户群体的年龄偏大，而皮卡用户的年龄结构相对年轻。根据调研，31~40岁为皮卡车主的主要年龄区间，占比达到60%左右，而26~30岁和41~50岁的皮卡车主占比接近，均在20%~30%，即26~40岁的皮卡车主占比高达80%，皮卡的消费主力是青壮年（图4-1）。

不同年龄段的皮卡用户，对皮卡价格的接受度也不同。一般来说，年龄越大的用户，经济实力越强，越倾向于购买价位更高的皮卡。据调研，26~30岁人群多处于创业阶段，偏好价格9万元左右的皮卡；31~

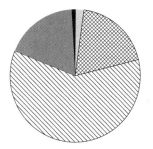

（数据来源：调研）

图 4-1 中国皮卡用户年龄结构

40 岁人群处于事业上升期，比如承包工地等，更愿意选择价格 12 万元左右的皮卡；而 41～50 岁车主经济实力更强，多选择价格 13 万元以上的高端皮卡。

4.1.4 行业结构

皮卡消费者的行业结构主要包括三类：私营业主、企事业单位和私人消费者（图 4-2）。

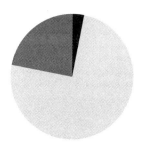

（数据来源：调研）

图 4-2 中国皮卡用户行业结构

据调研，私营业主为最主要的消费群体，占比高达 70%～80%，主要包括：

1）承包工程或者开厂的老板，为经营业务采购皮卡供工人使用；
2）有高频运输需求的个体户或批发户，具有进城或者城市内个人运

输需求;

3) 城郊地区自由职业者,具有城郊出行代步需求。总体上,私营业主的比例呈上升趋势,尤其是皮卡解禁以来,部分单排(箱货)、轻卡、轻客车主选择购买皮卡满足其城市内运输需求。

企事业单位为排名第二的皮卡消费群体,占比在20%左右,一般来说,他们在日常运营过程中有较强的中短途运输和既拉货又载人的需求,对灵活性要求比较高,主要包括工程抢修、市政管理、商务运输等。

私人消费者是近年来兴起的皮卡群体,他们多是热爱改装和越野文化的高收入群体,购买皮卡的初衷是体验越野驾驶的快感,目前私人消费的占比还不足5%。

细分行业方面,工程建筑最高,占比高达43%;批发零售第二,占比为19%;农副水产第三,占比14%;生产制造、装修装潢、车辆维修、交通运输、采矿业、林场农业和住宿餐饮等占比相差不大,均在10%以下(图4-3)。

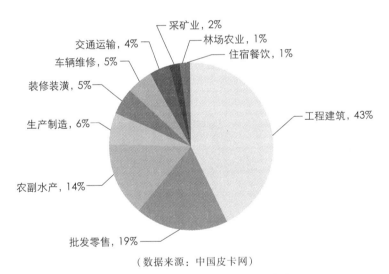

(数据来源:中国皮卡网)

图4-3 中国皮卡用户细分行业分布

各地区细分行业差异比较大,主要与当地资源和产业有关。在重庆,工程建筑仍旧是最主要的行业,占比在30%左右;农副水产和生产制造占比均在20%左右;批发零售位列第四,占比在10%左右;装修装潢、车辆维修、交通运输、住宿餐饮、采矿业、林场农业合计占比不足20%,由于重庆并无丰富的矿产资源,因此采矿业占比接近于0(图4-4)。

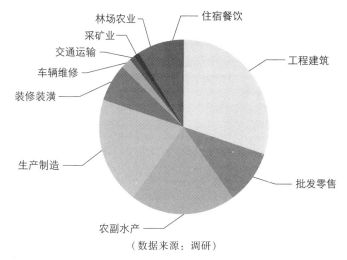

（数据来源：调研）

图 4-4　重庆皮卡用户细分行业分布

在昆明，工程建筑依旧是最主要的皮卡细分行业，占比达 50% 左右，云南农业资源丰富，烟草茶叶和水果种植是云南经济的重要部分，因此农副水产和林场农业占比较高，仅次于工程建筑，占比在 10% 左右，生产制造和车辆维修占比在 5%~10%（图 4-5）。云南省早在 2016 年就已经被列为第一批解禁试点省份，但是昆明市的货车限行政策持续了很长时间，并未对皮卡解禁做实质性的工作，目前昆明主城区内皮卡仍旧受限，因此批发零售占比相对较低，不到 5%。装修装潢、交通运输、采矿业和住宿餐饮的合计占比不到 10%。

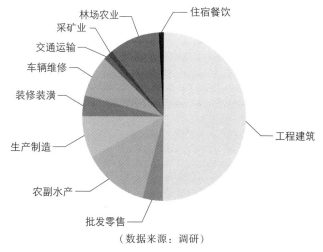

（数据来源：调研）

图 4-5　昆明皮卡用户细分行业分布

在石家庄，工程建筑占比高达60%，生产制造占比在15%左右，河北省矿产资源丰富，采矿业占比在10%左右，批发零售、农副水产、装修装潢、车辆维修、交通运输、林场农业和住宿餐饮合计占比15%左右（图4-6）。

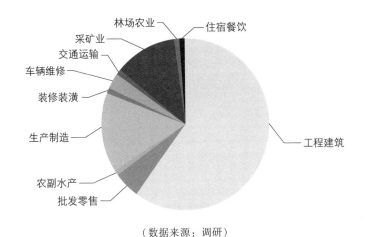

（数据来源：调研）

图4-6 石家庄皮卡用户细分行业分布

上海地区皮卡消费群体很小，主要由企事业单位比如电力、环卫、电信或者建筑业等组成，工程建筑占比仍旧最高，生产制造次之，上海大量的水产品市场、种植园和果园等直接将农副水产的消费占比拉升至第三，其他行业如采矿业、林场农业、住宿餐饮等则几乎没有消费。

4.1.5 收入水平

由于企事业单位不存在家庭收入的概念，我们只统计私营业主和私人消费的收入水平。分客群，私人消费和为工人采购皮卡的私营业主家庭年收入较高，在25万元以上；其他私营业主的家庭收入主要在15万~20万元，10万~15万元的占比次之。分品牌，购买江西五十铃、长城汽车和上海大通的皮卡用户的家庭年收入较其他品牌用户平均高5万元。分城市，上海皮卡用户的家庭年收入较其他城市皮卡用户的收入高5万元左右。

4.1.6 城乡结构

受皮卡限行政策和皮卡用户行业限制，皮卡的使用范围主要集中在三、四线城市和郊区。2020年5月1日重庆发布新规，对登记在重庆市范围内的渝籍号牌皮卡车，在全市范围内放宽通行管理限制，成为我国首个皮卡可畅行的直辖市。据调研，皮卡解禁前重庆主城区与其他县（包括郊区）的皮卡比例为3∶7，5月1日皮卡解禁后该比例上升至4∶6。7月10日上海地区出台皮卡"新政"，提出轻型多用途货车（皮卡）注册登记条件进一步放宽，不仅可沿用原小货车额度申请注册，也可参照"沪C"小客车的管理模式进行登记上牌，但是这一新规并没有放开皮卡进城，因此皮卡仍旧穿梭于郊区。

昆明销售的皮卡多在三、四线城市和郊区、农村使用。据调研，三、四线城市（包括下属县城）占比最高，占45%，农村地区位列第二，占30%左右，昆明占25%（图4-7）。由于昆明解禁后，二环内仍限制皮卡通行，因此皮卡主要集中于昆明郊区。同样地，石家庄销售的皮卡也多出现在三、四线城市和郊区。

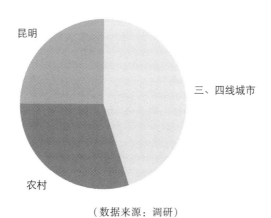

（数据来源：调研）

图4-7 昆明皮卡消费者皮卡使用城乡结构

4.2 皮卡用户认知

4.2.1 皮卡角色认知

皮卡是一种采用轿车车头和驾驶室，同时带有敞开式货车车箱的车型。其特点是既有轿车般的舒适性，又不失强劲的动力，而且比轿车的载货和适应不良路面能力强。因此，皮卡既可作为专用车、多用车、公务车、商务车，也可作为家用车，用于载货、旅游、出租等，同时满足商用车和乘用车需求。

但是，受制于政策，皮卡在中国的发展长期局限于商用领域。1994年，为了加快推动我国汽车工业发展，改善当时产品质量落后、投资分散、开发能力薄弱等问题，国家发布《汽车工业产业政策》，在61项条款中对政策目标和产品发展重点、产品认证、产业组织政策、产品技术政策、投融资政策、进出口管理政策、国产化政策、消费与价格政策、相关工业和社会保障政策、产业政策、规划与项目管理等做出了详细的规定。由于历史的局限性，皮卡车这种兼具商乘两用属性的多用途车辆被划入了货车管理行列。

不仅如此，在2004版《机动车运行安全技术条件》中，明确指出总质量不低于1 200 kg的货车应在车身后部设置反光标志，且应能反映出整车后部宽度；在2012版《机动车运行安全技术条件》中，又将范围扩大为所有货车。车身外贴的反光标识大大影响了皮卡车的美观性，进而抑制了其乘用属性。在我国的《道路交通安全法》中虽然并没有严禁皮卡汽车进城，但是却授予了各地交管部门对皮卡的管理权利。随着城市化进程的推进和环保政策的趋严，事实上很多地市都推出了货车禁行的管理办法，明确禁止货车进入城市，划归货车分类的皮卡再一次受到冲击。

除此之外，在日常使用和报废标准方面，皮卡也一直按照货车标准执行。根据2004版、2012版《中华人民共和国道路运输条例》，皮卡车主需要按规定取得普通货运车辆道路运输证和驾驶员从业资格证后方能驾驶皮卡车辆。另外在高速使用上，皮卡需要遵守"货车在高速上应行驶最外侧车道，最高车速不超过每小时100公里"的要求，由于货车计重收费，皮卡也无法直接使用ETC通道。在车辆年检及报废方面，我国机动车相关报废标准始于1997年发布的《汽车报废标准》，在2013年《机动车强制报废标准规定》实施后，乘用轿车已无使用年限限制，但皮卡车强制报废年限仍为15年，且10年以内每年年检一次，超过10年则需每年年检两次。

随着中国汽车市场的发展，皮卡车的商乘两用属性越发突显，皮卡解禁的呼声也越来越高。2016年，《关于开展放宽皮卡车进城限制试点促进皮卡车消费的通知》吹起了皮卡解禁的第一阵春风。此后，皮卡利好政策层出不穷。截至2019年7月1日，全国已有河南、河北、辽宁、云南、湖北、新疆、吉林、重庆、江西、山东济南、江西抚州、浙江宁波、山西、山东淄博、山东烟台、湖北、二连浩特、黑龙江哈尔滨宣布解除对皮卡进城的限制，全国其他地区也在逐步优化推进皮卡进城的管制及补贴优惠政策。除了解除皮卡进城限制放开路权以外，相关政策红利还包括不再强制要求皮卡车粘贴反光条标志、允许皮卡车办理ETC、取消皮卡车无证经营的行政处罚、取消高速限速等。

4.2.2 皮卡政策认知

在我国，皮卡自面世以来，一直深受政策的影响。据调研，几乎所有皮卡用户都熟悉我国的皮卡政策，尤其是限行、年检等规定，绝大多数皮卡销售人员和用户认为政策是影响我国皮卡销量的主要因素。其中，只有29.41%的用户认为皮卡政策比如限行等对皮卡销量影响程度不足30%，而29.41%的用户认为影响程度在30%~50%，23.53%的用户认为影响程度达到了50%~70%，17.65%的用户甚至认为影响程度高达70%以上。此外，在总计2 587人的调研中，2 441人表示如果所在城市无皮卡禁限措施,愿意推荐朋友购买皮卡,占比94.36%,仅146人(占比5.64%)选择不愿意(图4-8、图4-9)。

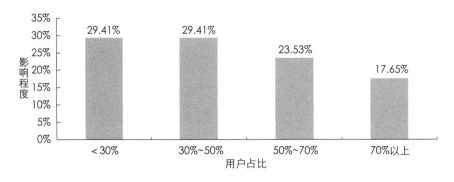

(数据来源:调研)

图4-8 皮卡政策对皮卡销量影响程度的调查情况

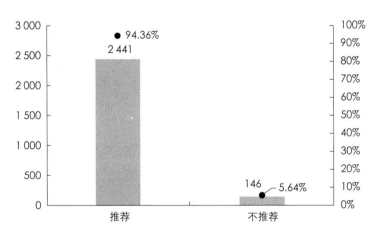

(数据来源:调研)

图4-9 所在城市无皮卡禁限措施情况下愿意推荐朋友购买皮卡人数的比例

从皮卡解禁省份解禁前后的销量对比中可以看到,皮卡解禁成效是显著的。根据六大解禁省份2015—2019年销量数据,剔除2018—2019年汽车整体不景气影响,六大省份解禁后销量都有两位数的增长,而且解禁各省份2019年销量较解禁前增长率都远高于全国平均水平(图4-10)。具体来看,云南、辽宁、河北、河南为第一批解禁省份,自2016年5月解禁后,云南、辽宁和河南皮卡销量增速在2016—2017年上涨,2018—2019年增速回落,河南增速先降后增波动较大

(图 4-11)。湖北和新疆为第二批解禁省份，2017 年解禁当年均实现两位数增长（图 4-12）。

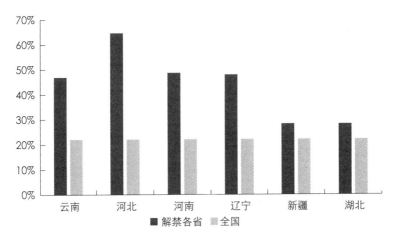

（数据来源：中国皮卡网）

图 4-10 解禁各省份 2019 年销量较解禁前增长率与全国水平对比

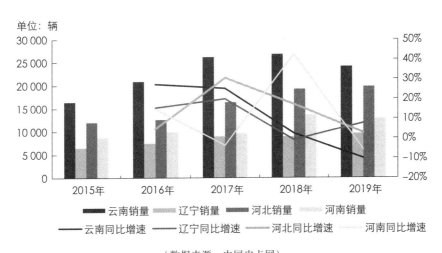

（数据来源：中国皮卡网）

图 4-11 第一批解禁省份解禁前后销量与增速

云南省地形复杂，山脉交错，出行相对较为困难，地形地貌对车辆动力、通过性要求较高，一直以来都是我国皮卡最畅销的省份。从皮卡销量数据来看，云南省皮卡解禁当年销量较 2015 年增长了 27.3%，2019 年的销量较解禁前增长了近 47%，皮卡在云南的解禁成效还是相当明显的（图 4-13）。

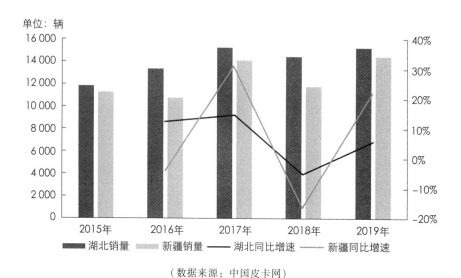

(数据来源：中国皮卡网)

图 4-12　第二批解禁省份解禁前后销量与增速

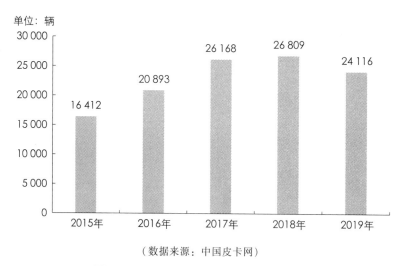

(数据来源：中国皮卡网)

图 4-13　2015—2019 年云南省皮卡销量

河北省作为皮卡生产和消费大省，解禁后皮卡销量同样增长可观，2017 年皮卡销量增速高达 30.52%，2019 年皮卡销量较 2015 年解禁前，增长率高达 64.68%，增长势头在首批解禁省份中首屈一指（图 4-14）。辽宁省皮卡车的销量也在稳步增长，2019 年销量较 2015 年解禁前增长了 47.9%，解禁成效显著（图 4-15）。

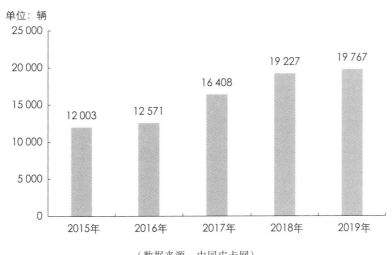

（数据来源：中国皮卡网）

图 4-14　2015—2019 年河北省皮卡销量

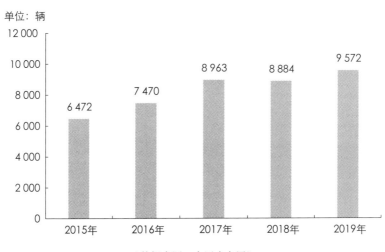

（数据来源：中国皮卡网）

图 4-15　2015—2019 年辽宁省皮卡销量

同样是皮卡消费大省的河南省，2016 年皮卡解禁后，2018 年皮卡的销量较 2017 年增长了 42.54%。好景不长，郑州市于 2018 年 11 月发布新规，要求郑州市京港澳高速以西、南绕城高速以北、西绕城高速-郑云高速以东、北四环以南区域内，全天 24 小时禁止国Ⅲ排放标准的柴油车（客、货）驶入，总质量 4.5 t 以下且国Ⅳ及以上排放标准的厢式货车每天 6 时至 22 时禁止驶入，其余各类载货汽车（纯电动轻型、微型货车除外）、挂车、牵引车、专项作业车、低速货车、三轮汽车、拖拉机全天 24 小时禁止驶入。这一规定直接导致 2019 年河南省皮卡的销量同比下降 5.77%（图 4-16）。

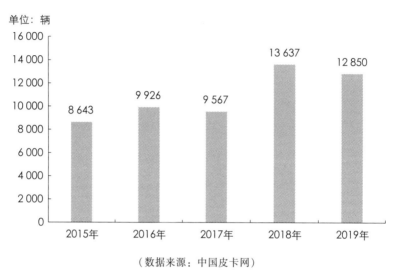

图 4-16　2015—2019 年河南省皮卡销量

4.2.3　皮卡文化认知

皮卡起源于美国，美国是全球最大的皮卡市场，美国皮卡市场份额高达 17.81%，是皮卡的核心市场。皮卡之所以在美国备受推崇，与美国特有的皮卡文化息息相关。美国地广人稀，油价低，城市化程度虽然高，但是美国人多居住在郊区或农村的独栋中，具有集中采购的需求，较高的人工成本也催生了美国人较强的修葺花园、拖拽割草机及铲雪车等 DIY 能力，皮卡既能乘用又可拖拽运输，满足人们生活需求。此外，美国人非常热爱户外越野和"公路旅行"，皮卡既能载人又能载货，甚至可以拖拽房车实现长途旅行。因此，在美国人看来，皮卡是一种最适用的交通工具，可以满足工作和生活中方方面面的需求。

据调研，我国 80% 的皮卡用户都了解美国的皮卡文化，长城炮乘用版和越野版的上市和宣传让他们进一步在中国市场中感受到了皮卡文化，为我国皮卡的转型奠定了基础。而只有20%的人明确表示不知道美国的皮卡文化，这也意味着我国皮卡的转型尚需努力，皮卡文化的培养和渗透还需持续。

4.2.4 皮卡产品认知

据调研，大多数皮卡用户都比较熟悉现有的皮卡品牌，一方面是因为中国市场上皮卡品牌数量相对较少，另一方面是皮卡用户多为增换购用户，具有一定的购买和使用经验。此外，皮卡用户购买皮卡多为商用，因此更偏向自主选择，而且由于他们购买的皮卡多为赚钱的工具，所以一般皮卡用户比乘用车用户更了解所购买的车的性能，尤其是业务相关的性能，比如发动机、轮胎、货箱等。

4.3 用户购车需求

4.3.1 购车用途

据调研，目前皮卡商用占比仍旧最高，在80%~90%，随着皮卡解禁的加快和高端优质皮卡的供给，皮卡用途更加丰富，家商两用的比例逐渐上升，占比达到10%以上，纯家用的比例仍旧较低。

在重庆地区，商用为主的用户在70%，家商两用的用户占比25%~30%，纯家用占比很低。一方面，重庆地形地貌复杂，对于皮卡有着天然的需求，重庆皮卡解禁后，重庆地区皮卡销售迎来高潮，其中主城区新增皮卡以商用为主，郊区及乡镇新增皮卡以家商两用为主，由于郊区及乡镇皮卡市场更广阔，家商两用占比开始提升。另一方面，重庆地区对皮卡改装比如加盖、悬挂、减震等的管理相对宽松，为多种皮卡需求的发展创造了条件。

在昆明和石家庄地区，商用为主的用户占80%~90%，家商两用的用户占比10%，纯家用市场虽有提升但占比极低。

此前上海仅有7 000块皮卡牌照，单块牌照费用高达4万~5万元，用户多为企事业单位，几乎全部为商用性质。上海发布皮卡"新政"，皮卡注册登记条件进一步放宽，允许新购皮卡直接登记沪C号牌，无须拍卖与高昂的配额费用即可上"沪C"牌照，享有与"沪C"客车一样的路权。虽然新规并未放开限行，但等同于客车的沪C牌照和"平易近人"的配额费用吸引了本来有皮卡需求的客户，而这群客户基本都是私营业主，因此未来上海地区用户需求将日趋多元。

4.3.2 购车途径

互联网是绝大多数人了解皮卡购车信息的第一途径，占比高达45%，但是互联网具备一定的年龄分层，一般来说年纪越大，通过网络了解购车信息的比例越低。随着时间的推移，互联网将成为皮卡厂商越来越重要的广宣手段，线上口碑、价格信息以及曝光度决定了产品的未来命运。对于商用车来说，老客户转介绍是售车的核心途径，目前皮卡车仍然具有较强的商用车特征，约40%的人群会通过熟人来了解购车信息。一般来说，品牌力越强、性价比越高，转化率越高，因此长城皮卡、江铃皮卡和江西五十铃的转化率相对更高。通过4S店了解购车信息的比例相对较低，一方面，皮卡4S店相对较少，地理位置偏僻；另一方面，越来越少的人会听信销售顾问的"一面之词"，而更信赖网上信息和自己的朋友，到店的顾客往往是意向比较明确，前期已经做好功课的潜客。

4.3.3 购车频次

根据调研（图4-17），皮卡重复购买率比较高，2次及以上购买比例高达60%~70%。由于当前皮卡依旧以商用为主，商用人群属于刚需，皮卡与其职业牢牢绑定，具备一定的采购延续性，因此皮卡用户也多为增换购用户，其中增购比例为30%~40%，换购比例为20%~30%。

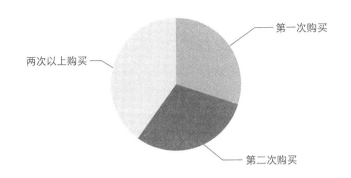

(数据来源：调研)

图 4-17 皮卡用户购买频次

4.3.4 品牌忠诚度

与乘用车不同，皮卡的品牌忠诚度比较高。目前中国皮卡的用途和定位仍侧重工具车，日常消耗比较大，皮卡的品质与皮卡用户的职业和收入息息相关，耐用性成为决定皮卡用户品牌忠诚度的核心指标。一般来说，长城皮卡、江铃皮卡、江西五十铃、上汽大通、江淮皮卡的品牌忠诚度要高于北汽福田和黄海皮卡等品牌。

4.3.5 购车类型

目前，皮卡能源主要包括柴油、汽油和电力。据中汽协（图 4-18），2019 年我国狭义皮卡终端销量为 37.35 万辆，其中柴油皮卡总计销量达 26.06 万辆，汽油皮卡总计销量为 11.29 万辆，柴油皮卡占比 71.49%，汽油皮卡为 28.29%，电动皮卡为 0.22%，柴油车型目前在国内皮卡市场中依然占据高地（表 4-1）。传统皮卡作为生产用车，要求动力强、环境适应能力好以及用车成本低，柴油皮卡成为首选。以长城汽车风骏 6 皮卡为例，其柴油版的最大功率、最大扭矩、最大马力均优于汽油版，柴油油价以及排量因素使得用车成本相对较低，更适合商用。

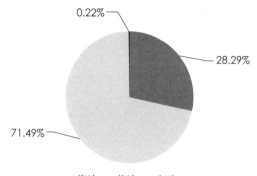

(数据来源：中汽协)

图 4-18　皮卡用户购车类型

表 4-1　同类型皮卡汽柴油版本参数对比

参数配置	长城汽车风骏 6 皮卡 CC1031PB29	长城汽车风骏 6 皮卡 CC1031PB6T
厂商指导价/万元	9.68~10.48	10.98~11.78
最大马力/PS	136	150
最大扭矩/(N·m)	200	315
最大功率/kW	100	110
发动机型号	航天三菱 4G69S4N	长城 GW4D20D
排量	2 237	1 996
最大载重质量/kg	480	480
燃油种类	汽油	柴油
可选服务	选装行李架、防滚架、侧踏、外绳钩、轮辋、前装饰杠、前雾灯、昼间行驶灯、中网、后部字标，不粘贴反光标识，不喷涂总质量和栏板高字样	选装行李架、侧踏、轮辋、防滚架、后部字标，不粘贴反光标识，不喷涂总质量和栏板高字样

汽油皮卡相比于柴油皮卡，用车成本高、动力小，但汽油皮卡启动快、发动机震动小、噪声小、维护容易，整车的配饰可选择性也高。同时相同型号的汽油皮卡较之柴油皮卡价格更加便宜，环保性也更强，因此政府、企事业单位多选择汽油皮卡。而我国电动皮卡销量低，使用范

围窄，多集中于机场等特殊场合。

30个省市中（图4-19），广西、云南、贵州、湖南、重庆、江西、海南等地的柴油皮卡车型呈现"一家独大"的局面，其中广西、云南两地的柴油皮卡的销量最为突出（图4-20、图4-21），柴油皮卡占比达96%，贵州、湖南、重庆、江西、海南五地的柴油皮卡占比在90%~95%。受地势和环境因素的影响，广西、云南和重庆（图4-22）三地柴油四驱皮卡占比超过50%，由于多山且道路湿滑的情况较多，四驱皮卡可以完美胜任这些复杂路况，助力用户高效运输。

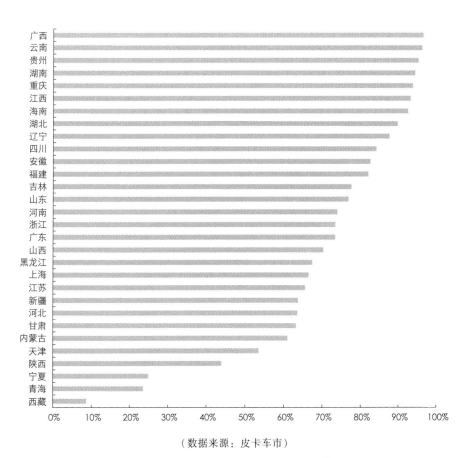

（数据来源：皮卡车市）

图4-19　2019年全国30个省市柴油皮卡比例

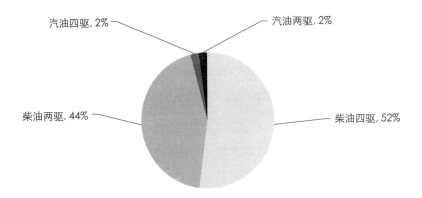

(数据来源：皮卡车市)

图4-20 广西皮卡用户购车类型

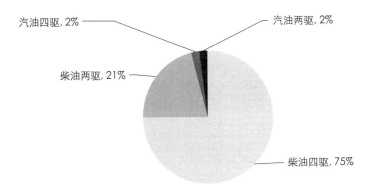

(数据来源：皮卡车市)

图4-21 云南皮卡用户购车类型

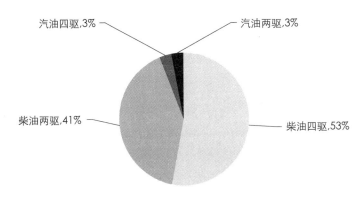

(数据来源：皮卡车市)

图4-22 重庆皮卡用户购车类型

山东、河北等19个省份柴油皮卡占比在50%~90%，其中皮卡大省河北柴油皮卡占比63.5%，相较2018年下滑了4.1%，主要原因是新增的皮卡销量多是来自于汽油皮卡，一方面受河北本土企业长城皮卡新品的投放影响，另一方面则是皮卡乘用化迈向家用化的趋势。而2019年仅北京、陕西、宁夏、青海、西藏五个地区中的汽油皮卡销量大于柴油车的销量，其中北京地区限柴，陕西、宁夏、青海、西藏四地位于高压、寒冷的西北地区，柴油皮卡在高寒地区不适应，因此这些地区以售卖汽油皮卡为主。

4.3.6 购车价格

据乘联会数据（图4-23），2019年我国皮卡市场主销价格区间集中在9万~10万元，占比在42.90%左右，其次是8万~9万元，占比为30.40%，10万元以上皮卡位列第三，占比高达17.50%，而8万元以下皮卡市场份额最低，仅9.20%。

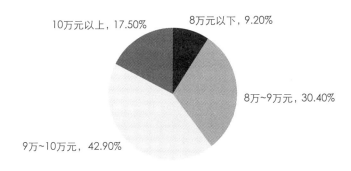

（数据来源：乘联会）

图4-23 2019年皮卡价格分布

据调研，经济水平较高的地区皮卡价格更高，比如上海的皮卡主销价格区间相比重庆、昆明和石家庄高1万~2万元。此外，长城炮的上市有效拉升了长城皮卡的售价，据调研，长城皮卡主销价格区间最高，其次是上汽大通和江铃皮卡。

4.3.7 购车时间

据调研，皮卡淡旺季与皮卡用户行业相关。一般来说，在皮卡以工程建筑等商用为主的地区,比如重庆、昆明、石家庄等地,春季是皮卡销售的旺季,春节过后工程准备开工的时点是全年的高峰期。夏季是全年的淡季,秋季皮卡需求开始回升,与乘用车不同,皮卡全年价格相对稳定,很少出现春节前大规模促销的情况,因此冬季大多是旺季来临前的准备期。然而,由于上海地区皮卡牌照紧张,主要被企事业单位垄断,且市场规模小,因此上海地区的皮卡销售并没有表现出季节差异性。

4.3.8 付款方式

近年来,皮卡厂商相继推出各种皮卡免息政策,皮卡分期付款比例不断增长。据调研,目前皮卡付款方式仍旧以全款为主,占比在60%左右,分期付款则上涨至30%~40%。一般来说,企事业单位经济实力强,多选择全款支付,而个人采购多选择分期付款。

4.3.9 购车因素

一般来说,品牌和价格是皮卡用户购车最关注的两大因素(图4-24),由于当前我国皮卡角色依旧偏向于工具车,价格的重要性略领先

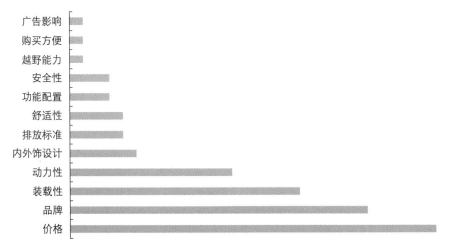

(数据来源:调研)

图4-24 皮卡用户购车关注因素排序

于品牌，客户通常在确定的价格区间内选择品牌。其次，工具车的定位使得动力性和装载性成为皮卡消费者购买皮卡车的优先考虑因素。然而，长城则是例外（图4-25）。据调研，昆明和上海的长城皮卡客户在购买皮卡时关注的因素与其他品牌并不一致，得益于长城炮乘用版和越野版的上市，他们购车时更关注越野能力、舒适性和安全性，品牌、价格和装载能力则退居其次。

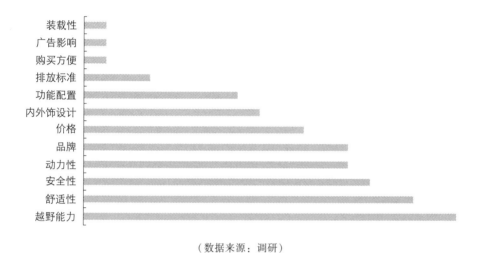

（数据来源：调研）

图4-25 长城炮（乘用版和越野版）车主关注因素排序

4.4 消费趋势分析

4.4.1 乘用化

皮卡从商用向乘用的转化美国用了30年，目前已向高端化迈进（图4-26）。100年前Ford Model TT的推出，标志着皮卡车的正式诞生。此后30年间，皮卡作为生产资料的角色走进美国家庭的大门。到了20世纪五六十年代，随着美国经济的蓬勃发展，皮卡渐渐发生了角色转变，从单一的生产用车变得更生活化，款式和样式方面也出现了较多选择。美国对日欧车系的打压也加速了本土皮卡的迅猛发展。1973年，美国政府出台企业平均燃油经济性（Corporate Average Fuel Economy，CAFE）法案后，不受排放和法规限制的皮卡车型开始逐渐替代风靡五六十年代的肌肉车（Muscle Car），美国皮卡的乘用化趋势大大加速。到了新旧世纪交接之时，美国的皮卡已全面完成从单一的生产性工具到满足日常乘用需求方向的转变，这一阶段持续了30～40年。随着经济社会的发展，目前美国皮卡正在向着豪华舒适化的方向迈进。

（数据来源：卡车之家）

图4-26 美国皮卡从商用到乘用化的转变

国内皮卡乘用化开始加速，新一代皮卡正在从传统日本皮卡风格向欧美风格以及日美混合型衍生嬗变，并大量揉进了人性化、科技化、质感化的轿车设计元素，特别是大量汲取SUV的外形设计理念，给人以耳目一新的视觉冲击力，因此无论在外型设计还是在内饰配置上，乘用车化的趋势越来越得以彰显，蓝海市场亟待开发。大型化趋于美式如F-150猛禽彪悍威猛的造型、中型化克隆SUV多功能风格、小型化复制轿车驾乘舒适的功能，并向"高、大、上"跨界方向发展。国内皮卡与SUV共平台设计也越来越普遍，如江铃域虎9与SUV驭胜共用N351平台，福田也是基于拓路者皮卡平台打造，SUV车内饰和电子化配置在皮卡大行其道，如液晶屏、一键启动、倒车影像等在中高端皮卡中作为标配出现。

皮卡消费群体年轻化、个性化，叠加各种政策利好，尤其是放松皮卡进城限制，都将在一定程度上推动皮卡产品向乘用化方向转型。据调研，绝大多数的经销商认为未来纯商用皮卡绝对量稳中有升，相对占比将会下滑，而乘用皮卡和越野皮卡则会成为蓝海，占比将会越来越高。

此外，在总计 2 587 人的调查问卷中（图 4-27），75.26% 的人认为皮卡车与家庭轿车无异，仅 640 人认为皮卡车与家庭轿车存在差别，占比 24.74%，这意味着皮卡潜在消费者对于皮卡的定位已经由原来的工具车向乘用车转变。随着生活品质提高，其中有 2 461 人在自驾出游中表示愿意选择皮卡作为自驾车型，占比达 95.13%，而只有 126 人（占比 4.87%）选择了不愿意（图 4-28）。总体上，绝大多数调研对象对于皮卡的定位不仅限于工具车，而是宜家宜越野的多用途车型，生活方式的改变和皮卡观念的变化共同催生出旺盛的乘用和越野皮卡需求。

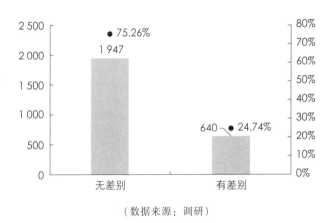

（数据来源：调研）

图 4-27 认为皮卡车与家庭轿车是否有差别的人数比例

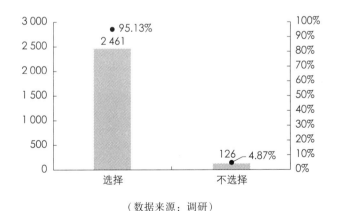

（数据来源：调研）

图 4-28 选择皮卡作为自驾游车型的人数比例

据调研，皮卡潜在消费者购车关注的因素也在发生潜移默化的变化（图 4-29），对于乘用化的皮卡来说，品牌将会超越价格成为消费者最关注的因素，合资和自主高端品牌将成为消费者更青睐的品牌，而传统皮卡比较关注的指标——装载性的重要性则会下滑。随着皮卡乘用化趋势的加速，乘用车消费重要的指标如舒适性、内外饰设计、功能配置、安全性以及越野车型重要的指标比如越野能力的关注度会越来越高。

（数据来源：调研）

图 4-29 皮卡潜在消费者关注因素排序

自主品牌皮卡企业也越来越重视产品的正向研发，抓住皮卡个性化、生活化的消费趋势，在内外饰、舒适性、动力系统、功能配置与越野能力上开始向 SUV 和越野车靠拢，颠覆传统皮卡的固有形象。内外饰方面，传统皮卡设计相对落伍，抄袭严重，缺乏质感，乘用化皮卡则紧追当下设计潮流，内饰多选用更高档次的真皮、木饰等材质；舒适性方面，传统皮卡主要用作工具车，商用属性比较强，鲜少考虑舒适性和驾乘体验，乘用化皮卡则通过隔音降噪、整车 NVH 优化、独立悬架和底盘调校的平衡来实现更好的驾乘体验；动力系统方面，传统皮卡性能欠佳，平顺性、经济性和价值便利性不足，乘用化皮卡通过电驱动系统或者 AT 变速箱的动力组合实现更为平顺的动力体验；功能配置方面，传统皮卡功能落后单一，乘用化皮卡则搭载以驾驶辅助、信息娱乐、车联网等为代表的电气化、科技化配置，满足消费者智能化和个性化需求；越野能力方面，传统皮卡货车属性强，鲜少考虑越野性能，乘用化皮卡则选择搭载四驱、差速锁、长行程避震器、涉水喉以及电子越野辅助功能，激发皮卡越野属性。国内领先皮卡厂商的主要产品已逐步实现向乘用车的全面看齐，五星安全、可靠性与舒适性已成为标配。

4.4.2 高端化

从历史数据来看（图4-30），皮卡消费升级趋势明显。据乘联会数据，价格9万元以上中高端皮卡走强。2019年皮卡市场主销价格区间集中在8万~10万元，占比在73%左右，价格10万元以上区间市场份额从2012年的10.10%稳步提升至2019年的17.50%，价格8万元以下市场份额则从25.90%萎缩至9.20%。

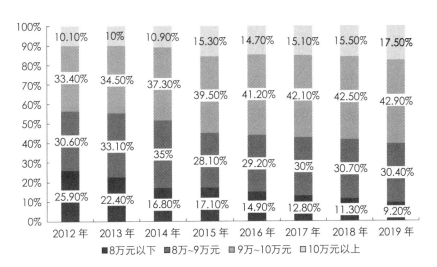

（数据来源：乘联会）

图4-30 2012—2019年中国皮卡价格分布

以美国为例（图4-31），2010—2019年，美国皮卡的售价从3.2万美元上涨至4.4万美元，2019年推出的皮卡比2010年的产品贵了35.1%。主要原因是皮卡相较于10年前更加乘用化，功能配置更加齐全，所以产品售价不断高涨。

据中国皮卡网，家商兼用和商用为主的用户主要选择12万元以下车型（图4-32），而家用为主和越野玩车的用户可以接受的价位更高，主要在16万元以上，随着皮卡乘用化的加速，皮卡整体售价有望持续走高。据调研，皮卡乘用化趋势下，我国皮卡市场或将出现两极分化，满

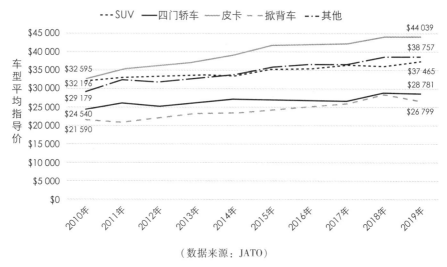

(数据来源：JATO)

图 4-31　2010—2019 年美国皮卡售价变化

足商用刚需的工具型皮卡售价或将稳定在较低端的 5 万~8 万元，而乘用属性的皮卡将会逐渐对标乘用车，功能和配置不断完善，走向高端化，主流售价或将稳定在 13 万~15 万元。

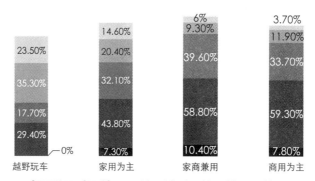

(数据来源：中国皮卡网)

图 4-32　家用为主和越野玩车用户价位所占比例

4.4.3　汽油化

传统皮卡作为生产用车，要求动力强、环境适应能力好以及用车成本低，柴油发动机成为首选。以长城汽车风骏6皮卡为例，其柴油版的最大功率、最大扭矩、最大马力均优于汽油版，柴油油价以及排量因素使得用车成本相对较低，更适合商用。但随着皮卡乘用化的加速，相对于工作车种，人们更注重车的舒适性以及驾驶感。汽油皮卡起动快、发动机震动小、噪声小、维护容易，整车的配饰可选择性也高。同时相同型号的汽油皮卡较之柴油皮卡价格更加便宜，环保性也更强，这些优势在乘用化趋势下，会使汽油皮卡的市场份额有更多的提升空间。据中国皮卡网（图4-33），2016—2019年汽油皮卡占比的增长比较强劲。未来在皮卡乘用化加速、消费升级及节能环保的背景下，汽油皮卡的市场份额还会继续提高。

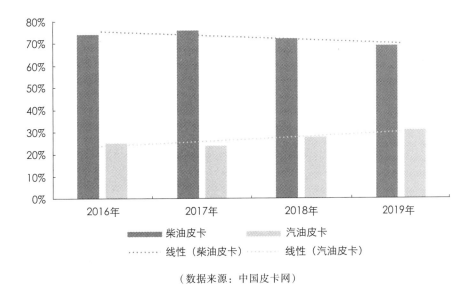

(数据来源：中国皮卡网)

图4-33 柴油皮卡与汽油皮卡市场份额变动

4.4.4 电动化

在新能源汽车蓬勃发展之际，电动皮卡也呼之欲出。在美国时间2019年11月21日晚，特斯拉超级皮卡发布，其外形科幻，突破传统造型，内含智能控制系统，起售价为3.99万美金，最大续航可达500 mi，不到一周的时间就斩获25万辆订单，2020年2月预订量已超过50万辆。通用、福特等全球各大厂商也都计划在未来两年内推出电动皮卡，并计划到 2024 年每年增加 25 万辆产能。与此同时，自主品牌也相继布局电动皮卡。长城炮系车型去年同步推出了纯电动皮卡，未来还将推出氢燃料皮卡；江淮也先后推出了江淮帅铃 T6 电动皮卡、帅铃 i3 - T330 纯电动物流车；江铃和黄海也顺应时代的趋势，推出了域虎 7 和黄海 N2 等偏向于乘用领域的电动皮卡，为消费者提供更多全新的选择。

偏商用属性的皮卡的使用范围多集中在三、四线城市及郊区，受行业限制，对于长续航的需求并不是很大，使用成本较低的电动皮卡能够为商用带来更大的利润空间。但是目前电动皮卡售价很高，几乎是燃油皮卡的 2 倍，未来随着电池成本的下降，叠加国家的新能源补贴，电动商用皮卡有望成为大势所趋。乘用皮卡主要用于长途自驾出行，对于续航里程的需要更高，随着电池技术和充电技术的不断发展，更适于长途出行的电动乘用皮卡未来有望应运而生。

随着人民生活水平的提高和生活方式的改变，中国市场的皮卡观念和消费观念正在发生巨大的变化。皮卡正逐渐摆脱过去单一的工具车身份，越来越多的消费者意识到皮卡是兼具轿车的舒适性、越野车的通过性、微卡的载货性、工具车的实用性、SUV 的多功能性的"全能王"，皮卡的家用属性和越野属性正不断被激发，皮卡乘用化、高端化和电动化将成为大势所趋。

4.4.5 轻量化

随着人们环保意识的增强，轻量化设计理念已经成为主流趋势，此外，也应用先进科技来降低整车油耗。皮卡轻量化是目前皮卡行业实现节能减排最行之有效的技术措施。汽车车身约占汽车总质量的 30%，空载情况下约 70% 的油耗用在车身质量上。若汽车整车质量减小 10%，燃油效率也可提高相同的百分比。由于车身质量减小了，发动机输出的动力能够产生更高的加速度，车辆会有更好的操控性，起步时加速性能更好，刹车时的制动距离也会相应缩短，从而有效地提高制动效果的安全性。皮卡轻量化是社会整体水平提升、运输效率提高的体现，也是提高其燃油经济性、节能减排的有效措施之一，已成为当今皮卡行业技术发展趋势与潮流。皮卡可从车身、车架、驾驶室、动力总成、传动系统等多方面进行轻量化的升级，同时在结构、材料、连接工艺上进行改进，其中轻量化材料模块化和通用化是其轻量化最基础，也是最核心的技术，在保证汽车强度、刚性以及安全性的情况下，可通过选用镁铝合金、高强度钢板、非金属材料等轻质化材料，优化车身结构，减小车身质量，并采用新型铆接工艺满足轻量化材料之间的连接工艺，其中铝合金就一直是皮卡轻量化最重要的选项之一。

5 营销案例篇

5.1　中国皮卡行业营销策略建议

在 2016 年之前，主管部门把皮卡归类为货车管理，报废年限、市区限行、道路运输证和驾驶员从业资格证、喷字、贴反光警示条等各方面都有严格的强制标准，所以，皮卡车的销量和发展都受到极大限制。2014 年全国工商联皮卡、SUV 专业委员会编撰了《关于参考小型客车管理办法变更皮卡车型目录的提案》作为全国工商联团体提案报送全国政协，经全国政协认证研究后，将该提案转有关部门参阅，供制定相关政策参考。2016 年 2 月 26 日开始，交通运输部等三部委联合发布第一个支持皮卡进城解禁的特急文件《关于放宽皮卡汽车进城限制试点促进皮卡车消费的通知》。自此以后，国务院及相关部委相继密集发布各类皮卡进城解禁、道路运输证和驾驶员从业资格证双证取消、取消皮卡喷字和贴反光警示条的政策和标准。皮卡也将是继 SUV 之后的又一火爆车型，各大车企摩拳擦掌蓄势待发，所有喜欢皮卡的消费者翘首以待。

5.1.1　挖掘皮卡文化

在世界各地，皮卡因其多面手、超级实用的特点而盛行，并拥有了其独特的皮卡文化。皮卡不仅是一种交通工具、一种谋生工具，更是融入了这些国家国民的生活。在中国，由于政策和历史原因，皮卡更多的是作为一种小众的车型被边缘化，很少有人会想到买一辆皮卡来作自己的座驾。但近几年皮卡销量却呈现出爆发式的增长，随着政策的进一步解禁，销量持续上升。

在 2019 年皮卡的消费者研究中发现，价格 10 万元以上高端皮卡车主以 31～45 岁的男性为主，多从事传统行业如交通运输、建筑业、批零贸易等。他们大多数为私营个体业主，也有部分的私企中层或普通职员。

用作上下班、载运货物等工作用途的比例约占 60%，用作购物、娱乐休闲、接送家人孩子、旅行等个人家庭用途的比例约占 40%。随着皮卡消费的变迁，尤其是高端皮卡的发展，皮卡已经在逐步融入车主的生活，而不再仅是拉货的工具车。

皮卡厂家应该深度理解皮卡文化，精准定位，锁定精准客户群体，研发和制造精准客户群体喜爱、愿意购买的皮卡车型。相对来说比较好理解，就是分析购买皮卡的群体有哪些？用来做什么？是政府机构和电力、电信类大客户，还是需要实用皮卡车型的农村和城郊用户群体，或者是乘用皮卡、商用皮卡和越野皮卡等三大细分皮卡车系。

5.1.2 创新皮卡销售渠道布局

2019 年 9 月 23 日汽车商业评论发布的《2019 年中国汽车经销商运营调研报告》显示，汽车经销商亏损持续扩大，2019 年上半年全国 44% 的汽车经销商处于亏损状态，而仅有 29% 的经销商盈利，总量不足 9 000 家。自主品牌中，2019 年上半年度仅有 20% 的经销商盈利，近六成经销商处于亏损中。分析认为：4S 店模式是某个时期比较合适的布局形式，鉴于汽车行业的高速发展和激烈竞争，4S 店的高成本运营管理模式必将被其他创新模式替代，而皮卡在市区试乘试驾也不能把皮卡的优势体现到极致，所以，皮卡的销售渠道布局必须创新，只有让给汽车提供服务的卖车商家能生存得更好，能更好地服务消费者，皮卡车企所销售的车型才更有竞争优势，消费者才敢放心购买，形成良性循环。

5.1.3 创新皮卡销售场景

4S 店经销模式在激烈的市场竞争中可能走不远，但是汽车销售又不可能没有展示和试乘试驾的场地场景，可以充分合理利用移动互联网、市区商业场地或人流量最大的地方展示引流，在城郊、农村或者景区重构试乘试驾及销售场景，吸引消费者互动。

5.1.4 创新皮卡销售模式

销售模式方面，可重点关注经纪人模式、第三方合作模式、车友会/车友俱乐部。

5.1.5 探索和传播皮卡文化

皮卡文化方面，可重点关注自驾游、摄影、汽车赛事、个性定制、改装、专用车、房车等方面。

5.1.6 推广和传播品牌

品牌推广和传播是系统化的规划，从规划车型到车辆完成销售后都需要一整套的方案。品牌推广和传播要做好以下工作，研发前期：把控好市场调研、车型征名、策划设计大赛、研发制造过程中所有消费者、媒体可以参与的环节；新车上市前：邀请消费者试乘试驾，媒体试乘试驾，碰撞测试等；新车上市时：新车上市新闻发布会、首辆新车交车、各地展会、各地巡展和试乘试驾、策划营销大赛、改装大赛等；车辆销售后：策划线上线下结合的各类皮卡相关活动，如皮卡改装大赛、自驾游集结等。

5.2 皮卡车企积极探索营销创新

近年来汽车企业成功营销的案例层出不穷，如宝马在热播剧《我的前半生》中的成功植入，因《战狼2》红遍大江南北的BJ40，广汽传祺独家冠名央视春晚，别克精准戳中消费者需求的痛点营销等，互联网时代的来临让更多人意识到品牌营销的力量。

江铃汽车在"域虎皮卡驾趣体验营"中提出的"驾趣理念"让人耳目一新，改变了人们对皮卡都是用来拉货载物的认识，有业内人士指出，江铃皮卡正在通过全新模式推进中国皮卡文化。事实上，江铃一直都是皮卡文化传播的先驱者，从早年间切合用户需求主打省油耐用理念，到举办"域鉴桃花源""国门之旅""驾趣体验营"等特色活动

（图 5-1），江铃充分利用了老牌企业的先发优势，引领皮卡从最初的工具车逐步向宜商宜家的跨界车型转变，多年来在品牌传播上逐渐形成特色，旗下皮卡产品从外观内饰到动力性能都体现出 SUV 化的特征。

图 5-1　江铃皮卡驾趣体验营

郑州日产的赛事营销同样让人印象深刻。近年来，锐骐皮卡在国内外越野赛事中风生水起（图 5-2），自 2013 年开始每年都能收获至少一座冠军，实现了撼人心魄的七冠王伟业，而在 2018 环塔（国际）拉力赛出征仪式上，新品纳瓦拉皮卡正式加入，意味着郑州日产将开启赛事新征程。郑州日产充分把握越野赛场上的契机，把参加比赛当作品牌营销的平台，并将其转化为营销力传递给公众，即使锐骐与纳瓦拉离开赛道，其在赛场上的出色表现也足以让其声名远播，毕竟能在知名赛事上夺得名次的赛车，必定是质量过硬、动力强劲、越野能力卓越的，这一特性将延续到郑州日产旗下的每一个产品上。

图 5-2　郑州日产纳瓦拉 2018 环塔（国际）拉力赛

上汽大通打破了汽车与互联网的行业边界，主打"智选、智联、智行"的高端智能路线，在国内市场独树一帜，"黑科技"满满的T60俨然是皮卡市场上的全新存在，它提出以用户为主导的定制化C2B汽车生产模式，主张选车是选择一种生活方式和态度，打造了皮卡生活的无限可能。上汽大通在海外市场主张"海外经营"而不是"出口贸易"的模式，重新定义了车企与用户的关系，形成了从品牌投入到快速售后服务的完整体系建设，给了国内皮卡行业新的启发。在国内市场，上汽大通率先提出了对用户的体验负责，是皮卡营销的一大变革。

现代社会越来越看重品牌和营销，打造品牌影响力和用户口碑是所有车企长期奋斗的目标，而营销手段便是提高竞争力的重要部分。新的营销环境下，皮卡车企应该与时俱进，在提高产品力的同时，让品牌营销变得更有趣。

5.3 郑州日产之皮卡村

在国内，商用车的销售与乘用车有很大的不同。而在这其间，皮卡车型又有些特别，在如今皮卡政策逐渐放开、皮卡乘用化属性逐渐增强的背景下，皮卡产品的销售又有其自身的特征。郑州日产近年来所成立的皮卡村已达到60多个（图5-3），有效地促进了产品销售和客户维系。

图5-3 中国皮卡村的产生与演变

5.3.1 设立"中国皮卡村"

2015年8月25日,郑州日产在普洱茶十大名寨之一的"刮风寨"举行"郑州日产皮卡村·刮风寨"授牌仪式,全国第一个"皮卡村"就此诞生。究其原因,这还是有赖于当地经销商深入发掘、"下沉"服务的结果。经销商并不只是一味地卖车,他们在与客户的沟通和交流中发现,郑州日产锐骐皮卡在当地保有量超高,一个村近170户人家,锐骐皮卡拥有量过百台,几乎达到每户茶农都有一台锐骐皮卡的程度。

郑州日产对这一情况进行了深入研究和开发,为了辐射更多的用户人群,决定成立郑州日产"中国皮卡村"。其设立的标准需要满足两个条件:①郑州日产在当地皮卡市场的占有率达到26%且排名第一;②郑州日产皮卡保有量在50台以上,当地有较为独特或代表性的特色产业。如今,郑州日产在全国已经拥有60多个"皮卡村","皮卡村"体系的陆续成立,对提高客户转化率,增加客户黏性提供了必要的保障。

5.3.2 "意见领袖"传播口碑

"皮卡村"归根结底是由众多的用户所组成的,而好的产品才是打开用户大门的根基。郑州日产旗下的锐骐皮卡,凭借着"皮实耐用、油耗经济、品质稳定"等特点,打下了坚实的口碑。

与此同时,皮卡消费群体往往都是扎堆式的存在,从众心理较强,且注重产品的口碑。在广大的山村乡镇,如果有"意见领袖"的形成和认可,通过口碑的传播,那么规模就会越来越大。这也在山路崎岖的云南、四川及环境潮湿的沿海地区得到了很好的验证,那里的茶农、果农、牧民和渔民都会组成皮卡最大的用户市场。对于云南的茶农、四川的果农来说,他们需要面对崎岖的山路,更需要四驱车型。

5.3.3 行商行动维系客户

关于郑州日产皮卡的销售,经销商表示他们要做"行商",而不是"坐商"等着客户来,每天必须要走出去,或是做定展或巡展。经销商的售后部门会每个月至少4次去到"皮卡村"里,在用户家门口进行维修、保养等关怀活动,让使用郑州日产皮卡的用户后顾无忧。

"皮卡村"成立后,经销商与车主的互动沟通也更为密切,并逐渐成为企业和用户紧密联系的一种纽带。维系客户、发展客户、增加客户黏性,也必然要增强对客户的服务。因此,"皮卡村"也成了郑州日产的服务平台,并提供免费上门车检保养服务、老用户免费救援、转介绍成功奖励等服务和福利措施。郑州日产用这样一张品牌特色的名片,提升了客户的信任感和依赖感,进而也可以继续助力口碑的远播。

郑州日产发布中国"皮卡村"2.0战略(图5-4)。通过"公益深入、体验升级、服务升级、情感深入"四个方面对"皮卡村"的品牌活动进行全面升级。

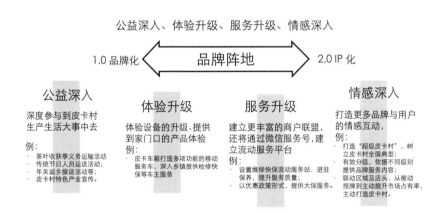

图5-4 "皮卡村"2.0战略

在公益深入方面,郑州日产将投入更多力量,付诸"皮卡村"的爱心行动,让皮卡精神和当地文化高度融合;在服务升级方面,郑州日产会投入更多资源,建立更丰富的商户联盟,还将通过最新上线的微信服务号,为广大用户建立流动服务平台,提升产品使用的好感度;在体验升级方面,通过对体验设备的升级,提供到家门口的产品体验,让广大客户能更直观地体验郑州日产的产品魅力;在情感深入方面,通过提升品牌与用户的情感互动,让更多客户感受到郑州日产的品牌温度,并成为郑州日产"皮卡村"发展的见证人和口碑代言人。2016—2019年郑州日产建立起来的A、B、C级"皮卡村"数量如表5-1所示。

表 5-1　2016—2019 年郑州日产 A、B、C 级"皮卡村"数量

年份	2016 年	2017 年	2018 年	2019 年
A 级皮卡村	7	13	20	20
B 级皮卡村	/	11	29	39
C 级皮卡村	/	1	2	2

5.4　江铃之皮卡文化

在美国，皮卡是一种非常常见的出行工具，并且美国有着浓郁的皮卡文化。江铃就是最早一批生产皮卡的企业之一，长期致力于推广皮卡文化。

5.4.1　中国皮卡先行者

江铃是中国最早生产柴油皮卡的企业。2001 年，江铃吸收了众多国际先进技术，完成技术积累，首款拥有自主知识产权的皮卡面世，也就是现在的宝典。此后，江铃又陆续推出了宝典的更新款车型，逐渐成了行业的标杆。

随着市场需求变化以及中国皮卡文化逐渐渗透，江铃适时应变，推出了全领域高端皮卡域虎，并迅速蚕食该细分市场，仅用了一年时间便获得了高端皮卡市场 20% 的份额。

目前江铃皮卡旗下拥有宝典、域虎 7 以及域虎 9 三大车系（图 5-5），覆盖中高端皮卡市场。这些产品都以优秀的品质傲视同级皮卡，在市场上奠定了自己的领先地位，也使得江铃持续领跑中国皮卡市场。

宝典　　　　　　　　域虎 7　　　　　　　　域虎 9

图 5-5　江铃皮卡

5.4.2　追求时尚和高端

纵观江铃皮卡的发展历程，无论是畅销十余年的宝典，还是适应时代变化而生的域虎，都是中国皮卡发展史上的经典车型，为中国皮卡文化发展贡献良多。

大部分中国消费者谈到皮卡，都会联想到工具车、货车，将其和低端、廉价等字眼联系起来。但是江铃域虎的出现打破了国人的这种认知。

2012 年，行业首款超大尺寸高端皮卡"江铃·域虎"上市，这款车的出现开启了国内高端皮卡的风潮，让国人认识到，原来皮卡也可以时尚潮流、高大上。全新域虎在外观上颠覆了传统皮卡的形象，向家用车靠近，更时尚耐看，配置水平也达到了同级之上，舒适性甚至可媲美一般的家用轿车。

启动江铃域虎"域鉴桃花源"皮卡文化活动，走过了七站行程。江铃皮卡双雄更是携手同进，带领五湖四海的皮卡人玩出皮卡新生活、新乐趣。

云南是皮卡解禁试点的首个落实地，元谋是人类文明的发祥地。"域鉴桃花源"活动首站就在云南元谋展开，在土林中感受自然的鬼斧神工和气势磅礴，在华夏文明的源头开启中国皮卡文明。

在贵州遵义站活动中，域虎车队在绿草连绵的龙里大草原纵情驰骋，尽情释放野性，在青山碧水的龙里孔雀寨载歌载舞，体验淳朴自然的生活趣味。

在广西南宁，在"七山半水分半田，一分道路绕庄园"的上林县，域虎兄弟玩越野、摸河鱼、赏荷花、采摘蔬菜瓜果，尽享天伦之乐，域鉴皮卡田园生活的精彩诗篇。

福州平潭的碧海金沙，素有"东方马尔代夫"的美誉，在温柔的沙滩上狂奔是难得的青春乐趣。入夜，享受篝火、乐队、烧烤；清晨，体验捕鱼、抓虾、摘瓜。朴素而又真实的体验，是怡然自乐的生活旨趣。

哈尔滨和新疆两站，除了北国的壮美风光，还有"奔跑吧域虎兄弟"的精彩活动。哈尔滨亚布力，天然滑雪赛道就是"深度越野"体验场，高低落差足足有100多米。而水上乐园的"跑虎"赛，堪称水深火热，空气中都洋溢着属于东北人民的豪情。新疆江布拉克，低头满眼映衬金色的麦浪和碧绿的草海，抬眼满头覆盖湛蓝的天空和洁白的云朵，再于宽阔之处来一场域虎兄弟趣味奥运会。

在道教名山三清山，享受清静秀美、层峦叠翠的山林生活。看青山妩媚，寻知己数人，用师法自然的心态，玩出独具个性的皮卡情谊、皮卡乐趣。

在红军长征首发地瑞金，以赤子之心举办爱心公益活动，发扬艰苦朴素的长征精神，走上皮卡"长征"路。

在胜景如画的浏阳，玩起柴汽双雄越野PK，玩起皮卡家庭的大山探险之旅，在一路欢歌与激情中，打开精彩纷呈的皮卡新世界。

正如"域鉴桃花源"的活动名称，或许在每一个皮卡人心中，都有一片快乐自由的桃花源。那里没有禁锢和偏见，那里有属于皮卡的梦想和生活。随着皮卡政策的进一步放开，皮卡的未来天宽地阔。江铃皮卡双雄无疑为国内皮卡品牌做了一个好榜样，期待皮卡在中国能真正地乘风而起，让人由衷地热爱。

2019年5月26日，第二季江铃皮卡驾趣体验营首站活动在千年古城丽江拉开帷幕（图5-6），江铃域虎皮卡在玉龙雪山脚下展示了其卓越的性能和出色的驾乘体验。

在"驾趣体验营"上，作为主角出现的是江铃全新域虎，涵盖柴油、汽油两种动力核心，两驱、四驱两种底盘系统，可搭载手动或自动挡变速箱。柴油版搭载美国福特PUMA 2.4T发动机，最大功率为103 kW，最大扭矩为375 N·m；汽油版车型搭载EcoBoost 2.0 GTDI发动机，最大功率为151 kW，最大扭矩为325 N·m。除了动力、传动、底盘系统有多种选择，江铃全新域虎还拥有自动感应大灯、一键启动、

图 5-6　第二季江铃皮卡驾趣体验营

智能四驱、T-BOX车联网、ESP、全景影像等多种高端配置。由此可以看出全新域虎在拥有皮卡承载力的同时，也能够同SUV一样应对包括城市、沙漠、冰雪、山路在内的各种路况，为驾乘人员提供始终如一的舒适感受。

江铃皮卡"驾趣体验营"，是江铃皮卡带有互动、体验特色的活动。在6月23日，合肥站活动时40余位用户到场参加，驾趣体验营正式向用户开放，证明江铃域虎的体验式营销迈上了新台阶，拓展了体验式营销的新方式。皮卡从最初的工具车以及货车逐步向宜商宜家的跨界车型转变，产品从外观到内饰均有了彻底的变化，这在一定程度上为形成皮卡文化奠定了产品基础。

江铃皮卡以优秀产品为基础，以创新营销为先导，构筑了良好的产品生态体系。相信在愈加向好的皮卡市场发展道路上，江铃皮卡必然能够再上一个台阶，成为市场中的典范。

江铃皮卡提出的"无域虎、不兄弟"口号已逐渐成为中国皮卡文化的代表，相信随着江铃皮卡驾趣体验营活动不断举办，江铃皮卡将会通过全新模式推进皮卡文化，而江铃皮卡也会继续以产品为基础，营销为抓手，文化为特点，构建一个完整的皮卡市场生态圈。

5.5 江西五十铃之新赛事营销

江西五十铃2016年结缘于"赛事营销平台"（图5-7），2016年参加中国汽车越野锦标赛并获得年度厂商杯总冠军；2017年参加中国汽车越野锦标赛荣获车手、厂商杯、改装组俱乐部杯三项重量级冠军荣誉，同年环塔拉力赛也取得多项荣誉，达喀尔中国赛获得量产组厂商杯和个人双冠军荣誉。连续两年赛事取得多个量产组冠军荣誉，不难发现，两年来江西五十铃参加的比赛场次在递增，取得的荣誉也在递增，为赛事营销打下坚实的内容基础，助推江西五十铃汽车终端销量逐年递增，2019年全年销售新车达3.6万辆，相较2018年全年同比增长11.2%。值得一提的是，其中皮卡车系售出新车3.4万辆，逆势增长16%，2019年是江西五十铃赛事营销和终端销售的大丰收年。

图5-7 江西五十铃赛事营销

江西五十铃用量产车挑战长距离极限赛事，把赛事营销做到极致。江西五十铃车队用量产车参加国内不同难度挑战的长距离越野拉力赛，

"环塔拉力赛"挑战的是高温酷暑对车辆和赛手的考验,而"428越野拉力赛"则是高海拔和低气压对赛手和赛车的磨炼,"达喀尔·中国站"(图5-8)是对未知国际品牌赛事的全新挑战,用量产车参加极限赛事,江西五十铃车队对所参加的赛事和自身赛事营销的需求有着清晰的定位和方向。

图5-8 达喀尔中国拉力赛

江西五十铃车队用量产车+"草根"车手参赛,把厂商车队的赛事营销做到了极致。一方面量产车参赛可以检验江西五十铃汽车的优越性能和卓越品质;另一方面"草根"车手的成功更利于传播和流传;此外还有利于普及汽车运动,让汽车运动文化深入人心。江西五十铃车队从出发就没停止过。

江西五十铃不仅让赛事营销下沉,还在做着差异化的尝试。首先比赛用车本身用的量产车,仅在减震器和安全改装方面进行了改装,不需要太多话术就可以让媒体和客户信服江西五十铃量产汽车的品质;其次给深度试驾体验会做加法,把独有的赛车培训融入试驾体验中,揭开专业赛车手的神秘面纱,让赛车执照融入人们的汽车生活,普及汽车运动文化,让试驾体验会升级为越野文化盛宴,厂商、客户、媒体、车队成为一家人。

江西五十铃车队刚刚过去的2019年12月份首场越野文化盛宴已经圆满落幕(图5-9),这是车队首次创新把越野试驾体验和专业赛车培训结合到一起,从各方反馈来看,收获满满,这种专业赛车培训走出去,把越野爱好者请进来，一进一出看似简单，实则意义影响深远，江西五十铃车队走在赛事营销差异化前列。

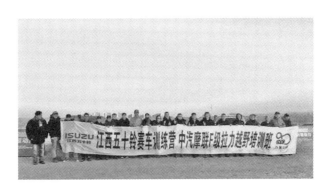

图 5-9　江西五十铃越野文化盛宴

5.6　长城之皮卡专营店

2018 年长城皮卡推出"六星战略"。针对做"中国第一，世界前三皮卡品牌"的长期愿景和目标，长城皮卡战略再升级，推出"六星战略"，即从生产制造、产品规划、渠道建设、服务能力、营销模式和海外拓展六大板块全面发力，打造领先于行业的体系竞争力。南北布局，产品领先，无忧服务，"5+e"渠道，多元化营销和 164 海外战略。随着长城发布皮卡战略，相应的长城汽车推出一系列战略举措。2019 年全年长城皮卡第四批 12 家专营店联动开业，落户重庆市、广东东莞、河北保定、山西朔州、福建南平、新疆阿克苏、四川凉山州、广西河池、新疆巴音郭楞蒙古自治州、湖北恩施、贵州都匀和安徽安庆。自此，长城皮卡已在全国开设 57 家城市专营店，进一步扩大为皮卡使用者与爱好者提供全方位、一站式贴心服务的范围。

作为中国皮卡的领导企业，长城皮卡在国内 21 年蝉联销量冠军，在全球拥有 160 万的用户基数。即便成绩辉煌，已经难有出其右者，然而长城皮卡仍始终以实干家的角色坚持快步向前，不仅近乎苛求地追求产品的冠军品质，疯狂捍卫冠军销量的霸主地位，就连在服务方面也务求面面俱到。

截至目前，长城皮卡拥有国内皮卡品牌最完备的服务体系，现有销售服务网点2 000多家及5 000多名专业认证的服务人员，可提供24小时救援服务。可以毫不夸张地说，在产品质量和用户基础层面外，渠道建设和服务品质本就是长城皮卡的硬实力，而皮卡专营店的开设则在将优势无限放大。

有别于其他皮卡品牌惯用的"店中店"模式，长城皮卡在业内首创皮卡专营店，实现了店面规格、服务人员、服务内容等方面的全面升级。从用户看车选车，到有车生活的全生命周期中，长城皮卡专营店力求提供无忧、便捷和优质于一体的三合一式服务，既要一站式解决皮卡用户在买车、置换、金融贷款、日常用车过程中常遇到的烦琐问题，又要依据用户不同需求，提供一对一的定制化服务。专营店也正是长城皮卡时刻践行品牌"六星战略"，兑现着以用户为中心、实现无忧服务承诺的重要体现，为推动我国整个皮卡行业的服务升级及创新，起到了示范和积极的导向作用。

长城皮卡专营店经常组织消费者参加皮卡的品鉴会，品鉴会上所有意向客户和皮卡爱好者都随着专营店的工作人员前往了周边专设的试驾场地。长城皮卡专营店特意寻找并开辟出一块具有各种越野路况的场地，供用户全方位无死角地细腻体验车辆性能。长城皮卡专营店能够大规模有针对性地给皮卡做深度试驾品鉴会也正是专营店的模式带来的服务提升。

专营皮卡店首先可以提升形象，规范形象；其次可以更好地为皮卡车主提供有针对性的服务，比如以前和哈弗一起售卖时，有限的店内展出面积不允许放置太多的皮卡展车，毕竟皮卡受众群体相对小众，现在有了专营店，专门卖皮卡，展厅就可以把尽可能多的车款展示出来，让用户更好地体验感受，有针对性地看车；再次，皮卡专营店能让企业直面消费者，了解消费者的需求特点，有助于品牌企业获取最有效的市场需求，从而为公司决策提供第一手资料；最后是利于操作管理，能及时准确地执行公司针对皮卡的营销理念和方针政策，长城皮卡专营店的工作人员都是经过皮卡相关专业培训的，他们只针对皮卡产品，能对用户的一切疑问有问必答。

长城专营店担负着精准深入皮卡用户群体提供皮卡专属服务，有效发挥店面专营及客户群体优势，打造皮卡全新营销模式下的综合服务平台，力争为用户提供五星级的诚挚服务的重任。在未来，长城皮卡还将以皮卡专营店为中心，下辖商用车商圈触点、县级网点、异业合作网点、网上商城等网络生态布局，实现目标客户全覆盖。作为"六星战略"重要一环的产品，长城皮卡提出 3 年"5＋N"产品布局，未来 3 年，长城皮卡将陆续率先进入乘用化、网联化、电动化、定制化、智能化的 3.0、4.0 产品时代，构建皮卡"五化新生态"。

5.7 江淮之特色服务

全年销量 30 000 辆，北拓西进，行业排名进入前五，江淮汽车推出了"终身无忧 520"的服务策略。

5.7.1 "用户思维"想问题

2016 年江淮汽车凭借着敏锐的洞察力，预料到了皮卡市场的爆发潜力，皮卡营销公司成立客户服务部，专业化运作皮卡服务。2019 年推出江淮皮卡"终身无忧 520"的服务策略。江淮汽车认为"皮卡服务独立于轻商其他服务业务并成立客户服务部，并提出'终身无忧 520'的服务策略计划，就是希望提升皮卡客户的服务感受，是江淮汽车站在用户的角度想问题，用具体的、细化的政策来保障服务的落地实施"（图 5－10）。

江淮皮卡的"终身无忧 520"服务策略以"用户思维"去解锁与深挖用户需求。江淮皮卡以江淮轻型商用车"五星服务　全程呵护"的服务品牌和"更快捷、更专业、更全面、更贴心、更超值"的品牌价值观

图 5-10　江淮皮卡优惠活动

为指引提出"终身无忧520"的皮卡服务策略,并以"超级质保""超级节省""超级便捷""超级贴心"为核心内容。"终身无忧520"服务政策里最让人感动的有T6开创皮卡行业独有的质保归零政策、T8引领行业的5年20万公里超长质保政策;帅铃"双雄"皮卡的质量稳定性及保养的节省,让客户在用车过程花费更少的费用;同时江淮皮卡服务有销售、服务、制造、技术、备件、研发等6v1的专属服务,各模块专家共同保障客户在用车过程,可谓超贴心的私人管家式服务;同时皮卡定期开展的走进工厂、爱行万家、感恩T家宴和越野驾控营等活动让客户随时与厂家近距离沟通,真正地实现终身无忧。

无忧是用户的痛点,越来越多地被企业关注,此时比拼的就是执行力了,谁的速度更快,谁的服务理念就能在用户的心中生根发芽。江淮皮卡服务部隶属于营销公司,决策层级少,有技术团队、全国调动中心、服务调动站、快速反应小组支持,并且每一位江淮皮卡用户都会享有"多对一"的快速响应的服务模式(图5-11)。

个性化、定制化也是江淮皮卡服务的一大特色。江淮皮卡服务部根据用户群体与使用场景的不同,提供个性化、定制化的服务项目。例如,为从事建筑工程、海鲜运输、家具运输、农业种植等的用户提供专业的车辆改装方案,为海鲜运输用户提供车辆防锈蚀方面的保养,对集中采购的用户提供上门服务等服务以增强便利性。服务不只停留在售后,也不只是解决问题,对于江淮皮卡的用户来说,服务是一种体验。在销售过程中,销售员会用专门的话术为用户讲解服务内容,这样用户接触到

图 5-11　江淮皮卡中心服务站授牌

江淮皮卡之后就知道自己享有的服务项目。服务的价值能够引导消费者的行为，成了江淮皮卡的亮点之一，做到了真正的"销服一体"。江淮公司开展多年的"我为客户创价值"更是将敬客经营进一步升华，真正践行民族汽车企业的责任。

5.7.2　"共赢思维"做事情

好的理论与政策用于指导实践工作，它在"末梢神经"的循环过程至关重要。在江淮皮卡服务部，疏通"末梢神经"，达到闭环效应的方式就是"共赢"。既要与用户之间实现共赢，又要与服务网络之间实现共赢。无论是在商用车市场还是在乘用车市场，增加客户黏性都是一大难题。价格稍高让用户在三包期过后对"路边保养店"趋之若鹜。为了改变这一局面，江淮皮卡也下了一番功夫。

江淮皮卡通过保养和利益的驱动来减少客户流失，首保是免费的，二保是免工时费的，这样用户在半年内还会来。现在江淮皮卡也有三保免费的想法，通过利益的驱动延长客户9~12个月内的黏性；服务站的保养是专业的，江淮汽车会向用户宣传做专业保养的优势与做不专业保养需要承受的损失，让用户明白当中的利害关系；另外，根据调查发现，多数用户来不来服务站做保养不在于差价，而在于服务态度和服务体系，江淮汽车分别在四川、湖北、云南、甘肃的服务站增加了休闲服务场景，用户在车子做保养的同时还能休息和娱乐，"金牌客户"更有免费上门检查和保养等多种福利，用户的黏性提高了很多。

"520"是"我爱你"的谐音,是网络情人节,是由网络虚拟世界走向我们现实生活中的节日。而在皮卡界,也有"520",它也将是江淮皮卡让用户"终身无忧"的起点。

5.8 上汽大通之 C2B

近年来,"个性化定制"这个曾经在高端奢侈品行业盛行的概念,也逐渐渗入其他各个消费领域。比如 NIKE 就在官网上推出了 NIKE ID 的服务,让消费者可以在鞋的材质、配色、细节上进行个性化自由选择,甚至在鞋上印上自己的名字;而早在几年前京东就推出了在线"攒机"服务,即用户可以在网上挑选出适合自己的硬件,组装成满足自己个性化需求的电脑,然后网上一键下单!

上汽大通为了满足市场和消费者的需求,不惜增加成本降低利润,将真正的个性化定制带到汽车领域,做出了目前市场上最为成熟的汽车定制化服务(图5-12)。

图 5-12 上汽大通汽车定制化服务

C2B 即 Customer To Business，就是消费者提出需求，制造者据此设计消费品、装备品。而上汽大通 C2B 模式的具体形式是用户可以从外观、内饰、座椅布局乃至驱动形式等各方面，对上汽大通的产品进行全面个性化定制，从而打造一辆最适合自己的车。

上汽大通的 C2B 模式之所以在体验上要优于其他汽车厂商的定制化服务，其精髓在于从不给用户任何套餐，而是让用户根据自己的喜好和需求自主选择。自从有了上汽大通 C2B，让选择一辆专属于自己的梦想之车成为可能，真正认可用户选择能力的企业，给予用户选择的权利。

上汽大通的"我行 MAXUS"是一款更完善更成熟的社群交流 App。上汽大通为了保证平台的活跃度和内容的优质度，自行投入了数十人的团队进行独立运营，并在社群中与用户保持着频繁且长期的沟通。

上汽大通 C2B 模式在汽车行业无疑是一种创新，同时也是未来汽车制造和销售的趋势。C2B 模式为消费者带来的是一次消费体验的全面升级，同时它也让上汽大通的市场表现和软硬件能力得到了显著的提升。上汽大通的 C2B 模式，是与消费者的"近距离接触"，是传统车企向用户型企业转变的催化剂，更是一个引领时代变革的造车新模式。

5.9 福田之赛事营销与圈层品牌推广

5.9.1 拓陆者彰显冠军品质

福田汽车通过积极的赛事和圈层平台推广，逐渐打开知名度，并迎合消费者的需求，打造出拓陆者这款产品，高度契合了消费者对常规皮卡工具车的需求，同时又满足了大众对于皮卡更高一层精神领域的追求，并通过赛事对产品品质的验证，获得了大众一致认可，确立了拓陆者在皮卡行业中的地位,并逐步打破日系独大的局面,成为国内新一代美式皮卡的领军人物。

近年,高档豪华皮卡的消费正在快速上升,对舒适性、功能、操控性等各个方面也提出了更高的要求,这意味着皮卡产品又一次面临品质的大跨步提升,而拓陆者(图5-13)作为福田冲击皮卡行业的重要棋子,不仅继承了康明斯打造道奇公羊皮卡的精髓,还融合了康明斯与福田汽车的品牌基因,无论是从动力方面还是整车品质,都达到了世界级品质标准,吸引了大批行业主流用户成为拓陆者皮卡的忠实粉丝。

图 5-13　拓陆者皮卡

拓陆者是由福田汽车和康明斯基于多年深入联合,携手开发,深度战略合作,在市场与用户研究、产品研发、制造、服务各价值链环节,实现资源共享,倾力打造的高端皮卡车型。作为赛事的指定用车,拓陆者依靠世界柴油动力巨擘康明斯与福田汽车的完美合作,传承美式皮卡强悍、节能、耐用的基因,突显出世界级皮卡产品的可靠性能和超凡动力。

5.9.2　新赛事构建新皮卡文化

福田汽车一直热衷于体育赛事的营销,从2003年赞助举办"欧曼杯全国卡车大赛"开始,福田汽车就另辟蹊径地选择体育赛事作为企业营销的手段。由中国汽车运动联合会(FASC)和福田汽车集团皮卡事业本部共同举办的2019皮卡越野挑战赛,是迄今为止国内首个高规格专业皮卡越野赛事。截至总决赛，已有将近 10 万名用户报名参与中国皮卡越野挑战赛，开创了全民汽车运动的先河，成为"中国皮卡第一赛事"。拓陆者作为福田战略品牌，孜孜以求推动中国平民化汽车运动赛事，对激发全民参与汽车运动，培育中国赛车竞技运动的群众基础做出了贡献。

5.9.3 体验营销新方式

当互联网时代不可阻挡地距离我们越来越近时，转变经营思路、发挥互联网时代的汽车智慧是一家成功车企的必然选择。

福田汽车用互联网思维来改造汽车企业，把福田汽车打造成具有互联网特质的汽车公司。以客户导向为企业的经营理念，以满足客户全方位需求为目标，在开发、制造和营销的过程中，不再是仅仅将视角局限于汽车产品上，而是全方位关注客户的需求，满足消费者多重需求。

拓陆者皮卡实施体验营销是一次互联网思维改造的实践，提出的互联网思维改造的整体思路，进一步强化与客户的互动，寻求产品与客户间的情感共鸣，突出皮卡文化在体验营销上的特性。

福田拓陆者皮卡推出了拓陆者房车、越野版等个性定制车型，同时，福田拓陆者官网正在改版，待改版完成后用户可在官网上直接进行产品的定制，福田拓陆者将满足用户的规模与个性的定制需求。为了缩短订单到货时间，福田拓陆者正在努力优化 OTD 流程，减少各个环节不必要的冗余繁杂的业务流程，提升业务管理体系能力，优化物流路径，打破传统的库存销售模式，为最终实现客户满意而努力。

在电商方面，福田拓陆者皮卡在天猫汽车节上也投入了空前的营销力度，借助互联网体验式营销平台，实现与受众的深度交流，充分挖掘消费者需求。

拓友会采用从 A 级到 4A 级的升级模式，自成立以来积极组织用户参与以"关注生态环境、践行绿色使命"为己任的公益活动等，与用户一起践行社会责任。同时，官网、官方微博、微信与用户进行实时互动，在为最终实现客户满意的路上努力前行。

体验、定制、互动、电商将成为福田汽车互联网营销的四驾马车。

中国皮卡汽车产业发展报告
(2019)

附　录

2019年上市皮卡新车

(1) 帅铃T8汽油版

2019年1月江淮汽车全新推出江淮帅铃T8汽油版(附图1)的高端车型。

外观方面,该车的前脸设计采用江淮品牌家族化设计风格,整车线条硬朗前卫。前进气格栅采用宽幅式镀铬饰条,突显皮卡车型力量感。

动力方面,帅铃T8汽油版搭载了2.0T汽油发动机,最大功率为140 kW,峰值扭矩达290 N·m,传动部分匹配6挡手动变速箱,四驱系统为电控分时四驱。

附图1 帅铃T8汽油版

(2) 风骏7冠军版

2019年3月长城推出了风骏7冠军版(附图2)。

外观方面,冠军版新增高亮/哑光黑、比亚灰专属格栅、不锈钢防滚架、炫酷轮毂等。配置方面,冠军版公务型标配差速锁、发动机防盗、热线除霜、铝合金备胎、无骨雨刮等配置。

动力方面,冠军版搭载型号为GW4D20D的2.0T柴油发动机,最大功率为 105 kW，匹配 6MT 远操变速器。

附图 2　风骏 7 冠军版

（3）拓陆者 E7

2019 年 3 月福田推出全新中高端皮卡产品拓陆者 E7（附图 3）。

外观方面，拓陆者 E7 前脸处采用大尺寸倒梯形中网，内部横向排列着三条金色装饰条，在设计配置上向高端化、乘用化方向发展，配备了 ABS + EBD、ESP、安全气囊、倒车影像、差速锁、发动机防盗、高位制动灯、10.1 寸彩色大屏 + 智能语音交互系统、定速巡航、车联网 TOX、多功能方向盘、大灯延迟关闭、前大灯自动点亮等。

动力方面，拓陆者 E7 分别为 2.0 L 和 2.8 L 柴油发动机、2.0 L 汽油发动机，包含两驱/四驱、手动/自动、静享版/城市版/越野版在内三大系列 28 款车型。

附图 3　拓陆者 E7

(4) 2019 款福特 F–150 猛禽（中规版）

2019 年 5 月 16 日，福特旗下的全尺寸皮卡车型 2019 款福特 F–150 猛禽（附图 4）在国内正式上市。

外观方面，新车与现款车型主体保持一致，线条方正稳重，前脸采用了大面积网状进气格栅以及巨大的 FORD 字样标识，具有视觉冲击力。

动力方面，该车搭载了一台 3.5T 双涡轮增压 V6 发动机，最大功率为 280 kW，峰值扭矩可达 672 N·m。传动方面，与之匹配的是 10 速手自一体变速箱。此外，新车对底盘的整车载物能力和车辆稳定性进行了强化提升。

附图 4　2019 款福特 F–150 猛禽

(5) 汽油皮卡风骏 7

2019 年 5 月 20 日，长城上市了我国首款国Ⅵ标准汽油皮卡——风骏 7（附图 5）。

外观方面，汽油皮卡风骏 7 的前脸采用大尺寸的前格栅，整体看起来十分霸气。新车的中网和头灯衔接为一体，大面积的黑色网格状下格栅充满了时尚感，使整个车头部分的视觉效果更好。

动力方面，汽油皮卡风骏 7 搭载了型号为 GW4C20B 的 2.0T 发动机，与硬派 SUV 哈弗 H9 所搭载的是同一款，采用了缸内直喷、双流道涡轮增压、DVVT 等优秀技术，实现最大功率 120 kW/4 000～5500 r/min，最大扭矩 330 N·m/2 600～3 300 r/min，符合国Ⅵ排放标准，与之匹配的是 6 速手动变速箱。

(6) 黄海 N7

2019 年 5 月，黄海发布了一款全新皮卡车型黄海 N7（附图 6）。

附图 5　汽油皮卡风骏 7

外观方面，黄海 N7 汲取了雪佛兰索罗德的部分设计风格，前中网的面积十分巨大，几乎占据了半个车头，视觉冲击感非常强。配置方面，黄海 N7 全系车型标配 ABS + EBD、倒车雷达、前雾灯、带 DVD 和 GPS 的中控屏、电动车窗、倒车影像、仿皮座椅、真皮多功能方向盘、17 英寸双色铝合金轮圈等。

附图 6　黄海 N7

动力方面，黄海 N7 搭载了 2.5T 柴油发动机和 2.4T 汽油发动机，最大功率分别为 95 kW 和 160 kW，最大峰值扭矩均为 320 N·m，但仅满足国 V 排放标准。传动系统方面，两种动力均配备 6 速手动或 6 速自动变速箱，并提供两驱或分时四驱车型供消费者选择。

（7）福田拓陆者 E3 泰国版/E3 – 70 周年版

2019 年 6 月中旬，福田拓陆者 E3 泰国版（附图 7）和 E3 – 70 周年版（附图8）正式上市。

附图7　福田拓陆者 E3 泰国版

附图8　福田拓陆者 E3 - 70 周年版

外观方面，拓陆者 E3 泰国版的外形仍旧保持了圆润饱满的设计风格，与拓陆者家族系列相比，它引入了全新泰版前脸造型，看上去更加精致干练。拓陆者 E3 - 70 周年版的外观采用了全新飞翼式设计，并在车身配色上增加了军绿色，后保险杠由平板式升级为 U 形保险杠，整体样式与现款车型基本一致。

动力方面，E3 泰国版和 E3 - 70 周年版均采用 2.8T 柴油发动机，最大功率为 85 kW，峰值扭矩可达 280 N·m，与之匹配的是 5 速手动变速箱。

(8) 柴油皮卡风骏 7

2019 年 6 月 1 日,长城推出了符合国 Ⅵ 标准的柴油皮卡风骏 7(附图 9)。

外观方面,柴油皮卡风骏 7 的前中网依旧采用了六边形设计,并用镀铬条进行装饰,内部结构为横幅式并做了熏黑处理,与大灯组融合在一起的设计,使得整体感十足。车尾部分,由于是皮卡车型的特殊身份,需要考虑到实用性,所以柴油皮卡风骏 7 车型的设计中规中矩,比较方正。

动力方面,柴油皮卡风骏 7 搭载 2.0T 绿静发动机,满足国 Ⅵb 阶段排放标准,最大功率达 115 kW/4 000 r/min,峰值扭矩为 345 N·m/1 400~2 800 r/min。

附图 9　柴油皮卡风骏 7

(9) 上汽 MAXUS T70

2019 年 6 月 6 日上汽 MAXUS T70(附图 10)通过网络直播的方式正式上市。

外观方面,T70 与现款车型 T60 较为接近,网状的前格栅搭配"MAXUS"标识,并且全系标配透镜前大灯及 LED 日间行车灯,还装配了行李架及黑色亚光材质的防滚架。

动力方面,T70 搭载"上汽 π"高性能柴油机,最大功率达 120 kW,峰值扭矩达 375 N·m,百公里油耗为 7.5 L,达国 Ⅵb 阶段标准。新车配有电子助力转向、6 安全气囊、博世 9.0 ESP、定速巡航、无钥匙进入和一键启动、LDW 车道偏离预警以及疲劳驾驶预警等,并提供 C2B 智能定制模式,开放了栏板锁、360°环视影像、胎压监测等供用户进行选装。

附图 10　上汽 MAXUS T70

（10）黄海 N2 纯电动皮卡

2019 年 6 月中旬，黄海 N2 纯电动皮卡（附图 11）正式上市。

外观方面，黄海 N2 纯电动皮卡与燃油版黄海 N2 保持一致，采用双幅镂空银色中网设计，霸气前中网和超宽轮眉诠释了它美式皮卡的特点。

动力方面，黄海 N2 纯电动皮卡采用高性能永磁同步电机，电机额定功率为 65 kW，最大功率为 110 kW，最大扭矩为 360 N·m，最高车速达 110 km/h，百公里加速时间小于 20 s，并采用能量密度极高的韩国三星技术三元锂离子电池。

附图 11　黄海 N2 纯电动皮卡

（11）福田拓陆者海鲜版

2019 年 6 月中旬，福田发布了拓陆者海鲜版（附图 12）。

外观方面,拓陆者海鲜版采用拓陆者 E3 和 S 系列的设计风格,中网使用了大面积的镀铬装饰,两侧与前大灯相连。车身侧面和尾部没有太大变化,海鲜版为长货箱车型,货箱外侧带有锚点。

动力方面,海鲜版搭载代号为 4J28TC4 的 2.8T 柴油发动机,最大功率为 85 kW,传动系统将匹配 5 速手动变速箱。

附图 12　福田拓陆者海鲜版

(12)北汽锐铃 3350 轴距版

2019 年 6 月中旬,北汽发布了锐铃 3350 轴距版皮卡(附图 13)。

外观方面,锐铃 3350 采用了刚毅的经典硬派风格,前脸进气格栅辅

附图 13　北汽锐铃 3350 轴距版

以大面积镀铬装饰，同时与大灯组融合在一起，延伸了整体的视觉宽度，还具有良好的承载性和较强的通过性。

动力方面，锐铃搭载的是一台 2.8T 柴油发动机，最大功率为 80 kW，最大峰值扭矩 225 N·m，与之匹配的是 5 速手动变速箱。

（13）北汽勇士皮卡（国Ⅵ版汽油皮卡）

2019 年 6 月中旬，北汽旗下的勇士皮卡（附图 14）上市。

外观方面，新车前脸呈现出方正的造型，并采用了五孔式的进气格栅，同时两片式前风挡玻璃、粗壮的前保险杠，均延续了家族式设计的一贯风格。

动力方面，新车搭载代号为 4K22D4T 的 2.4T 汽油发动机，最大功率为 160 kW，最大扭矩为 320 N·m。

附图 14　北汽勇士皮卡

（14）郑州日产锐骐

2019 年 7 月，郑州日产锐骐皮卡 EV（附图 15）和锐骐 6 皮卡 EV（附图 16）正式上市。

①锐骐皮卡 EV。

外观方面，锐骐皮卡 EV 采用了方正的车头、大尺寸的前格栅以及多边形灯组。同时，三段式的前进气口以及银色的防擦护板，让该车增添几分运动气息。从车身侧面来看，其前后突起的轮眉配合平直的车顶线条，让该车的力量感得到提升。

动力方面，锐骐皮卡 EV 搭载一台最大功率为 85 kW 的永磁同步驱动电机,峰值扭矩为 290 N·m。采用由宁德时代提供的 62.7 kWh 的三元锂电池组,其 NEDC 综合工况续航里程为 305 km,快充模式下 3 h 可将电池容量充满。

附图 15　郑州日产锐骐皮卡 EV

②锐骐 6 皮卡 EV。

外观方面,锐骐 6 皮卡 EV 采用了大尺寸六边形的前格栅设计,内部则加入一条较粗的镀铬饰条进行点缀,搭配两侧大尺寸灯组,看上去十分硬朗。

附图 16　郑州日产锐骐 6 皮卡 EV

动力方面,锐骐 6 皮卡 EV 搭载最大功率为 120 kW 的永磁同步电机,峰值扭矩为 420 N·m,最高时速 100 km/h。并匹配由宁德时代提供的 67.9 kWh 三元锂电池组,NEDC 综合工况续航里程 403 km,快充模式下 45 min 可由 0 充至 80% 电量。

(15) 北汽 F40 魔方版

2019 年 9 月 16 日,北京越野皮卡 F40 魔方版(附图 17)正式上市。

外观方面,北汽 F40 魔方版的前脸与 BJ40 的 SUV 车型是相同的,基本上没有太大的变化,保险杠下方大面积的黑色塑料护板、前进气格栅大面积的镀铬配置显得十分硬气。

动力方面,搭载一台 2.3T 汽油涡轮增压发动机,最大功率为 184 kW,峰值扭矩 350 N·m,与之匹配的是 6 速手自一体变速箱,并配备分时四驱系统。悬架方面,该车采用的是前为双横臂螺旋弹簧独立悬架,后为五连杆螺旋弹簧非独立悬架,这是继长城炮之后,国内又一款采用五连杆的皮卡。

附图 17 北汽 F40 魔方版

(16) 福特 F-150 LTD

2019 年 9 月,第 22 届成都国际汽车展览会上,全新美式豪华皮卡福特 F-150 LTD(附图 18)正式上市。

外观方面,福特 F-150 LTD 看起来非常时尚豪华,进气格栅处采用了大量的镀铬进气装饰,在引擎盖上方可以看到"LIMITED"标识,彰显其豪华尊贵的身份。

动力方面，使用了一台高功率版的 3.5 L V6 EcoBoost 双涡轮增压发动机，这台发动机来自福特，海外版最大功率是 450 PS，最大功率转速为 5 500 r/min，最大扭矩为 694 N·m。

附图 18　福特 F – 150 LTD

（17）郑州日产纳瓦拉（国Ⅵ版）

2019 年 9 月，郑州日产纳瓦拉（国Ⅵ版）（附图 19）正式上市。

外观方面，新款纳瓦拉皮卡与现款车型保持相同，新车前脸依旧采用日产 V – motion 家族化的设计。新车还在现款镀铬式格栅设计的基础上，增加银色格栅，可进一步丰富用户的购车选择。新款车型相比现款车型还增加有前驻车雷达。

附图 19　郑州日产纳瓦拉（国Ⅵ版）

动力方面,纳瓦拉依然搭载日产 QR25 汽油发动机,排量为 2.5 L,可提供的最大功率为 142 kW,最大扭矩为 245 N·m,与现款车型相比,功率有所提升,传动系统采用 6MT 变速箱。

(18) 长城炮乘用皮卡

2019 年 9 月,在第 22 届成都国际汽车展览会上,长城炮乘用皮卡(附图 20)正式上市。

外观方面,长城炮皮卡采用了类似丰田皇冠等车的个性化策略,车头处换装"P"型车标,并在车尾处继续使用长城"烽火台"标识。

动力方面,长城炮乘用皮卡目前只有汽油车型,搭载了代号为 GW4C20B 的 2.0T 汽油发动机,最大功率为 140 kW,峰值扭矩为 360 N·m,全系匹配采埃孚 8 速手自一体变速箱,并带有四驱系统。

附图 20　长城炮乘用皮卡

(19) 长城皮卡风骏 7 EV

2019 年 9 月,在第 22 届成都国际汽车展览会临近尾声之际,长城发布了一款纯电动皮卡车型——风骏 7 EV(附图 21)。

外观方面,风骏 7 EV 采用全封闭的六边形进气格栅、低调的蓝色装饰条、位于中央格栅位置的快/慢充接口。在内饰上,长城风骏 7 EV 的设计风格比较偏重实用,中控台、挡杆附近采用碳纤维样式装饰面板,皮质座椅采用蓝色缝线。

动力方面,风骏 7 EV 采用高密度三元锂电池,一体式电驱动后桥,最大功率为 150 kW,峰值扭矩为 300 N·m,速比为 10.88,拥有 3 264 N·m 轮边驱动力,百公里加速时间为 9 s。

附图 21　长城皮卡风骏 7 EV

（20）长安凯程 F70（国Ⅴ/国Ⅵ版）

2019 年 10 月 28 日，以"性能典范全球风范"为主题的长安凯程 F70（附图 22）全球上市发布会在北京举行，涵盖国Ⅴ、国Ⅵ、汽油、柴油版在内的多款细分车型率先上市。

外观方面，长安凯程 F70 采用了具有阳刚之气的外观设计。正面上的虎啸式的中网更是彰显出自己硬汉的一面。而这个中网的内部则是由银色的装饰条所组成，周围采用了六边形的黑色边网包裹。采用分体式大灯和高度可调的 LED 行车灯。

附图 22　长安凯程 F70

动力方面，长安凯程F70统一使用江西五十铃VM 2.5T柴油发动机，功率为110 kW，峰值扭矩为360 N·m，率先上市的车型同样为6MT车型；国Ⅵ汽油版搭载代号为4K22D4T的汽油发动机，最大功率为155 kW，峰值扭矩为320 N·m。

（21）长城炮商用皮卡

2019年10月24日，长城炮商用皮卡（附图23）正式上市。

外观方面，长城炮商用皮卡采用了简约乘用皮卡的造型。前脸采用了超大尺寸的进气格栅，黑色的网状纹路提升了运动感，两侧的大灯并未与格栅直接相连，但带有透镜结构的远近光一体式大灯也能保证光线的聚拢性。

动力方面，长城炮商用皮卡采用2.0T汽油发动机和2.0T柴油发动机，2.0T柴油发动机最大功率为120 kW，最大扭矩为400 N·m；2.0T汽油发动机最大功率为140 kW，峰值扭矩为360 N·m；

附图23　长城炮商用皮卡

（22）江西五十铃铃拓（国Ⅵ版）

2019年10月底，国Ⅵ版江西五十铃铃拓（附图24）上市。

外观方面，国Ⅵ版铃拓延续五十铃家族化设计语言，由粗壮的镀铬横梁组成的进气格栅，整体很是具有力量感。大灯为远近光分体式大灯，造型犀利有型。雾灯区域配备有圆形雾灯，美观的同时更加时尚。

动力方面，国Ⅵ版铃拓采用江西五十铃发动机厂提供的VM 2.5T柴油发动机，最大功率为110 kW，最大扭矩为360 N·m，与之匹配的是6速手动变速箱，四驱车型采用电控分时四驱系统。

附图 24　国Ⅵ版江西五十铃铃拓

(23) 江西五十铃瑞迈 S（国Ⅵ版汽/柴油皮卡）

2019 年 10 月，国Ⅵ版江西五十铃瑞迈 S（附图 25）正式上市。

外观方面，国Ⅵ版瑞迈采用 S 造型流线、拥有高质感的外型设计语言，配备自感应大灯和日间行车灯、鲨鱼鳍天线、多功能实用后护栏等。内饰采用带音响和蓝牙的多功能方向盘，中控台经过重新设计，更加简洁大方，功能布置也更加合理，符合人机工程学。

动力方面，国Ⅵ柴油版瑞迈 S 搭载升级后的 VM 2.5T 发动机，后处理采用 DOC + SDPF + SCR 方案，增压器由 FGT 变更为 VGT 可变截面涡轮增压器，在保证满足国Ⅵ标准的同时，功率扭矩由国Ⅴ阶段的 95 kW/320 N·m 提升至 110 kW/360 N·m，从数据来看，在同级国Ⅵ版柴油皮

附图 25　国Ⅵ版江西五十铃瑞迈 S

卡中，瑞迈 S 的动力表现是比较优秀的。国Ⅵ汽油版瑞迈 S 则搭载三菱 4K222.4T 发动机，可输出最大功率为 155 kW，峰值扭矩为 320 N·m。

（24）中兴领主（国Ⅵb 版汽油皮卡）

2019 年 10 月，国Ⅵb 版汽油皮卡领主（附图 26）全国同步上市。

外观方面，新车采用造型饱满魁梧的风格，前脸处新车依旧使用宽厚的镀铬饰条，带来了一定的力量感。车身线条仍然笔直硬朗，后方突出的保险杠设计，方便人员上下车箱。

动力方面，新车采用代号为 4K22D4T 的国Ⅵb 版汽油发动机，最大功率为 155 kW，最大扭矩为 320 N·m，可在 2 000 ~ 4 000 r/min 下输出最大扭矩，与之匹配的是 6 挡手动变速箱。

附图 26　国Ⅵb 版汽油皮卡中兴领主

（25）江铃域虎 9（国Ⅵ版汽油皮卡）

2019 年 11 月，江铃正式发布了全新产品域虎 9（附图 27）。

外观方面，域虎 9 的格栅大量镀铬，整体线条流畅。大灯采用 LED 模式，还有四颗 LED 灯珠。前边的格栅里面配有前置摄像头，格栅的下面还有毫米波雷达，ACC 的自适应巡航在同级别的车型中是首次配备。

动力方面，搭载与撼路者相同的福特 EcoBoost 2.0 GTDI 国Ⅵ版汽油发动机，最大功率为 248 PS，最大扭矩为 350 N·m，自动挡车型匹配采埃孚 8AT 变速箱。

附图 27　江铃域虎 9

（26）江铃域虎 5（新增车型）

2019 年 11 月，江铃域虎 5（附图 28）新增一款经典款车型，此款车型是方便载货的低底盘车型，也是国内为数不多的价格 10 万元以下的国 Ⅵb 版柴油皮卡。

外观方面，域虎 5 外观采用高端化家族式前脸造型，辨识度极高，配合鹰眼式前大灯。尾部设计采用简洁明了的竖式尾灯，同时具备超宽的尾门把手，底盘相对较低。

附图 28　江铃域虎 5

动力方面，域虎5均搭载福特Puma 2.0T柴油发动机，满足国Ⅵb排放标准，最大功率为104 kW，最大扭矩为340 N·m，与之匹配的是格特拉克6速手动变速箱。

（27）福田驭途9

2019年12月3日，福田拓陆者驭途9（附图29）正式上市。

外观方面，拓陆者采用"福田 LOGO 标志"的前脸，全新的"FOTON"品牌标志镶嵌于前进气格栅。整体设计以简洁为主，车身侧面并没有太过复杂的线条设计，整体协调，并且是大尺寸的轮拱加上多辐式铝合金轮毂的设计。

动力方面，驭途系列分别搭载欧康2.0T柴油发动机和欧康2.0T汽油发动机，满足国Ⅵb排放标准。柴油发动机最大功率为120 kW，峰值扭矩为390 N·m；汽油发动机最大功率为175 kW，峰值扭矩为360 N·m，传动系统上匹配6MT远操变速箱。

附图29　福田驭途9

（28）江西五十铃 D – MAX（国Ⅵ版）

2019年12月10日，国Ⅵ版江西五十铃 D – MAX（附图30）正式上市。

外观方面，D – MAX 车型延续五十铃家族的设计风格。高配车型采用更大的17英寸铝合金轮毂，LED大灯。

动力方面，D – MAX 车型发动机为 RZ4E 的1.9T四缸涡轮增压柴油发动机，满足国Ⅵ排放标准，其最大输出功率达到120 kW，最大扭矩达到360 N·m。

附图 30　国Ⅵ版江西五十铃 D – MAX

（29）江铃域虎 EV（电动）

2019 年 12 月底，江铃旗下电动皮卡域虎 EV（附图 31）正式上市。

外观方面，延续了域虎 7 的设计风格，为了降低风阻系数，车头的进气格栅变成了封闭式，并加入了彰显新能源汽车身份的蓝色元素。域虎 EV 在尾部用上了大量的黑色塑料，降低搬运货物时刮花车身的概率。

动力方面，域虎 EV 搭载了一台永磁同步电机，最大功率为 163 kW，峰值扭矩为 280 N·m，搭配容量为 66 kWh 的三元锂电池，在 NEDC 工况下的续航里程分别为 320 km、335 km。新车提供快充功能，0~80% 电量快充需 1 h 左右，慢充至满电则需要 10 h 左右。传动系统方面匹配了固定齿比变速箱。

附图 31　江铃域虎 EV

(30) 郑州日产新款锐骐6（国Ⅵ版）

2019年12月25日，国Ⅵb版郑州日产新款锐骐6（附图32）上市。

外观方面，新款锐骐6柴油车型为六边形中网内部采用一根很粗的镀铬装饰条，车身侧面和日产纳瓦拉很相近，轮拱处的线条，突显出车身的肌肉感。

动力方面，新锐骐6最大亮点则是搭载M9T的2.3T涡轮增压发动机，最大功率为120 kW，最大扭矩380 N·m，并满足国Ⅵb排放标准。

附图32 国Ⅵb版郑州日产新款锐骐6

(31) 中兴领主（国Ⅵb版柴油皮卡）

2019年12月初，国Ⅵb版柴油皮卡领主（附图33）全国同步上市。

附图33 国Ⅵb版柴油皮卡中兴领主

外观方面，与现款车型外观保持一致，美式大皮卡设计依旧时尚霸气、雄浑有力。车内座椅可以四向手动调节，并且后排座椅均可折叠，为长途出行载物提供了很大的方便。

动力方面，搭载引擎为 VM 2.5T 柴油发动机，最大功率为 110 kW，最大扭矩为 360 N·m，可在 1 600~2 400 r/min 输出最大扭矩，与之匹配的是 6 挡手动变速箱。另外，国Ⅵb 版柴油皮卡还可选装后桥差速锁，制动形式为前盘后鼓式，轮胎规格为 245/70 R16。

国内历年皮卡相关政策法规

《汽车工业产业政策》—1994 年
《汽车报废标准》—1997 年
《机动车运行安全技术条件》—1998 年
《汽车和挂车类型的术语和定义》—2001 年
《机动车运行安全技术条件》—2004 年
《中华人民共和国道路运输条例》—2004 年
《机动车运行安全技术条件》—2012 年
《中华人民共和国道路运输条例》—2012 年
《机动车强制报废标准规定》—2013 年
《关于开展放宽皮卡车进城限制试点促进皮卡车消费的通知》—2016 年 2 月
《关于扩大皮卡汽车进城限制试点范围的通知》—2016 年 12 月
《轻型汽车污染物排放限值及测量方法（中国第六阶段）》—2016 年 12 月
《机动车运行安全技术条件》—2017 年
《促进道路货运行业健康稳定发展行动计划（2017—2020 年）》—2018 年 12 月
《机动车运行安全技术条件》—2018 年 5 月
《轻型商用车辆燃料消耗量限值》—2018 年
《关于进一步规范和优化城市配送车辆通行管理的通知》—2018 年
《进一步优化供给推动消费平稳增长促进形成强大国内市场的实施方案》—2019 年 1 月
《推动汽车、家电、消费电子产品更新消费促进循环经济发展实施方案 2019—2020 年）（征求意见稿）》—2019 年 4 月
《关于大力推动高速公路 ETC 发展应用工作的通知》—2019 年 5 月

《推动重点消费品更新升级畅通资源循环利用实施方案（2019—2020年）》—2019年6月

《打赢蓝天保卫战三年行动计划》—2019年

《关于加快发展流通促进商业消费若干举措》—2020年1月

宁波市公安局推出"一取消两放宽"三项便民利民举措—2020年1月

重庆市公安局交巡警总队推出五项优化货车通行管理的改革服务措施—2020年1月

《关于促进汽车消费若干措施》—2020年4月

《高污染燃料禁燃区》《柴油货车禁限行区》《高排放非道路移动机械区》（二连浩特市环保局发布）—2020年6月

《关于解除多用途货车（皮卡车）城市道路限行措施的通告》—2020年6月

《优化城市管理助力经济发展二十三条》（哈尔滨市公安局出台）—2020年7月

欧盟轻型乘用车排放限值（M1，M2）[h]

阶段	生效日期	CO	HC	HC + NO$_x$	NO$_x$	PM	PN
		\multicolumn{6}{c}{g/km}	#/km
\multicolumn{8}{c}{压燃式（柴油车）}
欧 I[a]	1992.07	2.72（3.16）	—	0.97（1.13）	—	0.14（0.18）	—
欧 II	1996.01	1.0	—	0.7	—	0.08	—
欧 III	2000.01	0.64	—	0.56	0.50	0.05	—
欧 IV	2005.01	0.50	—	0.30	0.25	0.025	—
欧 Va	2009.09[b]	0.50	—	0.23	0.18	0.005[f]	—
欧 Vb	2011.09[c]	0.50	—	0.23	0.18	0.005[f]	6.0×10^{11}
欧 VI	2014.09	0.50	—	0.17	0.08	0.005[f]	6.0×10^{11}
\multicolumn{8}{c}{点燃式（汽油车）}
欧 I[a]	1992.07	2.72（3.16）	—	0.97（1.13）	—	—	—
欧 II	1996.01	2.2	—	0.5	—	—	—
欧 III	2000.01	2.30	0.20	—	0.15	—	—
欧 IV	2005.01	1.0	0.10	—	0.08	—	—
欧 V	2009.09	1.0	0.10[d]	—	0.06	0.005[e,f]	—
欧 VI	2014.09	1.0	0.10[d]	—	0.06	0.005[e,f]	6.0×10^{11e,g}

a. 括号中数字为生产一致性检查要求。
b. 2009 年 9 月对新认证车型生效，2011 年 1 月对所有新上市车型生效。
c. 2011 年 9 月对新认证车型生效，2013 年 1 月对所有新上市车型生效。
d. NMHC = 0.068 g/km。
e. 仅适用于缸内直喷发动机车型。
f. 使用 PMP 测试规程时，限值为 0.0045 g/km。
g. 欧 VI 实施后的三年内颗粒物颗粒数限值为 6.0×10^{12}/km。
h. M1 为 9 座（含）以下、总质量为 3 500 kg（含）以下的乘用车；M2 为 9 座以上、总质量为 5 000 kg（含）以下的乘用车。

资料来源：Directive 70/220/EEC 及其修订条例，Commission Regulation（EC）No. 715/2007，Commission Regulation（EC）No. 692/2008。

欧盟轻型商用车排放限值（N1，N2）

车型[a]	阶段	生效日期	CO	HC	HC + NO$_x$	NO$_x$	PM	PN
			\multicolumn{5}{c}{g/km}	#/km
\multicolumn{9}{c}{压燃式（柴油车）}
N1，C1	欧Ⅰ	1994.10	2.72	—	0.97	—	0.14	—
	欧Ⅱ	1998.01	1.0	—	0.70	—	0.08	—
	欧Ⅲ	2000.01	0.64	—	0.56	0.50	0.05	—
	欧Ⅳ	2005.01	0.50	—	0.30	0.25	0.025	—
	欧Ⅴa	2009.09[b]	0.50	—	0.23	0.18	0.005[f]	—
	欧Ⅴb	2011.09[d]	0.50	—	0.23	0.18	0.005[f]	6.0 × 10^{11}
	欧Ⅵ	2014.09	0.50	—	0.17	0.08	0.005[f]	6.0 × 10^{11}
N1，C2	欧Ⅰ	1994.10	5.17	—	1.40	—	0.19	—
	欧Ⅱ	1998.01	1.25	—	1.0	—	0.12	—
	欧Ⅲ	2001.01	0.80	—	0.72	0.65	0.07	—
	欧Ⅳ	2006.01	0.63	—	0.39	0.33	0.04	—
	欧Ⅴa	2010.09[c]	0.63	—	0.295	0.235	0.005[f]	—
	欧Ⅴb	2011.09[d]	0.63	—	0.295	0.235	0.005[f]	6.0 × 10^{11}
	欧Ⅵ	2015.09	0.63	—	0.195	0.105	0.005[f]	6.0 × 10^{11}
N1，C3	欧Ⅰ	1994.10	6.90	—	1.70	—	0.25	—
	欧Ⅱ	1998.01	1.5	—	1.20	—	0.17	—
	欧Ⅲ	2001.01	0.95	—	0.86	0.78	0.10	—
	欧Ⅳ	2006.01	0.74	—	0.46	0.39	0.06	—
	欧Ⅴa	2010.09[c]	0.74	—	0.350	0.280	0.005[f]	—
	欧Ⅴb	2011.09[d]	0.74	—	0.350	0.280	0.005[f]	6.0 × 10^{11}
	欧Ⅵ	2015.09	0.74	—	0.215	0.125	0.005[f]	6.0 × 10^{11}
N2	欧Ⅴa	2010.09[c]	0.74	—	0.350	0.280	0.005[f]	—
	欧Ⅴb	2011.09[d]	0.74	—	0.350	0.280	0.005[f]	6.0 × 10^{11}
	欧Ⅵ	2015.09	0.74	—	0.215	0.125	0.005[f]	6.0 × 10^{11}

续表

车型[a]	阶段	生效日期	CO	HC	HC + NO_x	NO_x	PM	PN
			\multicolumn{5}{c}{g/km}	#/km
\multicolumn{9}{c}{点燃式（汽油车）}
N1, C1	欧Ⅰ	1994.10	2.72	—	0.97	—	—	—
	欧Ⅱ	1998.01	2.2	—	0.50	—	—	—
	欧Ⅲ	2000.01	2.3	0.20	—	0.15	—	—
	欧Ⅳ	2005.01	1.0	0.10	—	0.08	—	—
	欧Ⅴ	2009.09[b]	1.0	0.10[g]	—	0.06	0.005[e,f]	—
	欧Ⅵ	2014.09	1.0	0.10[g]	—	0.06	0.005[e,f]	$6.0 \times 10^{11e,j}$
N1, C2	欧Ⅰ	1994.10	5.17	—	1.40	—	—	—
	欧Ⅱ	1998.01	4.0	—	0.65	—	—	—
	欧Ⅲ	2001.01	4.17	0.25	—	0.18	—	—
	欧Ⅳ	2006.01	1.81	0.13	—	0.10	—	—
	欧Ⅴ	2010.09[c]	1.81	0.13[h]	—	0.075	0.005[e,f]	—
	欧Ⅵ	2015.09	1.81	0.13[h]	—	0.075	0.005[e,f]	$6.0 \times 10^{11e,j}$
N1, C3	欧Ⅰ	1994.10	6.90	—	1.70	—	—	—
	欧Ⅱ	1998.01	5.0	—	0.80	—	—	—
	欧Ⅲ	2001.01	5.22	0.29	—	0.21	—	—
	欧Ⅳ	2006.01	2.27	0.16	—	0.11	—	—
	欧Ⅴ	2010.09[c]	2.27	0.16[i]	—	0.082	0.005[e,f]	—
	欧Ⅵ	2015.09	2.27	0.16[i]	—	0.082	0.005[e,f]	$6.0 \times 10^{11e,j}$
N2	欧Ⅴ	2010.09[c]	2.27	0.16[i]	—	0.082	0.005[e,f]	—
	欧Ⅵ	2015.09	2.27	0.16[i]	—	0.082	0.005[e,f]	$6.0 \times 10^{11e,j}$

　　a. N 类车为商用车，其中 N1 类车为总质量 3 500 kg（含）以下的商用车。N1 类车按整备质量进一步分为 C1、C2 和 C3，C1≤1 250 kg，1 250 kg＜C2≤1 700 kg，C3＞1 700 kg。
　　b. 2011 年 1 月对所有车型生效。
　　c. 2012 年 1 月对所有车型生效。
　　d. 2012 年 1 月对所有车型生效。
　　e. 仅适用于缸内直喷发动机车型。
　　f. 使用 PMP 测试规程时，限值为 0.004 5g/km。
　　g. 且 NMHC = 0.068 g/km。
　　h. 且 NMHC = 0.090 g/km。
　　i. 且 NMHC = 0.108 g/km。
　　j. 欧Ⅵ实施后的三年内颗粒物颗粒数限值为 6.0×10^{12}/km。

　　资料来源：Directive 70/220/EEC 及其修订条例，Commission Regulation（EC）No. 715/2007，Commission Regulation（EC）No. 692/2008。

欧盟重型柴油车排放限值

1. 重型柴油车,稳态工况,g/(kWh)(烟度单位,m^{-1})

阶段	生效日期	测试循环	CO	HC	NO_x	PM	烟度
欧Ⅲ	2000年10月	ESC & ELR	2.1	0.66	5.0	0.10 0.13[a]	0.8
欧Ⅳ	2005年10月	ESC & ELR	1.5	0.46	3.5	0.02	0.5
欧Ⅴ	2008年10月	ESC & ELR	1.5	0.46	2.0	0.02	0.5
欧Ⅵ[b]	2013年1月	WHSC	1.5	0.13	0.4	0.01	—

a. 适用于每缸排量小于0.75 L且额定转速大于3 000 r/min的发动机。
b. 从欧Ⅵ开始,对柴油发动机增加的颗粒物颗粒数PN限值为8.0×10^{11}/(kWh)。

2. 柴油和气体发动机,瞬态工况,g/(kW·h)

阶段	生效日期	测试工况	CO	NMHC	CH_4[a]	NO_x	PM[b]
欧Ⅲ	2000年10月	ETC	5.45	0.78	1.6	5.0	0.16, 0.21[c]
欧Ⅳ	2005年10月	ETC	4.0	0.55	1.1	3.5	0.03
欧Ⅴ	2008年10月	ETC	4.0	0.55	1.1	2.0	0.03
欧Ⅵ[e]	2013年1月	WHTC	4.0	0.16[d]	0.5	0.46	0.01

a. 仅适用于气体发动机(欧Ⅲ、Ⅳ、Ⅴ:天然气发动机;欧Ⅵ:天然气发动机+液化石油气发动机)。
b. 欧Ⅲ、Ⅳ、Ⅴ阶段不适用于气体发动机。
c. 适用于每缸排量小于0.75 L且额定转速大于3 000 r/min的发动机。
d. 柴油发动机使用THC。
e. 从欧Ⅵ开始,对柴油发动机增加的颗粒物颗粒数PN限值为6.0×10^{11}/(kWh)。

资料来源:Directive 1999/96/EC,Directive 2005/55/EC,Regulation No. 595/2009

日本汽车排放限值

车型			当前限值				未来限值			
		测试工况	单位	实施年份	污染物种类	限值（平均值）	测试工况	单位	实施年份	污染物种类	限值（平均值）
乘用车		JC08[a]	g/km	2009	CO NMHC NO$_x$ PM[c]	1.15 0.05 0.05 0.005	WLTP[b]	g/km	2018	CO NMHC NO$_x$ PM	1.15 0.10 0.05 0.005
汽油和液化石油气汽车	货车和客车	微型	JC08	g/km	2009	CO NMHC NO$_x$ PM	4.02 0.05 0.05 0.005	WLTP	g/km	2019	CO NMHC NO$_x$ PM	4.02 0.10 0.05 0.005
		轻型（总重≤1.7 t）	JC08	g/km	2009	CO NMHC NO$_x$ PM	1.15 0.05 0.05 0.005	WLTP	g/km	2018	CO NMHC NO$_x$ PM	1.15 0.10 0.05 0.005
		中型（1.7 t<总重≤3.5 t）	JC08	g/km	2009	CO NMHC NO$_x$ PM	2.55 0.05 0.07 0.007	WLTP	g/km	2019	CO NMHC NO$_x$ PM	2.55 0.15 0.07 0.007
		重型（总重>3.5 t）	JE05	g/(kW·h)	2009	CO NMHC NO$_x$ PM	16.0 0.23 0.7 0.01	适用当前限值				

续表

车型			当前限值					未来限值			
			测试工况	单位	实施年份	污染物种类	限值(平均值)	测试工况	单位	实施年份	污染物种类	限值(平均值)
乘用车			JC08	g/km	2009	CO NMHC NO$_x$ PM	0.63 0.024 0.08 0.005	WLTP	g/km	2018	CO NMHC NO$_x$ PM	0.63 0.024 0.15 0.005
柴油车	货车和客车	轻型 (总重≤1.7 t)	JC08	g/km	2009	CO NMHC NO$_x$ PM	0.63 0.024 0.08 0.005	WLTP	g/km	2018	CO NMHC NO$_x$ PM	0.63 0.024 0.15 0.005
		中型 (1.7 t<总重≤3.5 t)	JC08	g/km	2009[d]	CO NMHC NO$_x$ PM	0.63 0.024 0.15 0.007	WLTP	g/km	2019	CO NMHC NO$_x$ PM	0.63 0.024 0.24 0.007
		重型 (总重>3.5 t)	JE05	g/(kW·h)	2009[d]	CO NMHC NO$_x$ PM	2.22 0.17 0.7 0.01	WHTC[e]	g/kW·h	2016	CO NMHC NO$_x$[f] PM	2.22 0.17 0.4 0.01

a. 车重≤3.5 t 的排放数值按照JC08冷启动工况数值×0.25 +JC08热启动工况数值×0.75计算。
b. 基于WLTP(Worldwide Harmonized Light Vehicles Test Procedure)工况的冷启动排放数值。
c. PM值仅适用于安装有吸收型NO$_x$削减催化剂的直喷稀薄燃烧的汽油车型。
d. 1.7 t<总重≤2.5 t 的中型柴油车和3.5 t<总重≤12 t 的重型柴油车于2010年开始实施。
e. 按照WHTC(World Harmonized Transient Cycle)工况的冷启动工况数值×0.14+热启动工况数值×0.86 计算。
f. 2016年总重>7.5 t的车型实施;2017年牵引车实施;2018年3.5 t<总重≤7.5 t的车型实施。

资料来源:The Motor Industry of Japan,JAMA,June 2017。

美国点燃式发动机和城市公交车排放限值

发动机/整车	实施年份	总质量（lb①）	HCa	NMHCb	NOx	NOx+NMHCc	PM	CO	怠速CO（%，尾气流量）	甲醛	使用寿命h（年/mi）	耐久性要求o（年/mi）
发动机/整车	1998—2004	≤14 000	1.1d	—	g/(bhp②·h)		—	14.4	0.5g	—	8/110 000h	5/50 000
		>14 000	1.9e	—		4.0f	—	37.1		—		
中重型发动机	2005—2007	≤14 000	1.1d	—	1.0i		—	14.4	—	—	10/110 000	
		>14 000	1.9e	—			—	37.1	—	—		
	2008+	所有	—	0.14	0.20		0.01	14.4	—	—		
重型整车k,n	2005—2007	8 500~10 000	—	0.280j g/mi	0.9 g/mi		—	7.3 g/mi	—	—	11/120 000	
		10 000~14000	—	0.330j g/mi	1.0 g/mi		—	8.1 g/mi	—	—		
	2008+m	8 500~10 000	—	0.195l g/mi	0.2 g/mi		0.02 g/mi	7.3 g/mi	—	0.032 g/mi		
		10 000~14000	—	0.230l g/mi	0.4 g/mi		0.02 g/mi	8.1 g/mi	—	0.040 g/mi		

① 1 lb=0.453 6 kg。
② 1 bhp=0.735 kW。

a. 对以甲醇为燃料的发动机，该限值为当量总碳氢化合物值（THCE）。

b. 对甲醇发动机和以乙醇为燃料的车辆，该限值为当量非甲烷碳氢化合物（NMHCE）。

c. 对以甲醇为燃料的发动机，该限值为 NO_x 和 NMHCE 之和。

d. 对天然气发动机的限值为 0.9 g/(bhp·h) 非甲烷碳氢化合物（NMHC）。

e. 对天然气发动机的限值为 1.7 g/(bhp·h) NMHC。

f. 对所有的天然气发动机，NO_x 的限值为 5.0。

g. 从 2005 年起，装有 OBD 的发动机不再要求 CO 怠速排放限值。

h. 使用寿命是年限或里程，以先达到者为准。

i. 生产厂家可以选择以下方式来达到该限值：（1）在 2005 年重型车辆实施整车限值的同时，2004—2007 年发动机实施 NMHC + NO_x 限值，为 1.5 g/(bhp·h)；（2）2003—2007 年发动机实施 NMHC + NO_x 限值，为 1.5 g/(bhp·h)，整车 2003—2006 年限值为可选。

j. 限值为非甲烷有机气体，但执行中，可选择测试 NMHC 或者 THC。

k. 完整的重型车辆指包含主要集装箱或集装设施的车辆。重型发动机或重型台架限值对于非完整重型车为可选限值。完整或非完整重型车辆标准限值以 g/mi 为单位。从 2005 年开始（也可能是 2003 年或 2004 年，基于选择的开始时间。见注 i），质量小于 14 000 lb 的完整重型车辆必须通过底盘测试规程而不是发动机测试规程，而且必须满足重型车整车测试标准限值。

l. 尽管标准限值为 NMHC，具体执行中可以选择测试 NMOG 或 THC。

m. 2008 年生产厂家销售量的 50% 必须满足该标准，2009 年 100% 达标。

n. 车辆总质量可划分为两档：8 500 kg ≤ 总质量 ≤ 10 000 kg 和 10 000 kg < 总质量 < 14 000 kg。

o. 耐久性要求为年限或者里程，以先达到者为准，但是不能低于发动机的机械寿命。

资料来源：Heavy-Duty Highway Spark-Ignition Engines-Exhaust Emission Standards。

美国压燃式发动机和城市公交车排放限值[j]

实施年份	HC	NMHC	NMHCNQ	NQ	PM	CO	怠速CO (%,尾气流量)	烟度[a] (%)	使用年限 (h/年/mi)	耐久要求 (年/mi)
			g/(phb·h)							
1998—2003	1.3	—	—	4.0 [ABT]	0.1 [ABT] 0.05[b]	15.5	0.5	20/15/50	1. HC,CO,PM: 小型重型发动机: —/8/110 000; 中型重型发动机: —/8/185 000; 大型重型发动机: —/8/290 000 2. 城市公交车PM: —/10/290 000 3. NOₓ: 小型重型发动机: —/10/110 000; 中型重型发动机: —/10/185 000; 大型重型发动机: —/10/290 000	5/100 000[i]
2004—2006[c]	—	—	2.4 (或2.5, 并NMHC限值为 0.5) [ABT][d]	—	0.1 0.05[b]	15.5	0.5	20/15/50	对所有污染物:[h] 小型重型发动机: —/10/110 000; 中型重型发动机: —/10/185 000; 大型重型发动机: 22 000/10/435 000	小型重型发动机: 5/50 000; 所有其他重型发动机: 5/100 000[i]
2007+[c,e,f]	—	0.14[g]	2.4 (或2.5, 并NMHC限值为 0.5) [ABT]	0.2[g]	0.01	15.5	0.5	20/15/50		

a. 烟度百分比为加速工况、加载减速工况和峰值工况下的限值。

b. 1996 年开始针对城市公交车实施，在用车限值为 0.07。

c. 重型柴油车负荷测试工况从 2004 年实施，稳态工况测试和 NTE 在用发动机工况测试从 2007 年实施。

d. 相对于重型柴油公交车，有三种测试方法测试代用燃料发动机：（1）使用 THC 测试代替 NMHC 测试；（2）使用管理者通过的工厂制定的测试规程；（3）THC 测试结果减去 2% 可得到 NMHC 值。测试方法必须在发动机认证测试时确定，并且适用于车辆的整个使用周期。对于天然气车辆，美国环境保护署允许气相色谱法直接定量测试 NMHC。

e. 使用 SFTP 测试规程。

f. 美国环境保护署采用实验室测试和场地测试来测试重型柴油发动机和其他四冲程发动机。

g. NO_x 和 NMHC 限值在 2007—2010 年逐步实施，2008—2009 年达标比例占销售量的 50%，2010 年 100% 达标。

h. 对于单个发动机的使用寿命 10 年或 100 000 mi，以先达到为准。

i. 不论先达到年限还是里程，都必须不低于发动机的机械寿命。

j. 测试循环为美国环保部瞬态测试工况和烟度测试工况。

资料来源：Heavy-Duty Highway Compression-Ignition Engines and Urban Buses-Exhaust Emission Standards。

美国轻型车排放限值

Bin	第三阶段合规车型限值（FTP, 150 000 mi）			
	NMOG + NO$_x$/ (mg·mi^{-1})	PM*/ (mg·mi^{-1})	CO/ (g·mi^{-1})	HCHO/ (mg·mi^{-1})
Bin 160	160	3	4.2	4
Bin 125	125	3	2.1	4
Bin 70	70	3	1.7	4
Bin 50	50	3	1.7	4
Bin 30	30	3	1.0	4
Bin 20	20	3	1.0	4
Bin 0	0	0	0	0

* 2017—2020 年为第三阶段 PM 排放标准导入期，按下表规定执行。

第三阶段 PM 排放限值导入期						
年份	2017	2018	2019	2020	2021	2022
合规销量占比/%	20*	20	40	70	100	100
合规限值/(mg·mi^{-1})	3	3	3	3	3	3
可接受限值/(mg·mi^{-1})	6	6	6	6	3	3

* 对于轻型乘用车以及总重在 6 000 lb 以下的轻型商用车取 20%，或者所有轻型车取 10%。

第三阶段 FTP 工况车队平均 NMOG + NO$_x$ 排放限值								
车型	2017*	2018	2019	2020	2021	2022	2023	2024	2025
LDV，LDT1	86	79	72	65	58	51	44	37	30
LDT2，LDT3，LDT4，MDPV	101	92	83	74	65	56	47	38	30

* 总重超过 6 000 lb 的轻型商用车以及多功能车，车队平均 NMOG + NO$_x$ 排放限值自 2018 年起执行。

注：LDV-Light Duty Vehicle；LDT-Light Duty Truck；MDPV-Medium Duty Pick-up Vehicle。

欧、美、日轻型乘用车燃油经济性/温室气体排放限值

国家或地区	目标年	标准类型	车队目标	结构	测试工况
欧盟	2015 2021	CO_2	130 g CO_2/km 95 g CO_2/km	基于车重的车队平均	NEDC
美国	2016 2025	燃油经济性/温室气体	36.2 mpg[①] 或 225 g CO_2/mi 56.2 mpg 或 143 g CO_2/mi	基于脚印面积的车队平均	U.S.综合工况
日本	2015 2020	燃油经济性	16.8 km/L 20.3 km/L	基于车重的车队平均	JC08

① mpg 代表1加仑油量跑的英里数。

资料来源：International Council on Clean Transportation (2014). Global Passenger Vehicle Standards. http://theicct.org/info-tools/global-passenger-vehicle-standards。

欧、美、日轻型商用车燃油经济性/温室气体排放限值

国家或地区	目标年	标准类型	车队目标	结构	测试工况
欧盟	2017 2020	CO_2	175 g CO_2/km 147 g CO_2/km	基于车重的车队平均	NEDC
美国	2016 2025	燃油经济性/温室气体	28.8 mpg 或 298 g CO_2/mi 40.3 mpg 或 203 g CO_2/mi	基于脚印面积的车队平均	U.S.综合工况
日本	2015	燃油经济性	15.2 km/L	基于传动类型、车辆结构、车重的车队平均	JC08

资料来源：Evolution of Heavy-duty Vehicle GHG and Fuel Economy Standards. http://transportpolicy.net/index.php?title=Global_Comparison:_Heavy-duty_Fuel_Economy_and_GHG。

部分安全装置在日本应用的起始年份

项目	安全装备	标配和选配车型数/个	标配车型数/个	标配和选配车型比率/%	已装备车辆数（日本国内）/辆	车辆装备率/%
主动安全装置	车辆接近警告	47	42	47.5	871 143	49.9
	减轻前方障碍物碰撞伤害的制动控制装置（车辆低速运行）	42	15	23.1	1 015 993	26.5
	油门踏板误踩抑制装置	68	15	37.4	1 432 632	37.4
	前照灯远近光自动控制装置	36	5	19.8	284 001	7.4
	前照灯无炫光远光灯控制装置	9	2	4.9	46 637	1.2
	倒车监视（移动物警告）	24	2	13.2	163 538	4.3
	倒车防撞制动系统	5	1	2.7	10 414	0.3
	基于车辆周边的防撞制动系统（低速运行）	14	0	7.7	217 145	5.7
	后方碰撞缓解制动系统	10	0	5.5	113 478	3.0
	车道偏离预警	26	2	14.3	202 649	5.3
被动安全装置	侧面安全气囊	141	72	77.5	1 420 023	37.1
	窗帘式安全气囊	139	67	76.4	1 197 433	31.2
	减轻颈部伤害的座椅、主动头枕	134	134	73.6	2 998 057	78.2
	ISO FIX CRS 用固定装置	176	175	96.7	3 715 685	97.0
	后排中央三点式安全带*	134	134	84.3	2 283 610	73.3
总车型数和总产量（2015年1—12月）		182 个车型			3 831 851 辆	

* "后排中央三点式安全带"的安装情况针对除去微型机动车、两座车、乘车定员4名的汽车等无后排中央座椅车辆，共159个车型的3 114 126辆。

资料来源：The Motor Industry of Japan, JAMA, June 2015。

参 考 文 献

[1] 中国汽车工程学会，丰田汽车公司. 中国汽车技术发展报告（2016）[M]. 北京：北京理工大学出版社，2016.

[2] 闫志强. 我国车辆分类方法和标准研究与分析 [D]. 大连：大连理工大学，2014.

[3] 严敏悦. 汽车行业发展的财税政策研究 [D]. 大连：东北财经大学，2012.

[4] 黄承林. 改革开放 40 周年中国汽车市场发展回顾与展望 [J]. 商用汽车，2019（4）：15 - 18.

[5] 国家质量监督检验检疫总局. 汽车和挂车类型的术语和定义（GB/T 3730.1 - 2001）[S]. 2001.

[6] 中机车辆技术服务中心. 关于规范皮卡车产品有关事项的通知 [S]. 2011.

[7] 中华人民共和国国家质量监督检验检疫总局，中国国家标准化管理委员会. 轻型商用车辆燃料消耗量限值 [S]. 2018.

[8] 中华人民共和国国家质量监督检验检疫总局. 机动车运行安全技术条件 [S]. 1998，2004，2012.

[9] 中华人民共和国国务院. 中华人民共和国道路运输条例 [S]. 2004，2012.

[10] 中华人民共和国商务部. 机动车强制报废标准规定 [S]. 2013.

[11] 中华人民共和国工业和信息化部. 关于开展放宽皮卡车进城限制试点促进皮卡车消费的通知 [S]. 2016.

[12] 中华人民共和国工业和信息化部. 关于扩大皮卡汽车进城限制试点范围的通知 [S]. 2016.

[13] 中华人民共和国国家质量监督检验检疫总局. 机动车运行安全技

术条件［S］.2017.

［14］中华人民共和国交通运输部.促进道路货运行业健康稳定发展行动计划（2017—2020）［S］.2017.

［15］中华人民共和国发展与改革委员会.进一步优化供给推动消费平稳增长促进形成强大国内市场的实施方案［S］.2019.

［16］中华人民共和国发展与改革委员会.推动汽车、家电、消费电子产品更新消费促进循环经济发展实施方案（2019—2020 年）（征求意见稿），2019.

［17］云南省工业和信息化委.关于在全省开展放宽皮卡进城限制试点促进皮卡消费［S］.2016.

［18］河北省工业和信息化委.河北省开展放宽皮卡车进城限制试点促进皮卡消费工作方案［S］.2016.

［19］河南省工业和信息化委.河南省开展放宽皮卡车进城限制试点促进皮卡车消费实施方案［S］.2016.

［20］辽宁省工业和信息化委.关于印发放宽皮卡车进城限制促进皮卡车消费试点方案的通知［S］.2016.

［21］全国汽车标准化技术委员会整车分技术委员会.多用途货车通用技术条件［S］.2020.

［22］中华人民共和国国务院.汽车和钢铁产业调整和振兴规划［S］.2009.

［23］许宪春，刘瑾钰.2019 年中国经济运行情况分析与 2020 年展望［J］.经济学动态，2020（2）.

［24］中国汽车流通协会.中国汽车市场年鉴［M］.北京：中国商业出版社，2019.

［25］高驰.2019 年度行业盘点 政策推动行业良性发展［J］.汽车与配件，2020（01）：36－40.

［26］陈秀娟.2019 年汽车销量全线跳水［J］.汽车观察，2020（01）.

［27］罗荣晋.寒冬下的汽车市场何去何从——汽车行业 2019 年回顾及 2020 年展望［J］.杭州金融研修学院学报，2020，274（01）：26－30.

免 责 声 明

北京博悦幕尚文化传媒有限责任公司温馨提示您：在阅读本图书正文前，请您务必仔细阅读下列条款并同意本声明。

一、《中国皮卡汽车产业发展报告（2019）》由北京博悦幕尚文化传媒有限责任公司联系各撰稿人撰稿并汇编而成，本图书是面向汽车行业内部相关人士，该图书发表是为了非商业性的文化交流使用，《中国皮卡汽车产业发展报告（2019）》中刊载的所有文章是从国内外皮卡发展历史及相关环境进行切入，介绍了国内皮卡的技术流派，对消费者及国内外市场进行了比较分析，由浅入深，通过真实的数据将自主品牌皮卡在新时代下的机遇与挑战进行了客观阐述，同时对皮卡产业的标准化和管理政策从多个层面提出了建议与思考，并结合大量的分析结论对未来几年内的市场进行了预测，可以说是一部具有里程碑意义的研究成果。不仅对国人和消费者全面了解皮卡产业起到了教科书式的普及作用，而且为企业未来的战略决策、产品升级、营销定位、客群开发提供了方向和思路，让研究和投资机构有了一手的数据参考，同时有利于相关部门对皮卡政策进行调整与决策，并为其提供智力支撑。

二、《中国皮卡汽车产业发展报告（2019）》著作权属本公司所有，任何媒体、网站或个人未经本公司协议授权不得转载、链接、转帖或以其他方式复制发表。已经本公司协议授权的媒体、网站，在下载使用时必须注明"稿件来源：《中国皮卡汽车产业发展报告（2019）》"，违者本公司将依法追究责任。

三、本图书收录文章中，由撰稿人保证稿件的原创性和内容的真实性，如果稿件因引用的网络相关图片、文字等行为导致抄袭、作假等法律后果，由投稿人本人负责。

四、任何单位和个人认为本书刊载文章包含的内容可能涉嫌侵犯其合法权益,应及时向本公司进行书面反馈,并提供其身份证明、权属证明及详细侵权情况的说明,本公司在收到上述法律文件后,将会立即移除被控侵权内容。

感谢各企业、机构为《中国皮卡汽车产业发展报告(2019)》提供的相关图片及数据。

北京博悦幕尚文化传媒有限责任公司